知识、技能、文化三位一体大学体育教程

王科术 主编
尚书庆 柴伟 文雄 副主编

人民邮电出版社
北京

图书在版编目（C I P）数据

知识、技能、文化三位一体大学体育教程 / 王科术主编. -- 北京 : 人民邮电出版社, 2013.4（2014.6 重印）
ISBN 978-7-115-30783-5

Ⅰ. ①知… Ⅱ. ①王… Ⅲ. ①体育－高等学校－教材
Ⅳ. ①G807.4

中国版本图书馆CIP数据核字(2013)第018009号

内 容 提 要

本书以三位一体体育教学体系为主要构思，将体育知识、运动技能和体育文化三方面结合起来作为统一的整体，与当前高校的体育课现状相结合，形成一套能运用到实际体育教学中的理论思想，达到教书育人、强身健体，为高校体育教学服务，让学生掌握一门或多门运动技能，更好地培养学生“终身体育”的思想，最终达到构建和谐校园、和谐社会的目的。

本书可作为高等职业学校“公共体育”课程教材，也可以供体育爱好者学习参考。

知识、技能、文化三位一体大学体育教程

◆ 主　　编　王科术
　副 主 编　尚书庆　柴　伟　文　雄
　责任编辑　王亚娜

◆ 人民邮电出版社出版发行　　北京市丰台区成寿寺路 11 号
　邮编　100164　　电子邮件　315@ptpress.com.cn
　网址　http://www.ptpress.com.cn
　三河市海波印务有限公司印刷

◆ 开本：787×1092　1/16
　印张：14　　　　2013 年 4 月第 1 版
　字数：339 千字　　2014 年 6 月河北第 3 次印刷

ISBN 978-7-115-30783-5

定价：32.00 元

读者服务热线：(010)81055256　印装质量热线：(010)81055316
反盗版热线：(010)81055315

《知识、技能、文化三位一体大学体育教程》编委会

前　言

近年来，随着我国政府对高等职业院校重视度的提高，使得我国高等职业院校得到了前所未有的发展契机。高等学校是学生成才进入社会的最后的一个重要环节，对于学生的发展与成才起着至关重要的作用。而体育教育作为学校教育的重要环节，除了能给学生的身体和心理带来积极的作用外，对学生的思想教育也同样有着重要的意义。

本书以三位一体体育教学体系为主要构思，将体育知识、运动技能和体育文化三方面结合起来作为统一的整体，与当前高校的体育课现状相结合，形成一套能运用到实际体育教学中的理论思想，达到教书育人、强身健体，为高校体育教学服务，让学生掌握一门或多门运动技能，更好地培养学生“终身体育”的思想，最终达到构建和谐校园、和谐社会的目的。

本书由重庆正大软件职业技术学院王科术副教授担任主编，尚书庆、柴伟、文雄担任副主编，由重庆正大软件职业技术学院基础部体育教研室全体体育教师王科术、尚书庆、柴伟、文雄、王永莲、吴业令、张杰担任编委。教材编写分工如下：王科术副教授和尚书庆负责编写绪论和第十二章，王科术和王永莲负责编写第八章、第九章、第十章，柴伟负责编写第一章和第三章，文雄负责编写第七章和第十一章，吴业令负责编写第五章和第六章，张杰负责编写第四章，尚书庆负责编写第二章。全书由王科术拟定编写提纲，由王科术、尚书庆负责统稿，彭晓玲教授参与全书的修改和定稿工作。

本书在编写过程中，重庆正大软件职业技术学院各级领导给予了大力的支持，在此对所有关心、支持、帮助本书成稿、审定、出版做出贡献的单位与个人致以诚挚的谢意。最后本书全体编委十分感谢彭晓玲教授对本书在编写过程中做出的巨大贡献。

在本书编写过程中参考和引用了一些书籍、资料，在此向有关作者致以真诚的感谢。

由于编写人员水平有限，不妥之处在所难免，恳切希望广大读者给予批评指正。

编　者

2012 年 12 月

目 录

绪论 三位一体大学体育教学体系的构建与实践……1

第一节 三位一体大学体育教学体系及其意义……1

一、三位一体大学体育教学体系的含义……1

二、三位一体大学体育教学体系构建和实施的意义……3

第二节 三位一体大学体育教学体系构建的原则……4

一、知识、技能、文化相结合的原则……4

二、动静相结合的原则……4

三、师生互动与学生互动相结合的原则……4

四、体育教学与竞技体育相结合的原则……4

五、课堂教学与课外活动相结合原则……4

第三节 三位一体大学体育教学体系构建的思路和实施举措……5

一、三位一体大学体育教学体系构建的思路……5

二、三位一体大学体育教学体系实施举措……5

第一章 田径运动……7

第一节 田径运动的基本知识……7

一、田径运动的特征和健身功能……7

二、田径运动起源及其发展……10

第二节 田径运动的基本技能与训练方法……15

一、竞走的技能和训练方法……15

二、跑的基本技能和训练方法……16

三、跳跃的基本技能与训练方法……24

四、投掷的基本技能与训练方法……30

第三节 田径运动的文化传承……34

一、田径运动需要弘扬的精神文化……35

二、田径运动的竞赛制度……36

三、田径运动的物态文化……38

思考题……39

第二章 篮球运动……40

第一节 篮球运动基本知识概述……40

一、篮球运动及其特点……40

二、篮球运动的起源及在我国的发展……42

三、篮球运动的意义……43

第二节 篮球运动技能以及训练方法……43

第三节 篮球运动的基本战术……48

第四节 篮球运动的文化传承……51

一、篮球运动的名人励志故事……51

二、篮球运动的主要规则……52

思考题……54

第三章 排球运动……55

第一节 排球运动的基本知识……55

一、排球运动的类型和特征……57

二、排球运动起源和发展……56

三、排球运动的意义……56

第二节 排球运动的基本技能与训练方法……57

一、排球运动的基本技能……57

二、排球运动训练方法……64

第三节 排球运动的基本战术……65

一、阵容配备……65

二、进攻战术……65

三、防守战术……66

第四节 排球运动的文化传承……66

一、弘扬中国老女排精神……66

二、排球项目竞赛规则……68

思考题……69

第四章　足球运动 ······70

第一节　足球运动基本知识概述 ······70

一、足球运动的特点和意义 ······70

二、足球运动的起源及在我国的发展 ······71

第二节　足球运动技能及训练方法 ······72

一、踢球技能及训练方法 ······72

二、接球技能及训练方法 ······74

三、运球 ······76

四、头顶球 ······76

五、抢断 ······77

六、假动作 ······78

第三节　足球运动的基本战术 ······78

一、比赛阵形 ······78

二、局部配合进攻战术 ······79

三、整体进攻战术 ······79

四、局部配合防守战术 ······79

五、整体防守战术 ······80

第四节　足球运动的精神文化传承 ······80

一、从“侏儒”到“巨人”——足球天才梅西的成长艰辛路 ······80

二、足球比赛规则 ······81

思考题 ······82

第五章　羽毛球运动 ······83

第一节　羽毛球运动的基本知识概述 ······83

一、羽毛球运动的起源与发展 ······83

二、羽毛球运动特点和意义 ······84

第二节　羽毛球运动的基本技能与训练方法 ······84

一、握拍 ······85

二、发球 ······85

三、接发球 ······86

四、后场击球 ······86

五、前场击球 ······88

六、中场击球 ······89

七、基本步法 ······90

第三节　羽毛球运动的基本战术 ······91

一、单打战术 ······91

二、双打战术 ······92

第四节　羽毛球的文化传承 ······92

一、世界羽毛球冠军林丹的成长成才之路 ······92

二、羽毛球场地和器材的规定 ······94

三、羽毛球比赛规则 ······95

思考题 ······97

第六章　乒乓球运动 ······98

第一节　乒乓球运动的基本知识概述 ······98

一、乒乓球运动的起源和发展 ······98

二、乒乓球运动的特点和锻炼价值 ······99

三、乒乓球运动的分类 ······100

第二节　乒乓球运动的基本技术 ······101

一、握拍和基本站位 ······101

二、基本姿势和基本步法 ······102

三、发球和接发球 ······102

四、推挡和攻球 ······104

五、搓球 ······105

第三节　乒乓球运动的基本战术 ······106

一、发球抢攻战术 ······106

二、接发球战术 ······107

三、对攻战术 ······107

四、推攻战术 ······107

五、搓攻战术 ······107

六、削攻战术 ······107

第四节　乒乓球的文化传承 ······107

一、永不言输的奥运乒乓球冠军——邓亚萍 ······107

二、乒乓球比赛的场地和器材的规定 ······109

三、乒乓球的竞赛规则 ······109

思考题 ······110

第七章　网球运动 ······111

第一节　网球运动基本知识概述 ······111

一、网球运动的起源与发展 ······111

二、现代网球运动的特点和锻炼价值 ······113

三、网球运动的分类 ······114

第二节　网球运动的基本技能训练与基本战术……115
一、网球运动的基本技能训练……115
二、网球运动的基本战术……119
第三节　网球运动的文化传承……120
一、网球运动员礼仪……120
二、网球比赛规则……120
三、比赛场地和设备规则……123
思考题……127
第八章　啦啦操运动……128
第一节　啦啦操运动的基本知识……128
一、啦啦操运动及其特征……128
二、啦啦操运动的起源与发展……130
三、啦啦操运动的功能……131
第二节　啦啦操运动的基本技能与训练方法……131
一、啦啦操的 32 个基本手位……131
二、舞蹈啦啦操的难度动作及其训练方法……133
三、技巧啦啦操的难度动作……134
四、花球啦啦操的基本动作……136
第三节　啦啦操运动的文化传承……139
一、啦啦操运动精神文化……140
二、物态文化……140
三、中国啦啦操竞赛规则……141
思考题……145
第九章　健美操运动……146
第一节　健美操运动的基本知识……146
一、健美操运动及其特征……146
二、健美操的起源与发展……148
三、健美操运动的锻炼价值……148
第二节　健美操基本技术与训练方法……149
一、健美操基本动作……149
二、健美操基本动作组合和自主练习法……153
三、健美操的练习常识……154
第三节　健美操运动文化传承……155
一、用生命谱写热爱，用爱传承事业……155
二、大众健美操比赛规则……156
思考题……160
第十章　瑜伽……161
第一节　瑜伽运动的基本知识……161
一、瑜伽运动的含义和意义……161
二、瑜伽运动的起源与发展……163
第二节　瑜伽运动的基本技能与训练方法……164
一、瑜伽呼吸术……164
二、瑜伽体位法……165
三、瑜伽体位法的命名……166
四、瑜伽常用体位……166
五、瑜伽常见错误姿势与辅助……169
六、练习瑜伽的基本常识……170
七、练习瑜伽常见的误区……171
第三节　瑜伽运动的文化传承……172
一、瑜伽经典著作……172
二、瑜伽大赛评分标准及评分细则……172
思考题……173
第十一章　武术运动……174
第一节　武术运动的基本知识……174
一、武术运动概述……174
二、武术运动的起源和发展……176
三、武术运动的意义……177
第二节　武术运动的基本技能以及训练方法……178
一、武术基本功……178
二、武术基本动作……182
三、武术的训练方法……190
第三节　中华武术文化的传承……193
一、中华武术精神……193
二、武术竞赛规则……196
思考题……197
第十二章　游泳运动……198
第一节　游泳运动的基本知识……198
一、游泳运动的含义及其特点……198
二、游泳运动的起源和发展……199
三、游泳运动的作用……200

四、熟悉水性 …………………………201
第二节　游泳运动技能及训练方法 ····203
一、蛙泳和自由泳 …………………203
二、仰泳和蝶泳 ……………………204
第三节　游泳运动文化传承 ………205
一、“中国太阳” 孙杨的成长之路 ····205
二、游泳卫生 ………………………207
三、水上救护 ………………………207
思考题 ………………………………209
附录 …………………………………210

绪论　三位一体大学体育教学体系的构建与实践

所谓三位一体大学体育教学体系是指由体育知识传授、体育技能训练和体育文化传承三个部分构建的一个完整的大学生体育教学系统。三位一体大学体育教学体系是贯彻党的教育方针、促进德智体全面发展的内在要求，也是促进进大学生健康成长的需要。我们深刻领会三位　体大学体育教学体系的内涵和意义，明确三位一体大学体育教学体系构建的原则，清晰三位一体大学体育教学体系构建的思路，采取切实有效的举措实施三位一体大学体育教学体系，对于加强和改进大学生体育教学，不断提高体育教学质量具有重要的现实意义。

第一节　三位一体大学体育教学体系及其意义

三位一体大学体育教学体系有其丰富和深刻的内涵，它包括了大学体育教学的内容体系、方法体系和运行体系。构建实施三位一体大学体育教学体系有其重要的现实意义，深刻理解三位一体大学体育教学体系的内涵和意义，对于提高体育教学改革的自觉性，具有积极意义。

一、三位一体大学体育教学体系的含义

（一）体育的概念

我国体育历史悠久，但“体育”却是一个外来词。它最早见于20世纪初的清末，当时，我国有大批留学生东渡去日本求学，仅1901年至1906年间，就有13 000多人。其中，学体育的就有很多人。回国后，他们将“体育”一词引进中国。在我国，“体育”这个词最早见于1904年，在湖北幼稚园开办章程中提到对幼儿进行全面教育时说：“保全身体之健旺，体育发达基地。”在1905年《湖南蒙养院教课说略》上也提到：“体育功夫，体操发达其表，乐歌发达其里。”1923年，在《中小学课程纲要草案》中，正式把“体操课”改为“体育课”。从此“体育”一词成了标记学校身体教育的专门术语。

“体育”一词在含义上也有一个演化过程。它刚传入我国时，是指身体的教育，作为教育的一部分出现的，是一种与维持和发展身体各种活动有关联的教育过程，与国际上理解的“体育”（Phyical Education）是一致的。随着社会的进步和体育事业的不断发展，其目的和内容都大大超出了原来“体育”的范畴，体育的概念也出现了“广义”与“狭义”解释。体育的广义概念是指以身体练习为基本手段，以增强人的体质，促进人的全面发展，丰富社会文化

生活和促进精神文明为目的的一种有意识、有组织的社会活动。它是社会总文化的一部分，其发展受一定的政治和经济的制约，并为之服务。当用于广义时，一般是指体育运动，其中包括了体育教育、竞技运动和身体锻炼三个方面。体育的狭义概念是一个发展身体，增强体质，传授锻炼身体的知识、技能，培养道德和意志品质的教育过程；是对人体进行培育和塑造的过程；是教育的重要组成部分；是培养全面发展的人的一个重要方面。用于狭义时，一般是指体育教育。

近年来，不少学者对“体育”的概念提出了一些解释，但比较趋于一致的解释为：“体育是以身体活动为媒介，以谋求个体身心健康、全面发展为直接目的，并以培养完善的社会公民为终极目标的一种社会文化现象或教育过程”。体育的这一定义既说明了它的本质属性，又指出了它的归属范畴，同时也把自身从与其邻近或相似的社会现象中区别出来。但是，体育的概念并非是一成不变的，随着社会的发展和进步，对体育的认识也将有所发展。

（二）三位一体大学体育教学体系的含义

三位一体大学体育教学体系包括三大体系。

1．大学体育教学的内容体系

大学体育教学的内容体系由以下三方面构成。

第一，体育知识。体育知识包括体育与卫生保健知识，是体育教学的重要组成部分，它不仅对指导学生科学锻炼、合理娱乐有必要作用，而且对提高学生对体育与健康的认识和作为现代人必备的体育文化素养也是十分重要的。

第二，体育运动技能又称“动作技能”。体育运动技能指人体运动中掌握和有效地完成专门动作的一种能力，包括大脑皮质调节下不同肌肉群间的协调性，即指在空间内正确运用肌肉工作的能力。按条件反射学说的观点，是一种复杂的一个动作接连一个动作的肌肉所感觉的运动条件反射。它的形成要经历肌肉感觉不明、分化、巩固稳定和自动化的过程，而这几个过程前后相连，在运动条件反射形成过程中逐渐过渡。运动技能的形成和发展受许多因素的影响，如教学训练的方法、运动员的训练程度、学习目的性和自觉积极性，以及身体健康程度。

第三，体育文化。体育文化指体育运动本身所蕴含的、围绕体育运动所形成的一切物质文明与精神文明的总和，它是现代文明的标志，主要从大众媒体的传播、体育服饰、体育技能、体育竞技、民间体育、体育表演等方面反映一个国家的文明程度。

2．大学体育教学的方法体系

体育知识传授、运动技能的训练和体育文化的传承采取哪些教学方法进行？这需要根据教学内容的要求和学生的需求进行教学方法的设计和安排，比如哪些内容用讲授式教学，哪些内容用训练式教学、哪些内容用竞赛活动式教学，其教学时数为多少要体现在授课计划上，作出具体的安排。

3．大学体育教学的运行体系

体育知识传授、运动技能的训练和体育文化的传承如何运行？需要根据教学内容、方法的要求进行环节、步骤的设计和安排，例如，室内安排体育知识和体育文化方面的教学，室外安排体育技术训练方面的教学，室内外教学各安排多少学时，采取什么形式进行都要在授课计划上体现。

二、三位一体大学体育教学体系构建和实施的意义

（一）三位一体大学体育教学体系构建和实施是实现高校体育目标任务的内在要求

高等学校的体育的总体目标任务是：以育人为宗旨，引导和教育大学生主动积极的锻炼身体，掌握现代体育科学的基本知识、技能、技术和锻炼身体的方法；提高体育文化；加强独立从事体育锻炼的意识；培养“终身体育”思想，为学生的全面发展打下基础；增强学生的纪律性，培养学生勇敢顽强的进取精神和集体团队意识；还要创造条件，提高有发展前途学生的运动水平，为国家培养和输送优秀的体育人才。

三位一体大学体育教学体系的构建与实施正是实现高校体育目标任务的重要举措，它将体育知识传授、运动技能的训练和体育文化传承三方面结合起来，不仅发挥了我国现有的高等学校体育教学中技术教学的优势，而且还体现了体育文化育人的功能。

（二）三位一体大学体育教学体系构建和实施是文化育人的需要

高等教育肩负培养人才、发展科学、服务社会、传承文化的重任。文化育人成为了不少高校的发展战略。体育文化是三位一体大学体育教学体系的重要内容，也是大学文化的重要组成部分，它包括体育思想、体育精神、体育道德、人文理念和价值取向，展现出符合育人要求、紧扣育人主题鲜明的价值追求，体育文化追求平等和谐的人际关系，体现奋发向上的拼搏精神，追求公平公正的竞争理念，尊重成功者的价值取向，提倡全面提升的发展观，是文化育人的重要载体。

信息社会的到来，经济全球化的挑战，不仅改变了人们的生活方式，也带来了人们多元化追求，多元化的取向，多元视角评价的重构。当今大学校园里，大学精神、大学思想、人文理念都受到前所未有的冲击，大学文化发展有陷入误区的危险。

体育文化的核心价值对于凝练大学文化特色、丰富大学文化功能、弘扬大学精神，深厚大学底蕴、深化大学思想内涵、重塑大学形象都发挥了重要作用。从大学体育文化文化核心价值建设的高度，积极构建大学文化大学文化价值观，从根本意义上说是凝聚力量、鼓舞士气，指导学生行动的大学精神，这已经成为当前凝聚学生思想，指导学生行为的当务之急，成为提升大学文化竞争力的学校发展的必由之路，具有很强的现实意义。

（三）三位一体大学体育教学体系构建和实施是加强和改进体育教育工作的需要

目前，许多高校的体育教学具有重技能训练和知识传授，轻体育文化传承的倾向。在体育教学中，部分高校忽略了体育文化的教学内容，授课计划中主要是体育技能的训练，其次是体育知识的传授。体育教学内容的片面性，不利于体育教学育人功能的发挥，必须改进。体育知识传授、技能训练和文化传承三位一体体育教学体系构建和实施是加强和改进体育教学的重要举措，对于提高体育教学质量具有积极意义，具主要体现在三方面：一是三位一体体育教学体系丰富了体育教学的内容，克服了体育教学重技能训练、知识传授，轻文化传承的弊端；二是三位一体体育教学体系增加了体育教学形式的多样性，克服了体育教学形式的单一性，过去不少高校几乎都是在室外进行体育技能训练的教学，很少在室内运用多媒体、体育视频进行体育文化教学，三位一体体育教学体系构建和实施能丰富体育教学的形式；三是三位一体体育教学体系构建和实施能充分利用体育教学的时间进行教学，过去有些体育实施较差的学校，遇到恶劣天气就无法在室外上体育课，三位一体的体育教学体系既安排了室外体育技能训练，也安排了体育知识和体育文化教学内容，体育教学时间就不至于浪费。

第二节 三位一体大学体育教学体系构建的原则

构建实施三位一体大学体育教学体系应遵循大学体育教学规律，要从大学体育的内容、方法、运行诸方面坚持以下五个原则，这对于提高三位一体大学体育教学体系的科学性、规范性和有效性至关重要。

一、知识、技能、文化相结合的原则

知识、技能、文化相结合是体育教学的内容体系的构建原则。在我国高校现有的体育教学模式中，更多的是注重对学生的体育知识和运动技术、技能的传授，却忽略了体育文化的在教学中的重要地位。知识、技能、文化相结合的原则是对原有体育模式的改进。在体育教学计划中既要安排体育知识的传授、运动技能的训练，更要安排体育文化的教学内容。只有这样，体育教学才能形成一个完整的体系。

二、动静相结合的原则

动静相结合是体育教学方法体系的构建原则。所谓“动”主要是在教师的示范或者指导下，组织学生开展体育运动。所谓“静”是指体育老师采取讲授的方式或者视频观看教学，学生处于静听静看的状态。三位一体体育教学的内容体系需要通过动和静两种方式进行。坚持动静相结合原则可以改变体育课单一的教学方式，动静相结合体育教学有利于增强学生新鲜感，帮助学生全面掌握体育知识和运动技术，使其受到体育文化的熏陶，促进学生健康成长。

三、师生互动与学生互动相结合的原则

师生互动与学生互动相结合是体育教学运行设计需坚持的原则。体育教学是一个互动性很强的课程，只有教师的教没有学生的互动是无法显示教学质量的，体育教学除了师生的互动，还需要安排学生互动的教学环节。在体育教学过程中，学生的学习就是一种自我学习与相互学习的状态，这时就更多地强调学生之间能互动起来，主动去体会动作要领，相互切磋体育技艺。

四、体育教学与竞技体育相结合的原则

体育教学主要是培养学生的运动能力，让学生掌握一门或多门运动技能，达到“终身体育”的目的。竞技体育则主要以体育竞赛为主要特征，以创造优异运动成绩，夺取比赛优胜为主要目标。因此，当一个学校没有资格录取优秀的运动员时，体育课也就成了很多学校选拔优秀运动员的唯一途径。三位一体体育教学体系更注重的对学生的素质的要求，一个优秀的运动员必然是一个有着高素质的综合性人才，这就有利于体育教师在选拔人才时将综合能力强于体育文化，尤其是体育精神理解强的学生进行专门的培养，从而达到弘扬体育精神“更高、更快、更强”的目的。

五、课堂教学与课外活动相结合原则

体育知识、体育技能、体育文化的教育按照学校规定的学分安排在课内进行，田径、篮

球、足球、健美操等各种体育运动队的训练安排在课外进行，体育文化节、田径运动会也只能安排在课外进行，即体育知识传授、运动技能的训练和体育文化的传承三位一体大学体育教学体系必须坚持课堂教学与课外活动相结合的原则。

第三节　三位一体大学体育教学体系构建的思路和实施举措

观念决定思路，思路决定出路。我们一定要明确三位一体大学体育教学体系构建的思路，树立正确的指导思想，制定适当的目标，采取可行的实施举措，才能保证三位一体大学体育教学体系的落实。

一、三位一体大学体育教学体系构建的思路

（一）指导思想

以科学发展为指导，以学生成长成才为主题，以提高体育教学质量为目标，坚持五结合原则，即知识、技能、文化相结合的原则，动静相结合的原则，师生互动与学生互动相结合的原则，体育教学与竞技体育相结合的原则，课堂教学与课外活动相结合原则；以体育教学内容、方法、运行三大体系改革为突破口，构建实施知识传授、运动技能的训练和体育文化的传承三位一体大学体育教学体系。

（二）目标

（1）构建实施科学规范的体育教学体系。通过知识传授、运动技能的训练和体育文化的传承三位一体大学体育教学体系的构建和实施，建立全面科学的大学体育教学内容体系、生动多样的方法体系、规范畅通的运行体系。

（2）营造浓郁的体育文化氛围。通过常态化的课堂体育教学和课外体育活动，引导学生树立为祖国健康工作五十年的理念，积极参加体育锻炼和体育文化活动，精心组织集中展示性的体育比赛和体育文化节，振奋师生精气神，营造浓郁的体育文化氛围。

（3）形成一批具有鲜明特色的体育文化产品。通过三位一体大学体育教学体系在学校中形成具有特色的体育文化产品，例如，通过体育文化长廊的宣传和体育文化艺术节等各种体育赛事的开展来调动学生的积极性，让学生有更多的机会参与到各类活动中。

（4）培养一批校园体育名星。体育名星是许多学生的偶像，通过三位一体大学体育教学体系在体育课上和各种校内活动中对表现优异的学生给予表彰，对他们的事迹进行大力宣传，充分发挥校园体育明星的作用，从而达到以点带面的效果。

二、三位一体大学体育教学体系实施举措

为了全面实施三位一体大学体育教学体系，应采取以下举措。

（一）完成三位一体大学体育教学体系的教材和教案

教材和教案是体育教学的重要的基础。三位一体体育教学体系首先要完成就是教材的编写。教材内容的是从体育知识、运动技能和体育文化三方面来写，体育知识主要是项目的概念、起源、发展现状等方面；运动技能主要是技术技能的介绍和训练方法；体育文化主要是针对各个项目最能突出其文化的一个方面。同时体育文化还为体育室内课提供一些资料和视频。教案主要是针对教材和授课内容来完成。在教案中更注重通过文化对学生的培养。

（二）注重三位一体大学体育教学体系教学过程

教学过程是教学实践的主要部分，是体现一门课的精华之所在。在教学中主要是对教学手段、教法和教师上进行改革。在教学手段、教法上，除了传统的方法外，要让学生真正地成为学习的主体，培养学生独立思考能力、自我学习能力、集体研究能力、共同创作能力、大胆创新的能力，而教师除了要在课前积极地备课外，还要不断地学习，努力提升自己，与时俱进，真正做到答疑解惑。

（三）创新三位一体大学体育教学体系考评方法

考评的目的是检查学生掌握所学的知识，考评也是培养目标和教学思想的导向。我们可以从以下几方面进行创新：理论考核，可以根据学生所选修项目的特点来进行问卷形式或感想体会的形式来考核，这样可以让学生更加深刻地记住自己专业的特征、特点等。技术考核可以采取考学分离的形式，即学生本学期选修的项目主要是为了拓展学生兴趣，让学生多掌握一门或多门运动技能，但不一定是学生的考试内容，学生在考试时，可以依据自己的学习情况，自由地选择考试项目，学生既可以选择本学期所学的项目，也可以选择自己最擅长的项目考试，在能确保学生取得一个优异的成绩的同时，又使学生多掌握一门或多门运动技能。

第一章 田径运动

田径运动是一项古老而悠久的运动项目，也是一项非常普及的运动项目，它在体育教学中占有十分重要的地位。田径运动由走、跑、跳跃、投掷等身体练习组成，是比速度、比高度、比远度、比耐力的体能项目，是最能体现奥林匹克“更快、更高、更强”的运动，被人们称为“运动之母”。田径运动是人类追求生存和健康，身体和精神的完美结合。我们了解田径运动的基本知识，掌握田径运动最基本的跑、跳、投等运动技能，理解田径运动文化，对于我们深刻认识践行田径运动，提高田径运动水平具有积极意义。

第一节 田径运动的基本知识

田径运动具有项目多、影响大、竞争性强、个体性群体性兼容等特征，它有健身、娱乐、竞技等重要作用。我们了解田径运动的含义、分类、特征和作用掌握田径运动的基本知识对于学好田径运动很有必要。

一、田径运动的特征和健身功能

（一）田径运动的涵义

1. 田径运动的定义

田径（Track and Field）又称田径运动，是径赛、田赛和全能比赛的全称。以高度和距离长度计算成绩的跳跃、投掷项目叫“田赛”；以时间计算成绩的竞走和跑的项目叫“径赛”。田径比赛由田赛、径赛、公路跑、竞走和越野跑组成，此外还包括部分田赛和径赛项目组成的“十项全能”。

2. 田径运动的分类

中国主要是按径赛、田赛、全能三大类并结合本国男女青少年年龄组别进行分类的，如表 1-1 所示，它反映了我国田径运动发展的特点。

表 1-1　　　　我国田径运动分类

类别	项目	成年		少年			
		男子组	女子组	男子		女子	
				甲组	乙组	甲组	乙组
径赛	竞走	20km 50km	5km 10km				
	短距离跑	100m 200m 400m	100m 200m 400m	100m 200m 400m	60m 100m 200m 400m	100m 200m 400m	60m 100m 200m 400m
	中距离跑	800m 1 500m	800m 1 500m	800m 1 500m 3 000m	800m	800m 1 500m 3 000m	800m
	长距离跑	5 000m 10 000m	5 000m 10 000m				
	跨栏跑	110m 1.067m 400m 0.914m	100 米 0.84 米 400 米 0.762 米	110m 0.914m	110m 0.914m	100m 0.84m	100m 0.762m
	障碍跑	3 000m					
	马拉松	42 195m	42 195m				
	接力跑	4 × 100m 4 × 400m	4 × 100m 4 × 400m	4 × 100m	4 × 100m	4 × 100m	4 × 100m
田赛	跳跃	跳高 撑竿跳高 跳远 三级跳远	跳高 撑竿跳高 跳远 三级跳远	跳高 撑竿跳高 跳远 三级跳远	跳高 撑竿跳高 跳远 三级跳远	跳高 跳远	跳高 跳远
	投掷	铅球 7.26kg 标枪 800g 铁饼 2kg 链球 7.26kg	铅球 4kg 标枪 600g 铁饼 1kg	铅球 6kg 标枪 700g 铁饼 1.5kg	铅球 5kg 标枪 600g 铁饼 1kg	铅球 4kg 标枪 600g 铁饼 1kg	铅球 3kg

（二）田径运动的特征

走、跑、跳、投是人类生活的重要技能，也是最基本的形体活动。具体来说，田径运动具有以下特征。

1. 项目多

田径仅在奥运会正式比赛中就有 40 多个单项，包括走、跑、跳、投和全能，是各项体育运动的基础。学生通过田径运动可以全面发展各项身体素质，掌握多种运动技能。

2. 影响大

田径运动除单独进行比赛外，世界上各种级别和类型的综合性运动会都会将田径列为主要比赛项目。由于田径比赛按单项设奖与计分，奖牌数近 130 枚，总分可达 1 600 多分，因此往往决定着参加单位的比赛名次和胜负，同时也是衡量一个国家和地区体育运动水平的主要标志。

3. 竞争性强

田径运动要求运动员在最短时间内表现出最大的速度和力量，或在较长时间内持续运动，运动强度大，竞争激烈，可充分发挥人体机能能力，能有效增强体质和培养勇敢顽强的意志品质。

4. 既具个体性又有群体性

田径运动主要以个人为单位参加比赛，还有以队为单位参加的接力赛、越野跑、竞走团体赛等，团体总分和名次是由个人得分和名次相加决定的。田径是体育运动中最大的一个项目，是大型运动会中比赛项目及参赛运动员最多的项目。

（三）田径运动健身功能

1. 对神经系统的作用

神经调节是人体内最重要的调节机制，人体的一切活动，都是在神经系统的支配和调节下进行的。人们的体质、精力、工作或学习的效率如何，也完全以中枢神经活动的生理基础为转移。田径运动可以使人体各器官参与运动，促使中枢神经系统及其主导部分大脑皮层的兴奋性增强，抑制加深，使兴奋和抑制更加集中，从而改善神经过程的均衡性和灵活性，对体内、外刺激的反应更迅速、更准确。

2. 对运动系统的作用

运动系统由骨骼、肌肉和关节三个部分组成，经常从事田径运动可以促进骨质增强，使管状骨变粗，骨质增厚，骨小梁的排列产生适应性变化，使骨骼更加结实，提高了骨骼抵抗损伤的机械性能。同时加快了血液循环，促进物质代谢，增加了骨骼生长所需要的营养物质，对身体的长高产生一定的促进作用。人体的关节由关节囊、韧带和肌肉所包围，韧带具有加固关节的作用，肌肉不仅加固关节，还能牵引关节运动。据人体测量的调查材料证明，田径运动员的肢体围度均大于对照组。正常人骨骼肌约占体重的 40%，而田径运动员可达 50%～60%。由于参加田径运动，人体肌肉中储存氧气的“肌红蛋白”增加了，储存的营养物质“肌糖元”也相应增加，他们的肌肉比一般人具有更多的物质贮备，更好地适应运动和工作的需要。同时提高了神经系统对肌肉的控制能力，使肌肉的反应速度、准确性和协调性提高，肌肉工作时出现能量消耗下降、效率提高的“节省化”现象。

3. 对心血管系统的作用

经常参加田径运动的人，由于体内能量消耗增加，代谢产物增多，促进了心脏机能的提高，加快了血液循环，使心肌得到更多的营养物质，改善了心脏结构，使心肌逐渐增强，心壁增厚，心脏容量增加。其心脏重量可达到 400～500g，心脏的容量约在 1000mL 以上；而一般人的心脏重量为 300g 左右，心脏的容量约 700mL。由于经常参与田径运动使人的心肌发达，收缩力量加强，心脏每搏输出量增加，因而使安静时心跳频率减慢，每分钟约 50～60 次，而一般人安静时心跳频率 70～80 次左右，这样就使田径运动参与者的心脏工作出现“节省化”现象，不易疲劳，而且恢复较快，从而能更好地进行运动和工作。

4. 对呼吸系统的作用

肌肉活动需要能量供应，能量来源于体内各种营养物质的氧化过程。因此人体必须不断地从外界环境得到氧，并又不断地向外界环境排出在体内氧化过程中生成的二氧化碳。从事田径运动有利于呼吸肌的锻炼和增强，他们的呼吸差可达 9～16cm，而一般人的呼吸差只有

5～8cm；经常参加田径运动使他们的肺活量增大，由于肺部弹性增强，呼吸肌力量加大，肺活量比一般人大约 1000mL。由于呼吸机能通过田径运动得到提高，使呼吸深度加深，工作耐久，不易疲劳。因此经常参加田径运动的人表现为呼吸深而缓慢，安静时呼吸频率每分钟约 8～12 次，而一般人的呼吸浅而急促，安静时呼吸频率每分钟约 12～18 次；当人体的肌肉工作需氧量增加时，一般人是靠增加呼吸频率来满足对氧气的需要量。长期参加田径运动可以改善和提高呼吸器官的机能，增强气体交换时人体对氧的摄取能力和心脏活动的潜力。

二、田径运动起源及其发展

（一）田径运动起源

田径是世界上最为普及的体育运动之一，也是历史上最悠久的运动项目，被誉为“运动之母”。其起源大致可以归纳为以下几种：生存并与自然界斗争的手段，古代祭祀中的一项活动，战争的需要，教育的内容等。

远在上古时代，田径运动在人类生活中便占据着极其重要的地位。快速的奔跑、敏捷的跳跃和准确的投掷是原始人获得生活资料的必需手段。劳动中这些动作不断重复，长久积累便形成了走、跑、跳、投的各种技能。在古希腊阿尔菲斯河岸的峭壁上，刻有这样一段至理名言。

如果你想聪明，跑步吧！

如果你想强壮，跑步吧！

如果你想健康，跑步吧！

据记载，田径比赛成为正式比赛项目，是在公元前 776 年在希腊奥林匹克村举行的第一届古代奥运会上，项目只有一个——短距离赛跑，跑道是一条直道，长 192.27 米。

（二）田径运动的发展

田径运动（Track and Field/Athletics）是由田赛和径赛、公路赛、竞走和越野赛组成的运动项目。以高度和远度计算成绩的跳跃、投掷项目统称为田赛。以时间计算成绩的竞走和跑的项目统称为径赛。全能运动由跑、跳、投的部分项目组成，以各单项成绩按《田径全能运动评分表》换算分数计算成绩。

1896 年在希腊举行了第一届现代奥运会上，走、跑、跳跃、投掷等 12 个田径项目被列为主要比赛项目，这成为现代田径运动开始的标志。1912 年，国际业余田径联合会（I.A.A.F.）成立，确立了国际统一的田径竞赛项目和竞赛规则，开始组织国际田径比赛。

田径运动是比速度、比高度、比远度、比耐力的体能项目，很好地体现了“更高、更快、更强”的奥林匹克运动精神。奥运会中田径设有 47 枚金牌，是奥运金牌最多的项目，所以有“得田径者得天下”之说。

标准的田径场一般由外场、中场及内场 3 部分组成。

（1）外场：径赛跑道外侧，主要包括建筑看台或其他有关设施。一般而言，仅供教学和训练的田径场外场几米即可，而标准田径场四周则要留有几十米的空间。

（2）中场：径赛跑道所占有的空间，内圈周长 400 米，为椭圆形。弯道为半圆形，半径为 36.5 米。直道要沿南北方向，避免太阳位置低时的炫目影响。一般设 8～10 条分道，每条分道宽 1.22～1.25 米。跑道内侧安全区域不少于 1 米，起跑区不少于 3 米，冲刺缓冲段不少于 17 米。跑道左右倾斜度最大不得超过 1:1 000，跑的方向上的向下倾斜度不得超过 1:1 000。

（3）内场：供田赛或球类比赛使用的部分。

（三）田径各项目发展简况

1. 竞走

竞走起源于英国。19 世纪初，英国出现步行比赛的活动。19 世纪末，部分欧洲国家盛行从一个城市到另一个城市的竞走旅行。1866 年英国业余体育俱乐部举行首次冠军赛，距离为 7 英里。竞走分场地竞走和公路竞走两种。场地竞走设世界纪录；公路竞走因路面起伏等不可控因素较多，成绩可比性差，故仅设世界最好成绩。运动员行进时，两脚必须与地面保持不间断接触，不准同时腾空，着地的支撑腿膝关节应有一瞬间的伸直，不得弯曲。比赛时，运动员出现腾空或膝关节弯曲，均给予严重警告，受 3 次严重警告即取消比赛资格。1908 年竞走首次进入奥运会，当时的距离是 3 500 米和 10 英里。此后几届奥运会距离有所不同，有过 3 000 米、10 公里等，从 1956 年奥运会起定为 20 公里（1956 年列入）、50 公里（1932 年列入）。女子竞走于 1992 年才被列入奥运会，距离为 10 公里，2000 年奥运会改为 20 公里。

2. 短距离跑

短距离跑简称短跑。跑是人类与生俱来的基本能力，自古以来就是一种比赛形式，几乎每个国家的文献中都有描述。现代短跑起源于欧洲，最早被列入正式比赛是在 1850 年的牛津大学运动会上，当时设有 100 码、330 码、440 码跑项目。19 世纪末，为规范项目设置，将赛跑距离由码制改为米制。初为职业选手的表演项目，后逐渐扩展到业余运动员。运动员比赛时必须使用起跑器，听信号统一起跑，必须自始至终在自己的跑道内跑动。奥运会比赛项目男、女均设 100 米跑、200 米跑和 400 米跑，其中男子项目 1896 年列入，女子 100 米跑和 200 米跑 1928 年列入，400 米跑 1964 年列入。

3. 中距离跑

中距离跑简称中跑，最初项目是 880 码跑和 1 英里跑。从 19 世纪中叶开始，880 码跑和 1 英里跑项目逐渐被 800 米跑和 1 500 米跑项目所替代。有的学者认为，中跑项目最早的正式比赛是 1847 年 11 月 1 日在英国伦敦举行的比赛，英国的利兰（John Leyland）以 2 分 01 秒的成绩获得 800 码跑冠军。中跑原为职业选手的表演项目，后逐渐扩展到业余运动员。运动员比赛时不使用起跑器，听信号统一起跑。奥运会比赛项目男、女均设 800 米跑和 1 500 米跑，其中男子项目 1896 年列入；女子 800 米跑 1938 年列入，1 500 米跑 1972 年列入。

4. 长距离跑

长距离跑简称长跑。最初项目为 3 英里、6 英里跑，从 19 世纪中叶开始，逐渐被 5 000 米跑和 10 000 米跑替代。据记载，现代最早的正式长跑比赛是 1847 年 4 月 5 日在英国伦敦举行的职业比赛，英国的杰克逊（William Jackson）以 32 分 35 秒的成绩夺得 6 英里跑冠军。奥运会比赛项目男、女均设 5 000 米跑和 1 000 米跑。男子项目 1912 年列入；女子 5 000 米跑 1996 年列入，10 000 米跑 1988 年列入。

5. 跨栏跑

跨栏跑起源于英国，由牧羊人跨越羊圈栅栏的游戏演变而来。跨栏跑最早使用的栏架是掩埋在地面上的木支架或栅栏，1900 年出现可移动的倒 T 字形栏架。1935 年有人将 T 形栏架改成 L 形栏架，L 形栏架支脚的另一端朝向运动员的跑进方向，稍加阻力即可向前翻倒，减轻了运动员过栏时的恐惧心理。奥运会比赛项目分男子 110 米跨栏跑、400 米跨栏跑（1896 年列入）；女子 100 米跨栏跑（1932 年列入，当时为 80 米跨栏跑，1972 年改为 100 米跨栏跑）、400 米跨栏跑（1984 年列入）。男子 110 米跨栏跑的栏高为 1.067 米，400 米跨栏跑的栏高为

0.914 米；女子 100 米跨栏跑的栏高为 0.84 米，400 米跨栏跑的栏高为 0.762 米。比赛时，运动员必须跨越 10 个栏架，除故意用手推或用脚踢倒栏架外，身体其他部位碰倒栏架不算犯规。

6. 接力跑

这是田径运动中唯一的集体项目，以队为单位，每队 4 人，每人跑相同距离。其起源有多种说法，有的认为起源于古代奥运会祭祀仪式中的火炬传递，有的认为与非洲盛行的“搬运木料”或“搬运水坛”游戏有关，也有的认为是从传递信件文书的邮驿演变而来。奥运会比赛项目分男、女 4 × 100 米接力跑和 4 × 400 米接力跑。1908 年第 4 届奥运会首次设立接力项目，但 4 名运动员所跑距离不等。1912 年第 5 届奥运会改设 4 × 100 米接力跑和 4 × 400 米接力跑。女子 4 × 100 米接力跑和 4 × 400 米接力跑分别于 1928 年、1972 年被列入奥运会比赛项目。接力跑运动员必须持棒跑完各自规定的距离，并且必须在 20 米的接力区内完成传接棒。

7. 马拉松

马拉松原为希腊的一个地名。公元前 490 年，希腊军队在马拉松平原击退波斯军队的入侵，传令兵菲迪皮德斯（Pheidippides）从马拉松跑到雅典城，在报告胜利的消息后，因体力衰竭倒地而亡。1896 年举行首届奥运会时，顾拜旦采纳了历史学家布莱尔（Michel Breal）以这一史事设立一个比赛项目的建设，并定名为“马拉松”。比赛沿用当年菲迪皮德斯所跑的路线，距离约为 40 公里。此后十几年，马拉松跑的距离一直保持在 40 公里左右。1908 年第 4 届奥运会在伦敦举行时，为方便英国王室人员观看马拉松赛，特意将起点设在温莎宫的阳台下，终点设在奥林匹克运动场内，起点到终点的距离经丈量为 26 英里 385 码，折合成 42.195 公里。国际田径联合会（国际田联）后来将该距离确定为马拉松跑的标准距离。女子马拉松开展较晚，1984 年才被列入第 23 届奥运会。1896 年首届奥运会后，马拉松赛在世界各地广泛举行，美国从 1897 年起举行波士顿马拉松赛，至 2000 年已举办了 104 届，成为世界上历史最悠久的马拉松赛。马拉松在公路上举行，可采用起、终点在同一地点的往返路线或起、终点不在同一地点的单程路线。比赛时，沿途必须摆放标有已跑距离的公里牌，并要每隔 5 公里设一个饮料站提供饮料，两个饮料站之间设一个用水站，提供饮水或用水。赛前需经身体健康检查，合格者方可报名参加比赛。因比赛路线、条件差异较大，故国际田联不设世界纪录，只公布世界最好成绩。

8. 跳高

跳高起源于古代人类在生活和劳动中越过垂直障碍的活动，现代跳高始于欧洲。18 世纪末苏格兰已有跳高比赛，19 世纪 60 年代开始流行于欧美国家。1827 年 9 月 26 日在英国圣罗兰・博德尔俱乐部举行的首届职业田径比赛中，威尔逊（AdamWilson）屈膝团身跳越 1.575 米，这是第一个有记载的世界跳高成绩。跳高有跨越式、剪式、俯卧式、背越式等过杆技术，现绝大多数运动员都采用背越式。跳高横杆可用玻璃纤维、金属或其他适宜材料制成，长 3.98～4.02 米，最大重量 2 千克。比赛时，运动员必须用单脚起跳，可以在规定的任一起跳高度上试跳，但第一高度只有 3 次试跳机会。男、女跳高分别于 1896 年、1928 年被列为奥运会比赛项目。

9. 撑竿跳高

撑竿跳高起源于古代人类利用木棍、长矛等撑越障碍的活动。据记载，公元 554 年爱尔兰就有撑越过河的游戏。撑竿跳高原为体操项目，流行于德国学校。1789 年德国的布施（Busch）跳过 1.83 米，这是目前世界上有据可查的最早成绩。撑竿跳高作为田径运动项目首先在英国开展，1843 年 4 月 17 日英国职业选手罗珀（JohnRoper）在彭里斯越过 2.44 米，19 世纪末开始流行于欧洲国家。撑竿最早使用木杆，最高成绩为 3.30 米；1905 年开始使用重量较轻、有一定弹性的竹竿，最高成绩达到 4.77 米；1930 年出现较为坚固的金属竿，运动员无撑竿折断之虑，可以提高握竿点，加快助跑速度，最好成绩达到 4.80 米；1948 年美国设计制造出重量更轻、弹性更强的玻璃纤维竿，目前使用该竿已突破了 6 米的高度。撑竿跳高的横杆可用玻璃纤维、金属或其他适宜材料制成，长 4.48～4.52 米，最大重量为 2.25 千克。撑竿的长度和直径不限，但表面必须光滑。运动员一般都自带撑竿参加比赛。比赛时，运动员必须将撑竿插在插斗内起跳；起跳离地后，握竿的手不得向上移动；可以在规定的任一起跳高度上试跳，但每一高度只有 3 次试跳机会。男、女撑竿跳高分别于 1896 年和 2000 年被列为奥运会比赛项目。

10. 跳远

跳远源于人类猎取或逃避野兽时跨越河沟等活动，后成为军事训练的手段，为公元前 708 年古代奥运会五项全能项目之一。现代跳远运动始于英国，1827 年 9 月 26 日在英国圣罗兰·博德尔俱乐部举行的第一次职业田径比赛中，威尔逊（Asam Wilson）越过 5.41 米的远度，这是第一个有记载的世界跳远成绩。跳远的腾空动作有蹲踞式、挺身式和走步式。20 世纪 70 年代出现前空翻跳远，因危险性大，被国际田联禁用。最初运动员是在地面起跳，1886 年开始采用起跳板。起跳板为白色，埋入地下，与地面齐平，长 1.22 米，宽 20 厘米，距沙坑近端不少于 1 米。起跳板前有起跳线，起跳线前有用于判断运动员起跳是否犯规的橡皮泥显示板或沙台。运动员必须在起跳线后起跳。比赛时，如运动员不足 8 人，每人可试跳 6 次，超过 8 人，则先试跳 3 次，8 名成绩最好的运动员再试跳 3 次。以运动员 6 次试跳的最好成绩排列名次。男、女跳远分别于 1896 年和 1948 年被列为奥运会比赛项目。

11. 三级跳远

三级跳远起源于 18 世纪中叶的苏格兰和爱尔兰，两者跳法不同。苏格兰采用单足跳、跨步跳、跳跃，而爱尔兰用的是单足跳、单足跳、跳跃。现规定必须使用苏格兰跳法。跳远最早的正式比赛可以追溯到 1826 年 3 月 17 日首次举行的苏格兰地区运动会，比蒂（Andre Beattie）创造了 12.95 米的第一个纪录。比赛时，运动员助跑后应连续作 3 次不同形式的跳跃，第一跳为单足跳，用起跳腿落地；第二跳为跨步跳，用摆动腿落地；第三跳为跳跃，必须用双脚落入沙坑。男子三级跳远于 1896 年被列为首届奥运会比赛项目，女子三级跳远于 20 世纪 80 年代初逐渐广泛开展，1992 年被列为奥运会比赛项目。

12. 推铅球

推铅球起源于古代人类用石块猎取禽兽或防御攻击的活动。现代推铅球始于 14 世纪 40 年代欧洲炮兵闲暇期间推掷炮弹的游戏和比赛，后逐渐形成体育运动项目。铅球的制作经历了用铁、铅以及外铁内铅的过程。正式比赛男子铅球的重量为 7.26 千克，直径 11～13 厘米；女子铅球的重量为 4 千克，直径为 9.5～11 厘米。早期推铅球没有固定的方式，可以原地推，也可以助跑推；可以单手推，也可以双手推，还出现过按体重分级别的比赛。最初采用原地推铅球技术，后逐渐发展到侧向推、上步侧向推。20 世纪 50 年代，美国运动员奥布赖恩发明背向滑步推铅球技术，该技术被称为“铅球史上的一场革命”。20 世纪 70 年代，前苏联运动员巴雷什尼科夫发明旋转推铅球技术，由于旋转后难以控制身体平衡，至今只有极少数运动员使用。比赛时，运动员应在直径 2.135 米的圈内，用单手将球从肩上推出，铅球必须落在落地区角度线以内方为有效。男、女铅球分别于 1896 年和 1948 年被列为奥运会比赛项目。

13. 掷铁饼

掷铁饼起源于公元前 12～公元前 8 世纪希腊人投掷石片的活动，公元前 708 年被第 18

届奥运会列为五项全能项目之一。铁饼最初为盘形石块，后逐渐采用铜、铁等金属制作。现代奥运会史上，曾有过双手掷铁饼的比赛项目（左手+右手）。掷铁饼技术经历过原地投、侧向原地投、侧向旋转投、背向旋转投几个发展过程。铁饼可用木料或其他适宜材料制作，男子铁饼重 2 千克，直径 22 厘米；女子铁饼重 1.5 千克，直径 18.1 厘米。比赛时，运动员应该在直径 2.50 米的圈内将饼掷出，铁饼必须落在 40° 的角度线内方为有效。男、女铁饼分别于 1896 年和 1928 年被列为奥运会比赛项目。

14. 掷标枪

掷标枪起源于古代人类用长矛猎取野兽的活动，后长矛又发展成为作战的兵器，公元前 708 年被列为第 18 届古代奥运会五项全能之一。现代标枪运动始于 19 世纪的瑞典、希腊、匈牙利、芬兰等欧洲国家。1792 年瑞典的法隆开始举行标枪比赛。最初运动员使用的木制标枪前后一样粗，20 世纪 50 年代初，美国标枪运动员赫尔德（Franklin Held）研究出两端细、中间粗的木制标枪，延长了标枪在空中飞行的时间，因而被称为“滑翔标枪”。20 世纪 60 年代瑞典制造出金属标枪，使标枪的滑翔性能更强，大幅度提高了运动成绩。1984 年民主德国运动员霍恩（Uwe Hohn）以 104.80 米的成绩打破世界纪录。国际田联为保证看台观众的安全，1986 年将男子标枪重心向枪尖方向前移 4 厘米，以降低飞行性能，1999 年又将女子标枪重心向枪尖方向前移 3 厘米。标枪可用金属或其他适宜的类似材料制作。男子标枪重 800 克，长 260～270 厘米；女子标枪重 600 克，长 220～230 厘米。比赛时，运动员必须单手将标枪从肩上方掷出，枪尖必须落在投掷区角度线内方为有效。男、女标枪分别于 1908 年和 1932 年被列为奥运会比赛项目。

15. 掷链球

链球（hammer）的英语词意即铁锤，起源于中世纪苏格兰矿工在劳动之余用带木柄的生产工具铁锤进行的掷远比赛，后逐渐在英国流行；19 世纪后期成为英国牛津大学和剑桥大学运动会的比赛项目。当时使用的器械是将木柄的铁球，后为便于投掷，将木柄改为钢链，链球由此而来。掷链球最初采用原地投，后逐渐改进为侧向投，旋转一圈投、两圈投、三圈投，现运动员多采用四圈投。男子链球重 7.26 千克，总长 117.5～121.5 厘米，女子链球重 4 千克，总长 116.0～119.5 厘米。比赛时，运动员必须在直径 2.135 米的圈内用双手将球掷出，链球必须落在 40° 的角度线内方为有效。圈外有 U 形护笼，确保投掷安全。男子链球于 1900 年被列为奥运会比赛项目，女子链球于 2000 年列入。

16. 全能运动

全能运动起源于希腊，早在公元前 708 年第 18 届古代奥运会上便设有五项全能，由赛跑、跳远、铁饼、标枪和摔跤项目组成。现代全能运动始于欧洲。18 世纪初，部分国家开展全能运动，但比赛项目不统一。1904 年第 3 届奥运会即设十项全能，项目包括 100 码跑、800 码竞走、120 码栏等；1912 年第 5 届奥运会改为在瑞典流行的十项全能，延续至今。此外，1912 年、1920 年、1924 年奥运会还设立过五项全能。女子全能运动 1923 年始于前苏联，1948 年得到国际田联的认可，1964 年奥运会将五项全能列为比赛项目，1984 年奥运会改为七项全能。比赛按规定的项目顺序分两天进行。男子十项全能第一天为 100 米跑、跳远、铅球、跳高、400 米跑，第二天为 110 米跨栏跑、铁饼、撑竿跳高、标枪和 1 500 米跑。女子七项全能第一天为 100 米跨栏跑、跳高、铅球、200 米跑，第二天为跑远、标枪和 800 米跑。根据各单项成绩查国际田联制定的全能评分表，以累加总分计算名次，总分高者列前。运动员必须参加所有项目的比赛，如某个项目弃权，则不能参加后续项目的比赛，也不计算总分，但如果某个项目因成绩太低或失败，没有得分，仍可计算总分。因此，从历史的角度分析，田径运动的起源是有着非常悠久的历史的，并且它的出现是有其历史必然性的。

第二节　田径运动的基本技能与训练方法

田径运动按运动特征可分为走、跑、跳、投四大运动技能，这四大技能都是人类适应大自然最基本的生活技能，现已演变为当今田径运动中的竞技项目，不断提高四大技能有利于人类更加适应大自然。本节对如何提高走、跑、跳、投作了详细阐述，通过训练可以增强体质，提高运动项目成绩。

一、竞走的技能和训练方法

竞走是一项单腿支撑与双腿支撑相交替的周期性运动项目。每步中，在后脚离地之前，前脚必须与地面保持接触（不得有肉眼可见的腾空）。支撑腿在垂直部位时至少有一瞬间必须是伸直的（即膝部不得弯曲）。竞走比赛包括公路和田径场两种。公路项目以公里为距离标准，奥运项目有女子 10 公里，男子 20 公里和 50 公里。田径场项目以米为距离标准，设有 5 000 米、10 000 米。

（一）竞走的基本技能

1. 走的腿部动作

腿部动作是竞走技术的主要环节。竞走可分为单脚支撑和双脚支撑两个时期，单脚支撑又有前蹬和后蹬两个阶段。当身体处于垂直部位时，支撑腿完全伸直，全脚着地，摆动腿还在摆动着，其膝关节比支撑腿的膝关节略低，大小腿间的角度略大于直角，骨盆的横轴稍有倾斜。

当身体重心前移超过垂面时，即开始后蹬。摆动腿屈膝向前摆动，带动骨盆沿上下轴向前转动，小腿依靠大腿向前摆动的惯性而前摆，逐渐伸直膝关节，并用脚跟先着地，从而加大了步幅。在摆动腿的脚跟和地面接触时，形成了刹那间的双脚支撑。这时要两腿伸直，防止重心下降。当摆动腿的脚跟着地时，后蹬腿的脚尖立即蹬离地面，从而结束后蹬动作。

2. 走的躯干和两臂动作

竞走时，躯干与地面基本垂直，但在后蹬阶段，躯干自然地稍有前倾。两肩与躯干配合两腿动作也沿着身体纵轴稍有转动，以维持身体平衡和加强后蹬的效果。摆臂时一般不超过身体中线，高度不超过下颏。后摆时肘部稍向外偏，上臂约与肩平。

3. 身体重心的移动

在竞走过程中，当身体垂直时，身体重心是处在最高点，双脚支撑时，身体重心所处的位置最低，重心轨迹上下起伏。身体重心变化不但与竞走技术有关，而且与速度也有关系。应尽量防止出现重心离开直线的轨迹而左右摇摆的现象。

（二）竞走的训练方法

（1）直线做普通大步走（脚跟先着地）。

（2）直线做直腿走（体会脚跟着地和后蹬动作）。

（3）慢速和中速竞走（100 米、200 米、400 米），逐渐加大动作幅度和骨盆转动，增大步幅（体会在身体垂直部位时向前迈步）。

（4）骨盆扭转的专门练习。

① 骨盆回环转动练习。

② 交叉步走，使骨盆前后转动。

③ 原地交换支撑腿（两脚平行站立，体重由一腿移到另一腿）。

（5）摆臂练习。

① 原地摆臂练习。

② 竞走做摆臂练习（要注意和腿部动作协调配合）。

（6）改进和提高竞走技术练习。

① 由普通大步走过渡到竞走。

② 较小步长的慢、快步竞走。

③ 较大步长的中速竞走。

- 变速竞走（100 米快、100 米慢交替进行）。
- 快速竞走（200 米、400 米）要特别注意由直道转入弯道的技术。

二、跑的基本技能和训练方法

1. 短跑

短跑全程是由起跑、起跑后的加速跑、途中跑和终点跑 4 个紧密相连的阶段组成。

（1）起跑技术。起跑包括起跑前的准备姿势和起动动作。在短跑比赛中，必须用蹲踞式起跑，并使用起跑器。

如图 1-1 所示，起跑器的安装方法有普通式、接近式和拉长式 3 种。前起跑器抵足板与地面的夹角约为 45°，后起跑器为 60°～80°。安装起跑器的目的在于蹬离时能充分发挥腿部肌肉的最大力量，从而获得向前的最大初速度，起跑后使身体能保持较大的前倾。

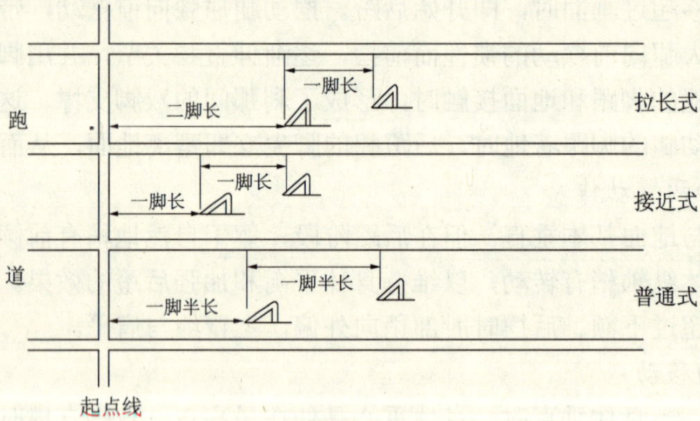

图 1–1 起跑器安装方法

起跑过程包括“各就位”、“预备”、“鸣枪” 3 个环节。

如图 1-2 所示，听到“各就位”口令后，可稍做放松（如深呼吸），然后俯身两手于起跑线后撑地，两脚依次踏在前、后起跑器抵足板上，脚尖触地。将有力的腿放在前面，后膝跪地。两臂伸直约与肩同宽，四指并拢或稍分开和拇指成“人”字形，身体重心稍前移，肩约与起跑线平行。背微弓，颈部自然放松，注意听“预备”口令。

听到“预备”口令后，后膝离地，抬起臀部，使之稍高于肩。重心适当前移，体重主要落于两臂和前腿上。两小腿趋于平行，前腿膝角约为 90°，后腿膝角约为 120°，注意力高度集中等候发令枪声。

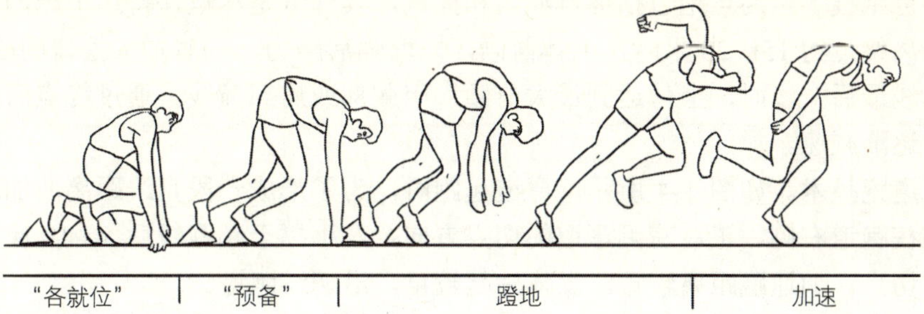

图 1-2　起跑过程

听到枪声后，两手迅速推离地面，屈肘做有力的前后摆臂，同时两脚用力蹬离起跑器，使身体以前倾姿势向前上方运动，躯干与地面成 15°～20° 角。后腿迅速屈膝向前上方摆出，但不宜过高。后腿前摆并积极下压着地的同时，前腿快速蹬伸髋、膝、踝 3 个关节。躯干逐渐抬起，头部也随之上抬，视线逐渐向前移。

（2）起跑后的加速跑技术。加速跑的任务是充分利用起跑的初速度，在较短距离内尽快获得最高速度。

起跑后，第一步不宜过大，为 3.5～4 脚长，第二步为 4～4.5 脚长，以后逐渐增大。上体随着步长和速度的增加而逐渐抬起，两脚落点逐渐靠拢人体中线，形成一条直线（在起跑后 10～15 米处）。同时，两臂应积极摆动，上下肢协调配合。加速距离一般为 25～30 米。

（3）途中跑技术。一个跑的周期包括两个腾空时期和两个支撑时期（左支撑和右支撑）。单腿均要经历后蹬、摆动、着地缓冲等阶段。

途中跑指从完成加速跑开始，到距终点 10 米左右的一段距离，其任务是继续发挥和保持最高速度。进入途中跑时，应顺惯性放松跑 2～3 步，以消除肌肉的过分紧张。在百米跑中，途中跑的距离为 65～70 米。

摆臂动作：途中跑时上体稍前倾，两眼平视，颈肩放松，手半握拳，两臂屈肘，以肩关节为轴，用力前后摆动，如图 1-3 所示，前摆时，肘稍向内，肘关节角度变小；后摆时，肘稍向外，角度变大。手和小臂不能摆过身体胸前的中线形成两臂的交叉摆动。正确的摆臂动作能够维持平衡、调节节奏，有利于加快步频和步幅。

图 1-3　途中跑技术动作

摆腿动作：①后蹬伸展阶段，支撑腿从伸展髋关节开始，依次蹬伸膝、踝关节，直到脚掌蹬离地面。后蹬动作中速度极为重要。②折叠前摆阶段，后蹬结束后，摆动腿大小腿尽力折叠，快速积极地向前摆动。同侧髋部随之前移。③下压缓冲阶段，前摆至大腿高抬后，随即积极下压，前脚掌积极“扒地”。着地瞬间小腿与地面接近垂直，迅速屈膝、屈踝缓冲，摆动腿随惯性快速向前摆动与支撑腿靠拢，使身体重心迅速前移，膝踝关节屈曲角度达到最大，转入后蹬待发状态。

支撑腿与摆动腿的蹬摆协调配合是途中跑技术的关键。一般情况下，摆动腿前摆速度快，步频也快，前摆幅度大，步幅亦大。

（4）终点跑技术。终点跑包括终点冲刺和撞线，其任务是尽量保持途中跑的高速度跑过终点。在距离终点约 15～20 米时，上体前倾，以增强后蹬力，同时加大摆臂的幅度和速度，在距离终点线最后一步时，上体达到最大前倾，用胸部或肩部撞线。通过终点后，要调整步频和步幅，逐渐减速。

（5）弯道跑技术。如图 1-4 所示，弯道起跑时，为了形成一段直线距离的加速跑，应将起跑器安装在跑道右侧、正对左侧弯道的切点方向。左手撑于起跑线后 5～10 厘米处，身体正对弯道的切点。加速跑距离较短，上体抬起较早，沿切线跑进。

如图 1-5 所示，从直道进入弯道，身体应有意识地稍向圆心方向倾斜。后蹬时，右脚前脚掌内侧用力，左脚前脚掌外侧用力。摆动时，右腿膝关节稍向内，左腿膝关节稍向外。右臂的摆动幅度和力量略大于左臂。尽可能沿跑道内侧前进。

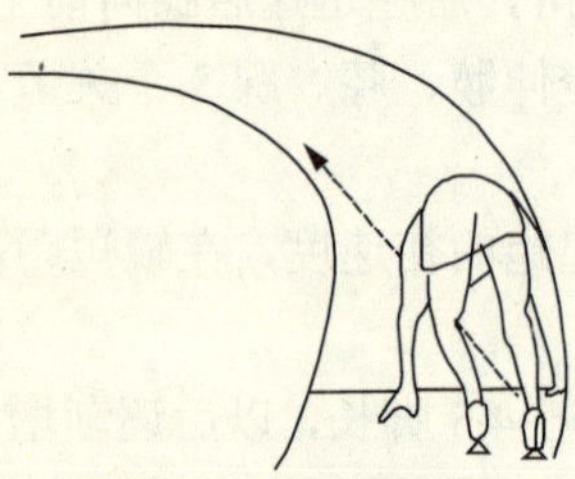

图 1-4　弯道起跑姿势

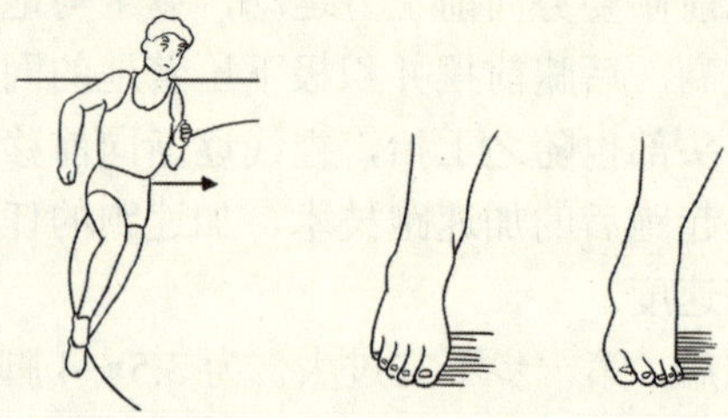

图 1-5　直道进入弯道

从弯道进入直道，最后几米，应逐渐减小身体内倾程度，惯性跑 2～3 步后转入正常途中跑。

重要提示　200 米跑时，全程都应保持高速度。400 米跑时，大部分采用前后 200 米平均分配速度的节奏跑法，后 200 米比前 200 米成绩低 2～3 秒。

2. 中长跑

现代中长跑各项目因距离不同，在动作技术的速度、幅度等细节方面存在区别，但整体动作结构基本相同，均要求保持较高的速度、积极有效的伸髋和快速有力的蹬摆。

（1）起跑技术。中长跑的起跑按“各就位”、“鸣枪”两个口令进行，起跑姿势有“站立式”和“半蹲踞式”两种。

① “各就位”时，先做一两次深呼吸，“站立式”起跑的运动员两脚前后开立，有力的腿在前，前脚尖紧靠起跑线后沿，全脚掌着地，后脚以前脚掌着地，两脚前后间距约一脚，左右间距约半脚，两膝弯屈，上体前倾（跑的距离越短，腿的弯曲度越大，上体前倾也越大），颈部放松，两臂在体前自然下垂或一前一后，身体重心落于前脚，保持稳定姿势（见图 1-6）。

“半蹲踞式”起跑的动作与“站立式”基本相同，但其前腿的异侧臂的拇指和其他四指成“八”字形撑在起跑线后。两脚均用前脚掌支撑，前后相距约一小腿长，左右间隔约一脚宽，两膝弯屈角略小，体重主要落在前腿和支撑臂上。

② 鸣枪。听到枪声后，后腿用力蹬地后积极前摆，前腿用力蹬伸。两臂配合腿部动作做快而有力地前后摆动，身体向前冲出（见图 1-7）。

（2）起跑后的加速跑技术。起跑后，上体保持一定的前倾，两臂的摆动和腿脚的蹬摆都应迅速有力，逐渐加速，同时，上体随之抬起，跑向对自己有利的战术位置，然后转入途中跑。加速跑的距离和速度，应根据个人特点、战术要求和临场情况而定。

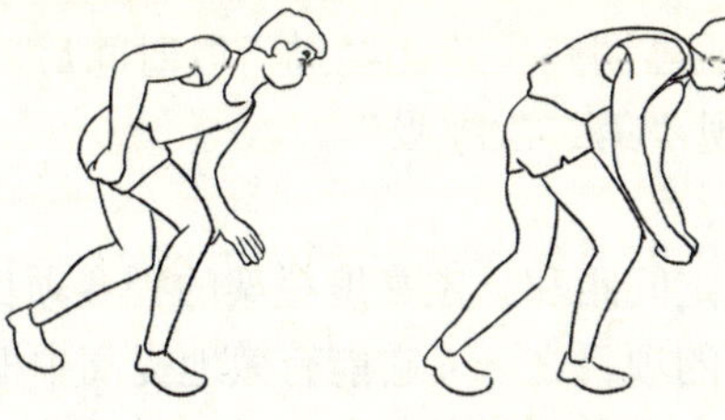

图 1-6　各就位时动作要领

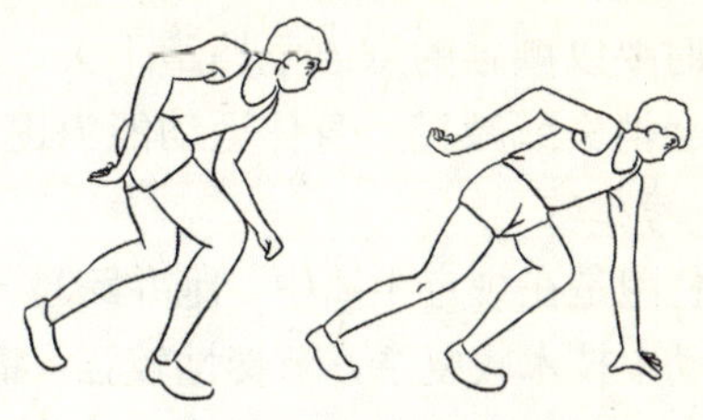

图 1-7　鸣枪时动作要领

（3）途中跑技术。途中跑是中长跑技术中的主要部分，其任务是保持速度，节省体力，讲求节奏，并充分运用战术为获取优异成绩奠定良好基础。

如图 1-8 所示，就途中跑的技术而言，中长跑与短跑实质相同，但由于距离和速度的不同，两者仍存在一定差异。

① 上体姿势。中长跑的途中跑时上体自然伸直或稍向前倾，中跑上体前倾约 5°，长跑上体前倾 1°～2°。上体前倾的角度小于短跑。

② 腿部动作。后蹬时，角度较短跑稍大，用力程度和蹬伸幅度较短跑稍小。前摆时，大腿上摆的高度较短跑低，大小腿的折叠程度较短跑小。

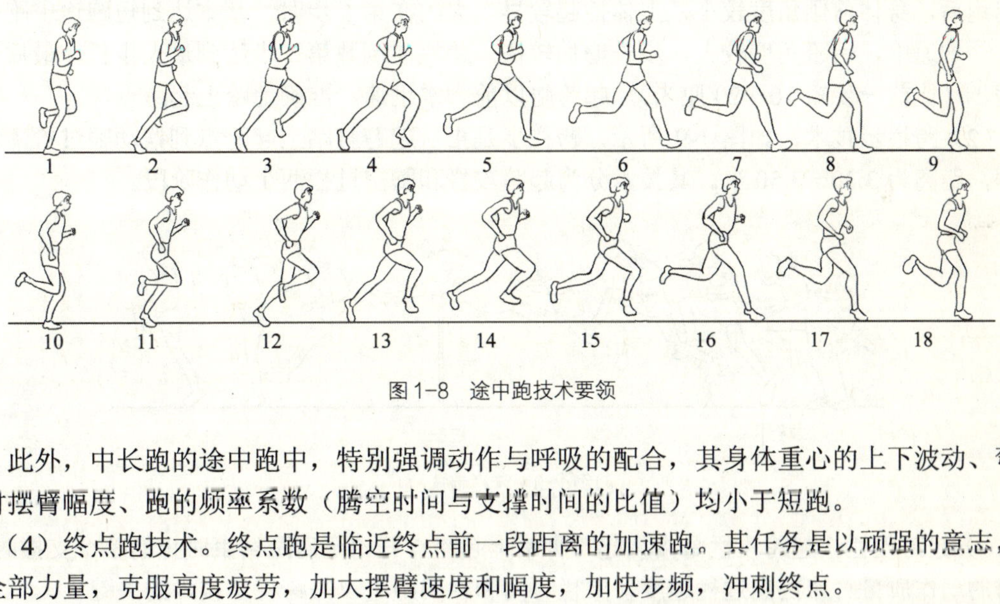

图 1-8　途中跑技术要领

此外，中长跑的途中跑中，特别强调动作与呼吸的配合，其身体重心的上下波动、弯道跑时摆臂幅度、跑的频率系数（腾空时间与支撑时间的比值）均小于短跑。

（4）终点跑技术。终点跑是临近终点前一段距离的加速跑。其任务是以顽强的意志，调动全部力量，克服高度疲劳，加大摆臂速度和幅度，加快步频，冲刺终点。

终点冲刺的距离应根据个人的体力情况、战术要求和临场情况而定，一般中跑为 200～400 米，长跑在 400 米以上。应注意观察对手情况，抢占有利位置，把握冲刺时机。速度占优势的运动员，宜紧跟且晚冲刺，一般在进入最后直道时开始冲刺；耐力占优势的运动员，宜早冲刺。

（5）中长跑的呼吸。中长跑途中，为了保证机体对氧气的需求，采用口鼻同时进行呼吸的方法。呼吸的节奏应和跑的节奏相配合，并注意加大呼吸地深度（特别是呼气，只有充分的呼出二氧化碳，才能吸入更多的氧气）。一般采用两步一呼，两步一吸（亦有一步一呼，一步一吸；三步一呼，三步一吸等）。

“极点”是一种正常的生理现象，是指中长跑途中，由于氧气的供应落后于机体活动的需要，代谢物质无法及时转移，而出现的胸部发闷，呼吸困难，动作无力、难以继续跑进等感觉。此时要以顽强的意志坚持跑下去，加强呼吸，适当调整步速。经过一段时间后，“极点”现象就会消失或减轻，身体运动能力逐渐提高，出现“第二次呼吸”。

3. 跨栏跑

跨栏跑是在规定距离中，跑并跨越一定数量、一定间距和一定高度栏架的径赛项目，也是田径运动中技术较复杂，节奏性较强，锻炼价值较高的项目之一。它能有效地提高中枢神经系统对运动肌群的调控和支配能力，改善呼吸系统和循环系统的机能，各关节活动幅度增大，肌肉和韧带的伸展增强，骨骼增粗，使速度、力量、耐力、弹跳力、柔韧性、灵敏性、协调性、准确性、节奏感等身体素质得到全面发展，培养勇敢顽强、不屈不挠、坚定果断的意志品质。

男子 110 米栏的栏架较高，过栏和栏间跑的速度较快，是跨栏跑中技术难度最大的项目。以此为例，讲解跨栏跑技术。

（1）起跑至第一栏技术。起跑至第一栏的任务是在固定的距离内用固定的步数完成加速跑，为全程过栏奠定良好的速度和节奏。

其技术与短跑基本相同。起跑采用蹲踞式，一般跑 7～8 步，采用 7 步上栏，应将起跨腿置于后起跑器上；采用 8 步上栏，则应将起跨腿置于前起跑器上。

这一阶段，跨栏跑与短跑动作技术的差异主要表现为：①预备时，臂部抬起相对较高；②起跑后，身体前倾角度较小，上体抬起较早，大约在第 6 步时，基本达到短跑途中跑的姿势；③加速中，后蹬角度较大，步长增加较快。跨栏前倒数第二步达到最大步长，最后一步是短步（比前一步短 10～20 厘米），起跨腿以前脚掌迅速，准确地踏上起跨点。

（2）跨栏步技术。如图 1-9 所示，跨栏步是指从起跨脚踏上起跨点到摆动腿过栏落地的过程，距离为 3.30～3.50 米。其技术分为起跨攻栏和腾空过栏两个动作阶段。

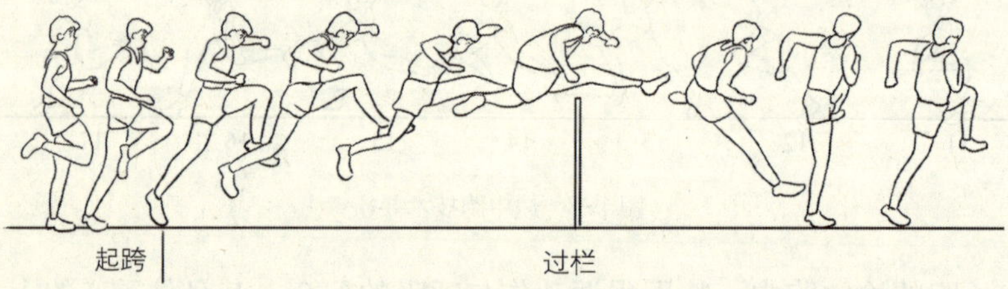

图 1-9 跨栏步技术

① 起跨攻栏。起跨攻栏是指从起跨脚踏上起跨点开始至后蹬结束时止的整个支撑时期。起跨的动作质量直接决定过栏速度、下栏时间和栏间跑进，是跨栏步技术的关键。

起跨点距栏架的距离一般为 2.00～2.20 米。后蹬要求迅猛有力，起跨腿髋、膝、踝关节充分伸展，并与躯干、头部基本成一条直线，起跨角度（起跨离地时，身体重心与支撑点的连线同地面之间的夹角）约为 70°。同时，摆动腿在体后屈膝折叠，足跟靠近臀部，膝向下，并以髋为轴，膝领先，大腿带动小腿充分向前摆超过腰部高度。上体随之前倾，摆动腿异侧臂屈肘向前上方摆出，肘关节达到肩的高度，另一臂屈肘摆至体侧，整个身体集中向前用力，形成良好的“攻栏”姿势。

② 腾空过栏。腾空过栏是指从蹬离地面身体转入无支撑阶段起，到摆动腿过栏后落地时

止的动作阶段。

身体腾空后，摆动腿随惯性继续向前上方攻摆，膝关节高过栏架后，小腿向前伸展，脚尖勾起。其异侧臂前伸，与摆动腿基本平行，同侧臂屈肘后摆，上体达到最大前倾，角度为45°～55°。同时，起跨腿屈膝提拉，小腿收紧抬平，约与地面平行或略高，两腿在栏前形成一个约120°以上夹角的大幅度劈叉动作。

如图1-10所示，摆动腿的脚掌移过栏架后，起跨腿屈膝外展，脚背屈并外翻，以膝领先，经腋下迅速向前上方提拉过栏。两腿在空中完成一个协调有力的以髋关节为轴的剪绞动作。同时，两臂配合积极摆动，起跨腿同侧臂由前伸位置向侧后方做较大幅度的划摆，另一臂屈肘前摆，以维持身体平衡。

图1-10 腾空过栏

摆动腿膝关节过栏瞬间，大腿积极下压，膝、踝关节伸直，以脚前掌后扒着地，身体重心处于较高位置。上体保持适当前倾，起跨腿加速向前提拉，至身体正前方，大腿高抬，转入栏间跑。下栏着地点距栏架约1.40米。

（3）栏间跑技术。栏间跑是从下栏着地点到下一栏起跨点之间的跑段。其任务是以正确的节奏，继续发挥和保持最快速度，为下一栏的顺利起跨创造有利条件。

栏间跑的技术同短跑的途中跑实质基本相同，但由于受栏间距离和跨栏步的限制，其节奏与短跑明显不同。栏间距离为9.14米，除去跨栏步约余5.30～5.50米，需跑三步。三步步长各不相同，第一步最小为1.50～1.60米，第二步最大为2.00～2.15米，第三步中等为1.85～1.95米。

提高栏间跑的速度主要靠加快步频和改进跑的节奏，使三步步长比例合理，频率快、节奏稳、方向正、直线性强，身体重心稍高、起伏较小。

（4）终点跑技术。类同于短跑的冲刺跑技术，撞线动作与短跑相同。

（5）全程跑技术。全程跑中，要合理地将跨栏步技术与栏间跑技术紧密地结合起来。起跑后，首先跨好第一栏并在第二、三栏继续积极加速，充分发挥出最高速度。第四至第八栏尽量保持速度，并注意控制动作的准确性。第九、十栏保持跑的节奏并准备冲刺。跨过第十个栏架后，把跨栏节奏调整为短跑节奏，加快步频，加大上体前倾，加强蹬地和摆臂力度，全力以赴冲向终点。

重要提示　全程跑技术状况＝110米栏成绩 110米跑成绩（数值越小说明技术水平越好）

其他跨栏跑项目基本技术结构与110米栏相同，但上体前倾和手臂摆动较小，摆动腿抬起较低，起跨腿前伸幅度稍小，下栏着地点较近，整体动作更接近于短跑。

女子100米跨栏跑的起跨点距栏架为1.95～2.00米，起跨角度为62°～65°，下栏着地点距栏架为1.00～1.20米，栏间跑三步步长为1.60～1.65米，1.95米，1.80～1.85米。

400米跨栏跑，起跑之第一栏的距离为45米，男子跑21～23步，女子跑23～25步。起跨点，男子为2.10～2.15米，女子为1.9～2.0米。栏间跑距离为35m，男子一般跑15～17步（部分优秀选手跑13步），女子一般跑17～19步（部分优秀选手跑15步）。弯道过栏时，以右腿起跨较为有利。起跨时，右脚前脚掌内侧蹬地，左腿向左前方攻摆，右臂内侧倾斜向左前上方摆出，上体前倾时略向左转，右肩高于左肩。下栏时，用左腿前脚掌外侧在靠近左侧分道线处着地，右腿提拉过栏时向左前方用力。

4. 接力跑

接力跑是田径运动中唯一的集体项目。以队为单位，每队 4 人，每人跑相同距离。它能有效地发展速度、灵敏等身体素质，培养团结协作的集体主义精神。

如图 1-11 所示，传棒人必须持棒跑完各自规定的距离，接棒者可以在接力区前 10 米内起跑，两人必须在 20 米的接力区内完成传、接棒。

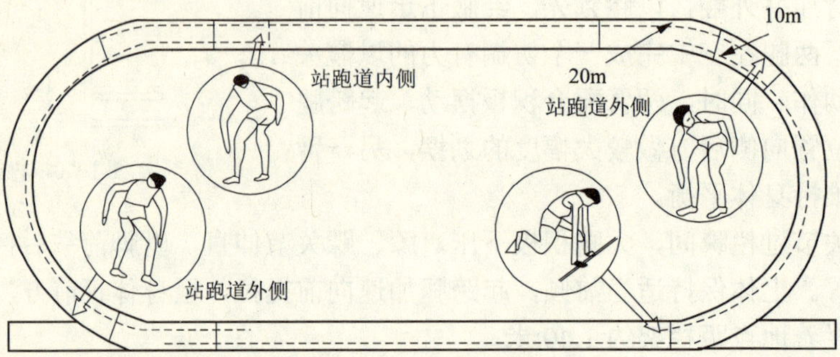

图 1-11　传、接棒位置

接力跑技术包括短跑技术和传、接棒技术。要求各队员在快速跑进的同时，配合默契。接力跑的距离越短，传、接棒技术要求越高。以 4 × 100 米接力跑为例，讲解接力跑技术。

（1）起跑技术。

① 持棒起跑。第一棒运动员通常采用蹲踞式起跑，其技术和短跑弯道起跑基本相同。如图 1-12 所示，用右手的中指、无名指和小指握住棒的末端，拇指和食指分开撑地，接力棒不得触及起跑线和起跑线前的地面。

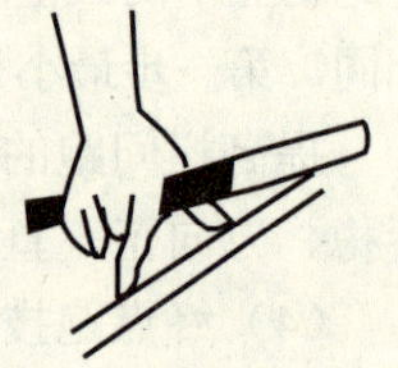

图 1-12　持棒起跑姿势

② 接棒起跑。接棒人选择恰当的起跑姿势，标准有二：第一是否有利于快速起跑和加速跑；第二是否能清楚地看到传棒队员及设定的起跑标志线。

如图 1-13 所示，第二、三、四棒运动员可用站立式或一手撑地的半蹲踞式起跑姿势。第二、四棒运动员应站在跑道外侧，左腿在前（亦可右腿在前），右手撑地，身体重心稍向右偏，头转向左后方，目视传棒队员的跑进和自己的起跑标志线（见图 1-14）。第三棒运动员应站在跑道内侧，右脚在前（亦可左腿在前），左手撑地，身体重心稍向左偏，头转向右后方，目视传棒队员的跑进和自己的起跑标志线（见图 1-15）。

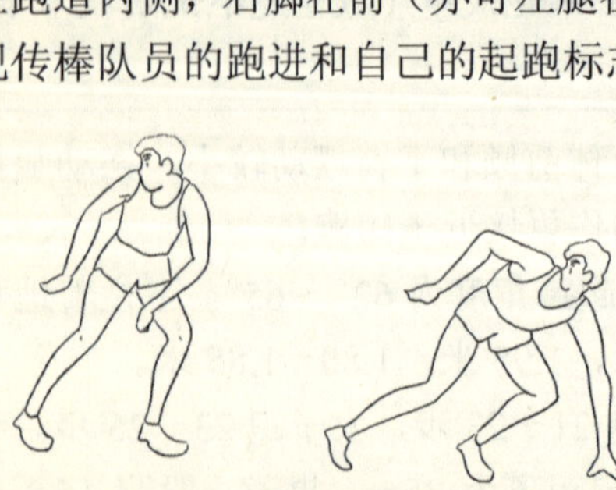

图 1-13　半蹲踞式起跑姿势

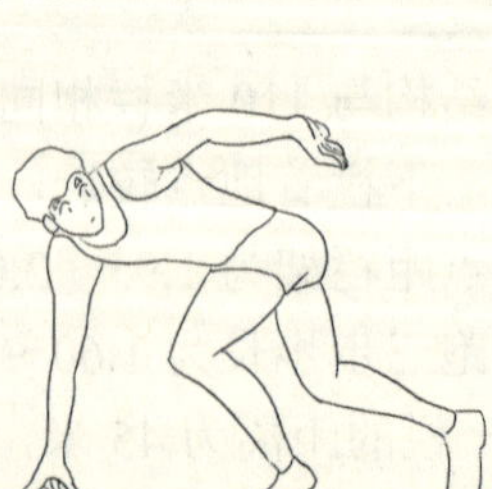

图 1-14　第二、四棒运动员接棒动作

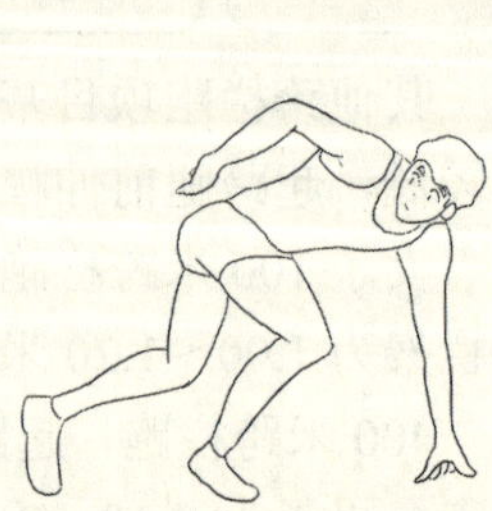

图 1-15　第三棒运动员接棒动作

持棒运动员保持最快速度，接棒运动员根据持棒者的跑速有控制地进行加速，以便于顺利快速地接棒。

（2）传、接棒技术。

① 传、接棒的方法。

- 上挑式。如图 1-16 所示，接棒人的手臂自然后伸，与躯干成 40°～45° 夹角，掌心向后，拇指与其他四指张开，虎口朝下，传棒人将棒由下向前上方“挑”送入接棒人手中。上挑式动作自然，容易掌握，但第二棒接棒人手握棒的中段，第三、四棒传接时由于棒的前端部分越来越少而易造成掉棒。
- 下压式。如图 1-17 所示，接棒人的手臂后伸，与躯干成 50°～60° 夹角，手腕内旋，掌心向上，虎口朝后，拇指向内，其余四指并拢向外，传棒人将棒的前端由上向前下方“压”入接棒人手中。下压式，各棒次接棒人均能握于棒的一端，但接棒时手腕动作紧张，掌心上向引起身体前倾而影响加速跑。

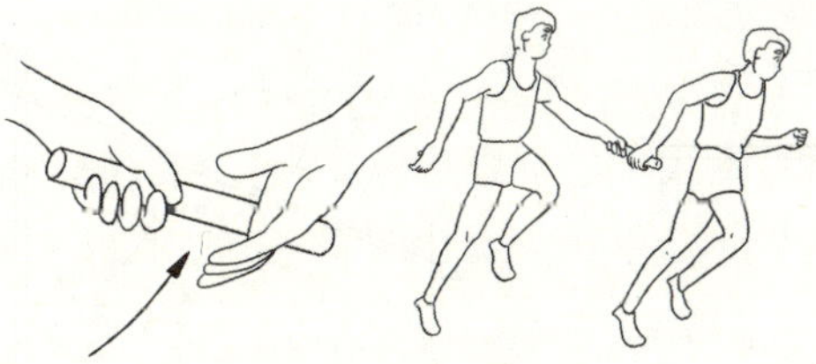
图 1–16 上挑式

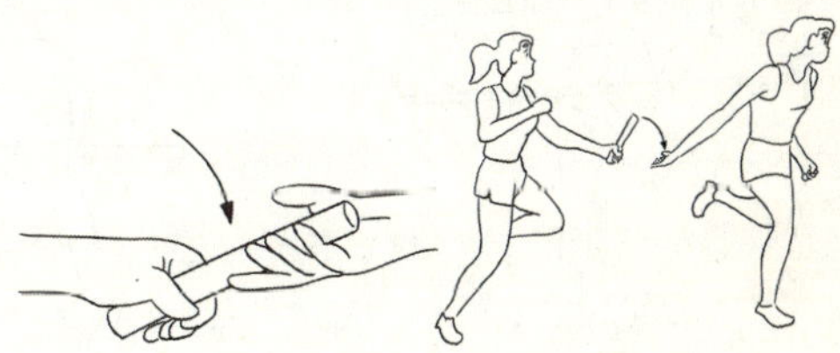
图 1–17 下压式

- 混合式。这种方法综合了上述两种方法的优点。第一、三棒运动员以右手持棒，沿弯道内侧跑进，用“上挑式”将棒传入第二、四棒运动员左手中；第二棒运动员左手持棒，沿跑道外侧跑进，用“下压式”将棒传入第三棒运动员右手中。

4 × 400 米接力跑，多采用换手传、接棒技术。接棒人用左手接棒后，立即换到右手。也可以用右手接棒，跑至最后一个直道时再换到左手传棒（第四棒可免）。

② 传、接棒的时机。为了集中精神保持高速度，4 × 100 米接力运动员均采用听传棒人信号而不看棒的接棒方式。传、接棒运动员在 20 米接力区内，双方均达到相对稳定的高速时，便是传、接棒的最佳时机。此时，一般距接力区前端 3～5 米。

传棒人跑到标志线时，接棒人开始由预跑区内或接力区后端迅速起跑。传棒人跑至接力区内，距接棒人 1～1.5 米时，向其发出“嘿”或“接”等传、接棒信号，接棒人听到后迅速向后伸手接棒（见图 1-18）。

图 1–18 传、接棒的时机

③ 起跑标志线的确定。起跑标志线与起跑点的距离，是根据传、接棒队员的跑速和传、接棒技术的熟练程度以及最佳传、接棒时机而定的，一般为 5～6 米。起跑标志线要在训练中多次实践反复调整才能准确确定。

重要提示

若接棒人在接力区前 10 米预跑线处起跑，至接力区末端 26 米处传、接棒，两人间距 1.5 米，则起跑标志线到起跑点的距离 = 传棒人最后 30 米的平均速度 × 接棒人起跑 26 米所需的时间 –（26 – 1.5）。

④ 各棒队员的分配。接力跑要求各棒队员之间协调配合，并能够充分运用每个人的特长，保证在快速跑进中精确、默契、迅速地完成传、接棒动作。一般而言，第一棒应起跑好，并善于跑弯道；第二棒应速度快，耐力好，善于传、接棒；第三棒除应具备第二棒的长处外，还要善于跑弯道；第四棒通常是 100 米成绩最好、冲刺能力最强的。

三、跳跃的基本技能与训练方法

1. 跳高

跳高的技术动作先后出现过 5 次重大演变，即跨越式（见图 1-19）、剪式（见图 1-20）、滚式（见图 1-21）、俯卧式（见图 1-22）和背越式（见图 1-23）。当代跳高运动趋向于速度核心，即要求助跑速度快、起跳速度快、过杆速度快。

图 1-19　跨越式跳高

图 1-20　剪式跳高

图 1-21　滚式跳高

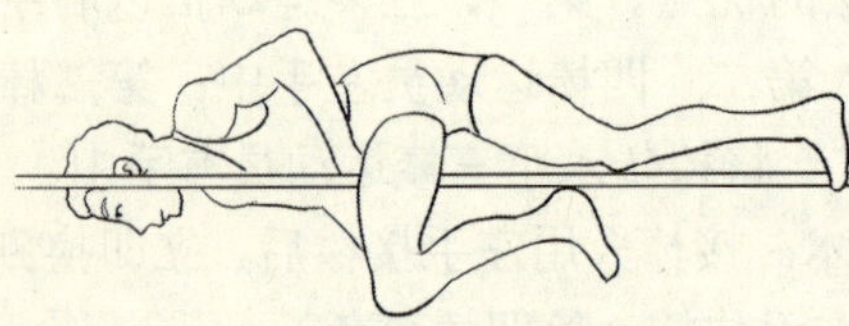
图 1-22　俯卧式跳高

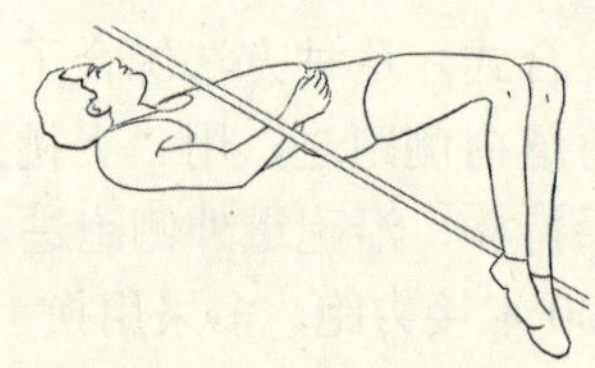
图 1-23　背越式跳高

背越式跳高以特定的弧线助跑，起跳后背对横杆腾起，背越过杆（见图 1-24）。是现代最为常用的一种跳高技术，由助跑、起跳、过杆和落地几个不同的技术环节组成。

图 1-24　背越式跳高连续动作

（1）助跑技术。助跑的任务是获得必要的水平速度和蹬地力量，调整适宜的动作节奏，形成合理的身体内倾姿势，为起跳和顺利过杆创造有利条件。

① 助跑的起动。助跑起动的方式有两种：原地起动（直接从助跑点上开始助跑的方式）

和行进间起动（预先走动或跑动 3～5 步，然后踏上助跑点开始助跑的方式）。原地起动有利于助跑步点的准确性，步长相对固定，但动作较紧张，加速较慢。行进间起动则动作自然放松，加速较快，但助跑步点不易准确。

② 助跑的路线。如图 1-25 所示，背越式跳高助跑的前段为直线或近似直线，后段 4～5 步跑弧线。如图 1-26 所示，直线助跑时，上体略前倾，步幅开阔，后蹬充分，身体重心平稳且保持高位；弧线助跑时，身体逐渐内倾，外侧的肩略高于内侧的肩，外侧臂和腿的摆动幅度较之内侧要大。

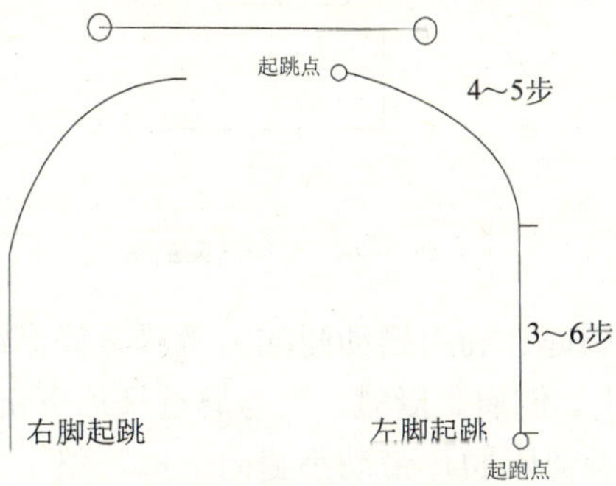

图 1-25　背越式跳高助跑路线

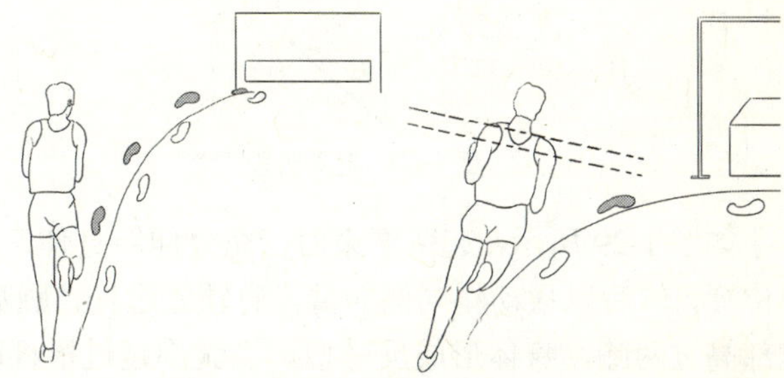

图 1-26　助跑动作要领

③ 助跑的距离。助跑距离指从助跑点到起跳点的距离。全程一般 8～12 步，距离最长可达 30 米左右。

④ 助跑的节奏。助跑节奏具体表现为步频（单位时间内两腿的交换次数）与步长在助跑中的变化。背越式跳高助跑的节奏要求从慢到快，前几步慢，后蹬充分，腾空较大。最后 3～5 步加快频率，但步长变化要小。最后 1 步，争取最快。

⑤ 助跑的技术要点。整个助跑过程的动作应该自然、放松、快速、连贯，全程节奏明确、逐渐加速。最后 1 步，摆动腿的动作极为关键。腿着地时，积极下压拔地，形成牢固支撑，身体重心迅速前移，进入起跳状态。

（2）起跳技术。起跳是背越式跳高的关键技术。其任务是迅速改变人体运动方向，实现最大垂直速度和合理的腾空角度，为顺利过杆创造条件。

起跳阶段，起跳脚踏上起跳点，起跳腿经过支撑、缓冲、蹬伸，蹬离地面跳起，摆动腿蹬离地面和臂协调摆动，达到最高位置。起跳腿指用于蹬伸起跳的腿，多选择较有力的腿。摆动腿指起跳时用于协调配合起到摆动作用的腿。

如图 1-27 所示，在助跑最后一步身体内倾达到最大程度时，摆动腿有力后蹬，推动髋部迅速前移，使起跳腿快速踏上起跳点，形成肩轴与髋轴交叉扭紧姿势。接着，起跳脚以脚跟外侧着地并迅速过渡到全脚掌，脚尖朝向助跑弧线的切线方向，起跳腿自然屈膝并被压紧。随着身体由内倾转为垂直，起跳腿的髋、膝、踝 3 个关节依次迅猛发力，快速完成蹬伸起跳的动作。

如图 1-28 所示，蹬伸结束时，起跳腿的髋、膝、踝 3 个关节应该充分伸直，使身体垂直于地面，以保证身体向垂直方向充分腾起。

（3）过杆与落地技术。

过杆与落地阶段指起跳腾空后，头、肩、背、腰、髋、腿等身体各部分利用合理的技术动作依次越过横杆，并安全地落在海绵包上的技术阶段。

图 1-27 起跳阶段技术

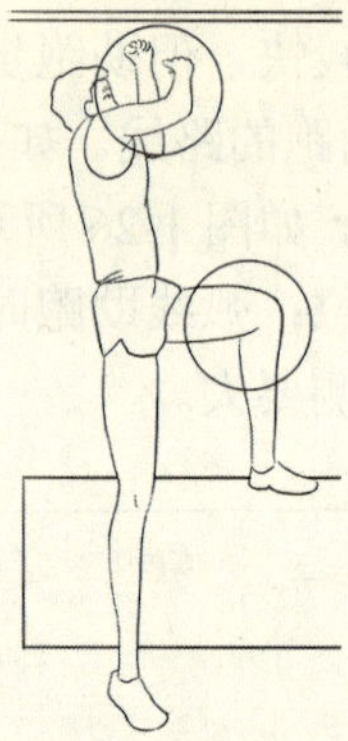

图 1-28 蹬伸结束动作

如图 1-29 所示，起跳结束时，充分伸展身体，向上腾起。利用摆动腿的力量尽量提高髋部位置，然后以摆动腿同侧的臂，肩领先过杆，顺势仰头、倒肩、挺髋。头与肩过杆后下沉，髋部高过两膝，身体形成反弓型。当髋部越过横杆时，顺势收腹，带动小腿向上甩，整个身体越过横杆，保持屈髋、伸膝的姿势下落，以肩背先着垫。

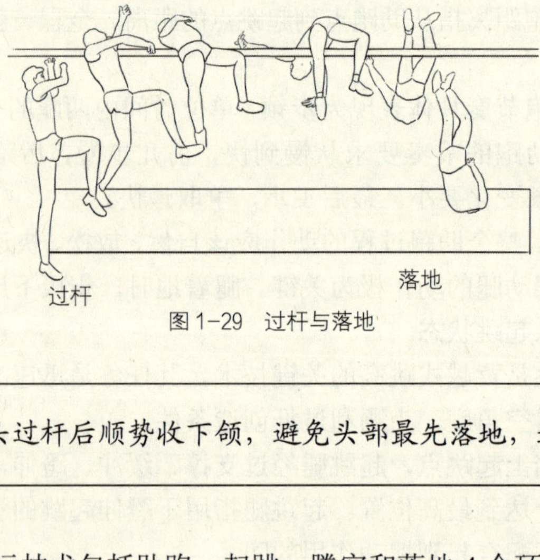

图 1-29 过杆与落地

重要提示 仰头过杆后顺势收下颌，避免头部最先落地，造成颈部受伤。

2. 跳远

如图 1-30 所示，跳远技术包括助跑、起跳、腾空和落地 4 个环节。

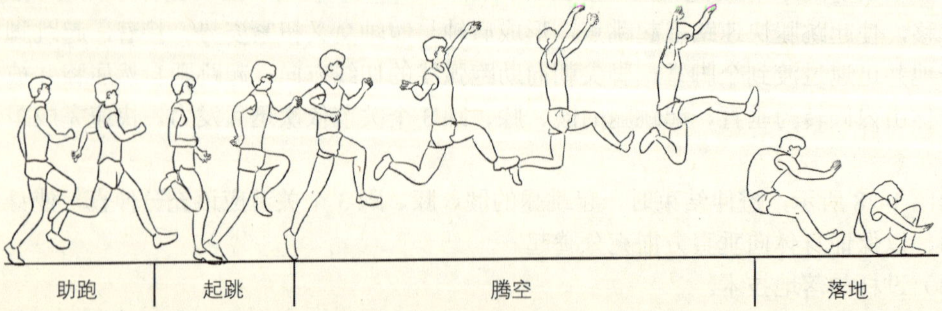

图 1-30 跳远技术包括的 4 个环节

（1）助跑技术。

① 助跑的任务是获得最大的水平速度，为准确踏板和迅速有力的起跳做好准备。

② 助跑的起动方式有原地起动和行进间起动两种。前者更适合于初学者。

③ 助跑常用的加速方式有两种，即平稳加速（亦称为逐渐加速）和积极加速。平稳加速方式：开始步频较低，然后逐渐加大步长或在保持步长的基础上提高步频，加速过程均匀平稳，时间较长。其助跑动作比较轻松，起跳的准确性好，成绩比较稳定。积极加速方式：上体前倾较大，步频始终保持较高的水平。其助跑动作比较紧张，起跳的准确性差，适合于绝对速度较快的运动员。

④ 助跑距离指从助跑起点到起跳脚踏上踏跳板的距离。一般而言，技术水平越高，速度越快，助跑距离越长。男子助跑距离约 35～45 米，18～24 步；女子助跑距离约 30～35 米，16～18 步。助跑距离并非固定不变，可以根据环境条件的变化和个人身体情况进行相应的调整。

⑤ 助跑节奏表现为对步长、步频变化的控制，以利于最高速度的发挥及利用。跳远助跑的最后几步呈加速状态，身体重心适当下降，为快速起跳做好准备。

（2）起跳技术。

起跳的任务是利用助跑所获得的最高速度，瞬间创造尽可能大的腾起初速度（由助跑、起跳所产生的水平速度与水平速度合成的）和适宜的腾起角度，使身体充分向前上方腾起。

起跳是跳远技术中最重要的环节。如图 1-31 所示，起跳的动作过程可分为起跳脚着地（上板）、缓冲和蹬伸三个阶段。着地要迅速且富有弹性，缓冲时及时地积极地前移身体，蹬伸是爆发式动作，要快而有力。

起跳时，抬头挺胸，上体正直，提肩、拔腰，髋、膝、踝 3 个关节要充分蹬直，蹬摆配合要协调，一致用力。

（3）腾空技术。腾空阶段指起跳后人体在空中维持身体平衡，完成各种动作的阶段。如图 1-32 所示，跳远的腾空动作目前主要有 3 种姿势：蹲踞式、挺身式、走步式。

图 1-31　起跳动作

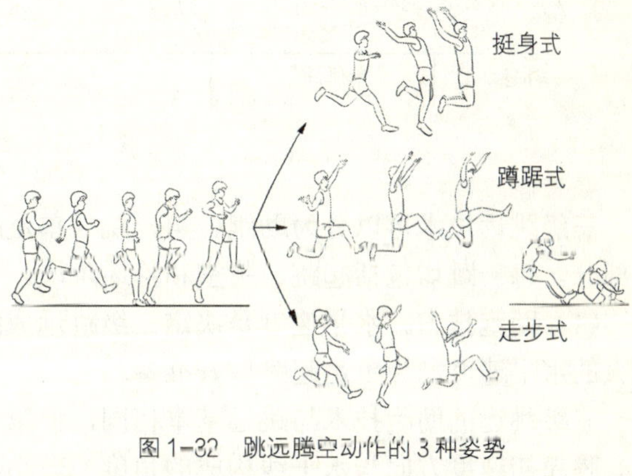

图 1-32　跳远腾空动作的 3 种姿势

① 蹲踞式。起跳成腾空步（起跳结束时，身体姿势在空中的延续）后，上体保持正直，摆动腿继续向上摆动，起跳腿顺势屈膝前摆，逐渐靠近摆动腿，使两腿屈膝在空中成蹲踞姿势。然后收腹举腿并前伸小腿，两臂由后向前摆动，使身体重心前移，顺势落地。

② 挺身式。起跳成腾空步后，摆动腿下落，膝关节伸展，小腿由前向下向后呈弧形摆动，两臂下垂经由体侧向后上方绕环摆动，起跳腿自然回摆与摆动腿靠拢，形成空中挺胸展髋的

姿势。继而收腹举腿，大腿向胸部靠拢，小腿前伸，两臂上举或后摆，顺势落地。

③ 走步式。起跳成腾空步后，以髋关节为轴，摆动腿大腿带动小腿，由前向后下方摆动。同时起跳腿屈膝前摆，向上抬起大腿，前伸小腿，在空中自然地完成换步动作。两臂与下肢协调配合作大幅度直臂绕环摆动或自然前后摆动，然后摆动腿顺势前摆，两腿靠拢，收腹举腿，前伸小腿，顺势落地。在空中完成一次换步后落地的称为“两步半”走步式，完成两次换步后落地的称为“三步半”的走步式。

(4) 落地技术。落地阶段指腾空后落入沙坑的着地动作阶段。其任务是选择合理的技术，获得较大的跳跃距离，并防止伤害事故的发生。

完成腾空动作后，收腹举腿，小腿前伸，脚尖勾起，两臂向后摆动。脚跟触及沙面后，迅速屈膝缓冲，臀部顺势前移，两臂由后向前摆动，上体前倾，成团身姿势，平稳地落入沙坑。

此外，落地时，还可以采用侧倒式。脚跟着地后，一条腿保持稍紧张状态支撑沙地，另一条腿放松，上体顺势向放松腿的前侧方卧倒。

重要提示　落地时无论采用何种姿势都应顺势缓冲，身体重心前移，以保证安全

3. 三级跳远

三级跳远是经过一定距离的直线助跑后，通过 3 次连续跳跃（单足跳、跨步跳、跳跃）达到尽可能远的水平距离的运动项目，如图 1-33 所示。它能有效地发展速度和下肢力量，提升弹跳力、灵敏度和协调性，增强支撑器官（腿、足、膝、踝等）和内脏器官的功能，培养勇敢顽强、勇往直前的意志品质。

图 1-33　三级跳远

三级跳远技术可以分为助跑、第一跳（单足跳）、第二跳（跨步跳）、第三跳（跳跃）几个部分。每一跳均包括起跳、腾空和落地阶段。

(1) 助跑技术。水平速度是决定三级跳远成绩的关键因素。助跑的目的就在于获得尽可能大的水平速度，为单足起跳做好准备。

三级跳远的助跑技术与跳远基本相同，但第一跳起跳的腾起角（是指人体离地时，身体重心腾起初速度方向与水平线构成的角度）较小，因此整个助跑过程身体重心较高，加速平稳，强调向前行。最后几步，大腿高抬，上体正直，保持步长或适当减少步长的情况下，加快步频，准备起跳。

助跑距离取决于个人的加速能力。加速能力强，助跑距离则短，反之助跑距离则长。助跑距离一般为 35～40 米，相当于 18～22 步。

(2) 第一跳（单足跳）技术。如图 1-34 所示，三级跳远的起跳是以单足跳的形式完成起

跳的。这一跳不仅要达到必要的远度，而且应尽可能减小水平速度的损失，为后两跳创造条件。

图 1-34　第一跳技术

第一跳以有力的腿做起跳腿。助跑最后一步，摆动腿积极蹬地向前送髋时，起跳腿大腿快速下压，小腿自然前伸，用全脚掌迅速积极踏板。起跳腿着地后，迅速屈膝屈踝缓冲，摆动腿快速向前上方大幅度摆出，两臂配合下肢动作有力摆动，起跳腿迅速、及时地进行爆发性蹬伸。

起跳离地后，身体保持腾空步姿势。摆动腿小腿随大腿下放自然地从前向下、向后摆动，同时髋部上提，体后的起跳腿屈膝前摆高抬，带动髋部前移，两臂配合经体前摆向身体侧后方，形成空中交换步的动作，幅度大且平稳。单足跳的腾空轨迹应尽量低而平，理想的起跳角为 12°～15°。

完成交换步的起跳腿前摆蹬伸，迅速有力地用全脚掌拔地式着地，两臂和摆动腿配合起跳腿动作向前摆动。落地点尽量接近身体重心投影点，上体保持正直。

（3）第二跳（跨步跳）技术。

如图 1-35 所示，三级跳远的第二跳为跨步跳，在三跳中难度最大，距离最短，身体重心的抛物线最低。起跳角度与单足跳几乎相同，一般为 12°～14°。

图 1-35　第二跳技术

当单足跳落地时，起跳腿积极完成缓冲并快速有力地蹬离地面，髋、膝、踝关节充分伸展。摆动腿迅速屈膝向前上方摆动，足尖上挑，大小腿成 90° 角，膝部应摆至身体重心的上方。同时，上体保持正直或稍前倾，两臂成弧形向侧后方摆动，完成跨步跳的腾空跨步动作。注意维持身体平衡，并达到必要的远度。

腾空跨步跳结束时，髋部前移，摆动腿大腿下压，膝关节伸展，小腿顺势由前向后用全脚掌落地并积极“后扒”，两臂由后向前上方摆动，完成第二跳的落地动作。

（4）第三跳（跳跃）技术。如图 1-36 所示，第三跳是以第二跳的摆动腿做起跳腿，起跳角应稍大，一般为 18°～20°。

起跳腿着地后应适度屈膝屈踝积极缓冲，上体正直，髋部上提，迅速有力地蹬直离地。同时，摆动腿迅速屈膝向前上方高抬摆动，两臂则由体侧后方积极向前上方摆动，保持腾空步动作。

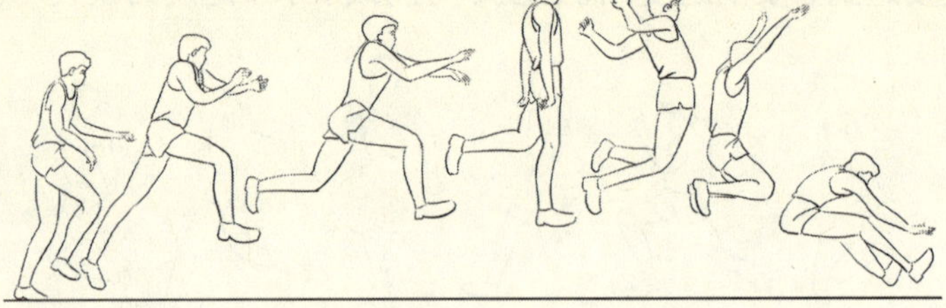

图 1-36　第三跳技术

第三跳的空中和落地动作与跳远时一样，可以选择蹲踞式、挺身式或走步式。

重要提示　三级跳远中必须注意保持身体的平衡，维持较高的水平速度，配合大幅度的协调蹬摆，控制三跳的直线性，从而提高整体技术向前的良好效果。

四、投掷的基本技能与训练方法

1. 铅球

如图 1-37 所示，背向滑步推铅球的技术要领包括（以右手为例）：握球和持球、预备姿势、滑步、最后用力、缓冲。

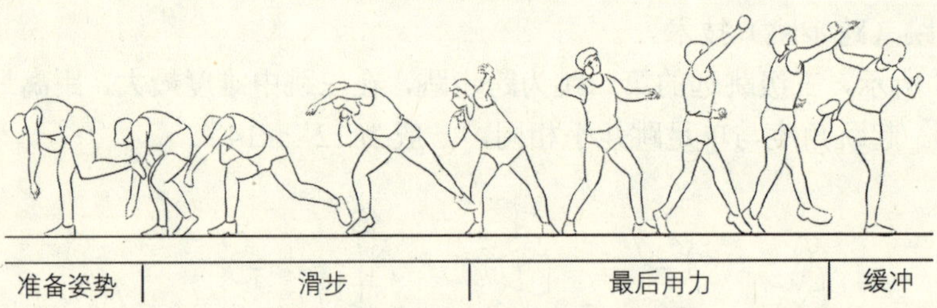

图 1-37　背向滑步推铅球技术要领

（1）握球和持球。如图 1-38 所示，五指自然分开，球体置于食指、中指和无名指的指根处，拇指和小指扶住球体两侧，手腕后屈，防治球体滑动并便于控制出球的方向。

手指力量较强者，可将球适当移向手指上方，有利于拨球和发挥手腕的力量。

握好球后，将球放在右肩锁骨窝处，紧贴颈部，掌心向前，右臂屈肘，肘部稍外展且略低于肩，上臂与身体的夹角约为 45°。

重要提示　铅球的重心固定在食指、中指的指跟或第二指骨处。

（2）预备姿势。预备姿势是滑步前的准备动作，目的是为协调、平稳地进入滑步创造条件。

① 高姿势。如图 1-39 所示，持球后背对投掷方向，两脚前后开立，相距约 20～30 厘米。右脚尖靠近投掷圈后端内沿（脚也可稍向内转），体重主要落在伸直的右腿上；左腿在后自然弯屈，以前脚掌或脚尖着地；上体放松，头部和躯干保持正直，左臂自然上举。

② 低姿势。如图 1-40 所示，持球后背对投掷方向，两脚前后开立，相距约 50～60 厘米

（根据身高和下蹲的程度而定）。两腿弯曲（弯曲程度视个人力量而定），体重落于右腿。右脚尖贴近投掷圈后端内沿（脚也可稍向内转），左脚在后，以前脚掌或脚尖着地。左臂自然下垂，左肩稍向内扣，上体前屈与地面平行，两眼目视前下方。铅球的投影点在右脚的右侧前方。

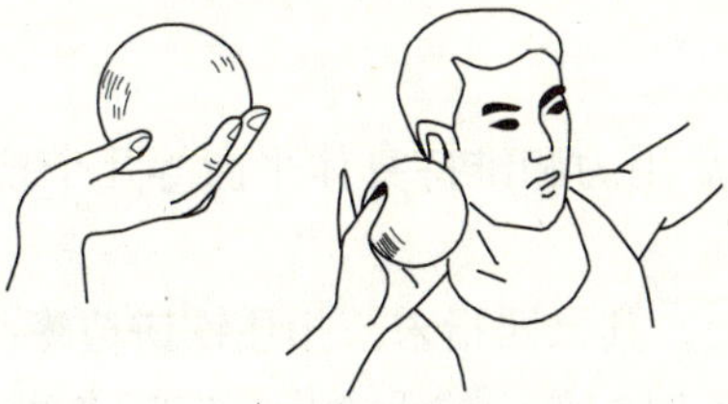

图 1-38　握球和持球

图 1-39　高姿势

图 1-40　低姿势

（3）滑步。滑步使铅球获得一定的水平方向的预先速度，并使身体形成最后用力的有利姿势。滑步前可以先做一两次预摆（也可不做），以改变身体的静止状态。预摆时，左腿自然弯屈，大腿用力向后上方摆起，右腿伸直，同时上体前屈，左臂微屈前伸或下垂并稍向内，头与背保持一条直线。当左腿摆至与地面平行时，回收左腿，同时右腿弯曲，形成屈膝团身的姿势（见图 1-41）。

如图 1-42 所示，当左腿回收靠近右腿时，臀部后移。左腿向投掷方向快速摆出，同时右腿用力蹬伸。当右脚蹬离地面后，迅速拉收小腿并向内转动，用前脚掌着地，落于圆心附近。同时左脚积极下落，以前脚掌内侧落在圆圈直径的左侧。两脚着地时间相隔愈短愈好。此时肩轴与髋轴成扭紧状态，左脚尖与右脚跟约在一条直线上（对投掷方向而言）。

图 1-41　滑步

图 1-42　滑步技术要领

滑步过程中左臂和左肩保持内扣，头部保持向右后方的姿势，以保证上体处于扭紧状态。

（4）最后用力。最后用力阶段为从左脚落地到铅球出手。左脚落地瞬间，右腿继续向投掷方向转动并积极蹬伸，转髋转体。同时上体逐渐抬起，左臂向胸前左上方摆动，左肩高于右肩，大部分重心仍落在弯屈而压紧的右腿上，身体成“侧弓状”（见图 1-43）。

随着右腿蹬伸，右髋和右肩前送，身体重心由右腿快速移至左腿（见图 1-44）。随即两腿充分蹬伸，抬头（稍有后仰），屈腕且稍向内转，右臂迅速而有力地将球推出（见图 1-45）。

（5）缓冲。铅球出手后，右腿随势前摆，着地于左脚附近，左腿后摆，两腿交换并弯曲，以降低身体重心，缓冲向前的冲力，维持身体平衡，防止出圈犯规。

图 1-43　最后用力阶段 1

图 1-44　最后用力阶段 2

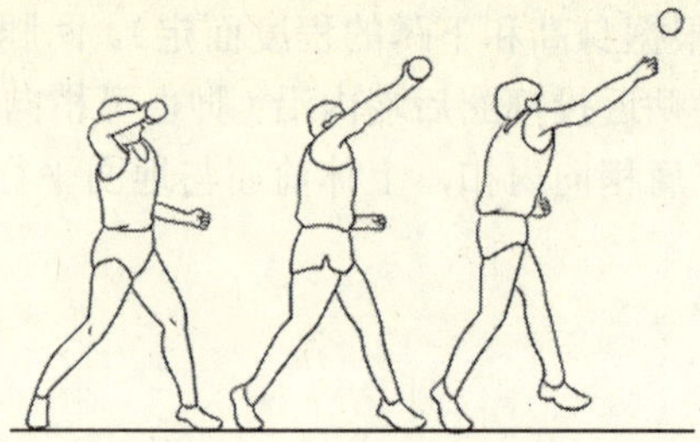

图 1-45　推出铅球动作

2. 铁饼

掷铁饼的完整技术由握法，预备姿势、预摆、旋转，最后用力和维持身体平衡等几个技术环节组成。

（1）握法。五指自然分开，拇指和整个手掌平靠在饼面上，其余四指末节扣住铁饼边缘；右臂自然下垂于体侧，手腕微屈，铁饼的上缘轻靠在前臂上，铁饼的重心位于食指与中指之间。

（2）预备姿势。背对投掷方向，两脚分别站在投掷圈后沿处的投掷角平分线的两侧，左右脚间距比肩稍宽，两脚平行或左脚稍后站立，持饼臂放松，自然下垂于体侧，两眼平视。

（3）预摆。

① 左上右后预摆：右臂在身体前后自然摆动。前摆时，上体稍左转，以躯干带动右臂向左上方摆动，重心移到左脚上。后摆时，腿部及髋部固定，上体向右转动，右臂摆至身体右后方最大限度，扭紧腰部，两腿微屈，上体稍前倾，身体重心落在右腿上，左臂自然屈于胸前，两眼平视。

② 身体前后摆饼。右臂在身体前后自然摆动。摆动时，以躯干带动右臂向左摆动，上体稍前倾并向左扭转，重心移向左腿，右手掌逐渐翻转向上。后摆时，右臂向身体右后方摆动至最大限度，右手掌逐渐翻转向下，腿部及髋部固定，身体向右转动至扭紧腰部，身体重心移至右腿上，上体稍前倾，左臂自然屈于胸前，两眼平视。

（4）旋转。预摆结束后，身体重心降低，腰部形成扭转拉紧的状态。右臂充分后摆结束时，身体重心在右脚上，这时右腿蹬地，左脚以前脚掌为轴带动身体向左转动，随着左臂、左肩前引、重心移到左脚上，右脚抬起，绕左脚向投掷方向做弧形摆动，形成以左脚前掌为轴的单脚支撑。随着身体的转动，左脚迅速蹬离地面，形成短暂的身体腾空，这时，右脚内传主动下压，右膝弯屈内扣，腰部扭紧，以右脚前掌落于圆心附近，左腿快速向右后下方斜插，以前脚掌内侧着地于右脚的右后方。重心落在右脚上，身体背对投掷方向。在整个过程中，右臂始终留在身后，拉紧右侧肌肉，左臂自然屈于胸前，做好最后用力的准备姿势。

（5）最后用力。当左脚前掌着地时，右脚继续向投掷方向的前上方蹬转，向前推动髋部积极向左转动和前移，使髋部更加超越肩轴，增大身体的扭转程度，然后，头向右转并抬起，左肩、左臂向投掷方向摆动牵引，左脚向上方蹬伸，以身体左侧为轴，向左转动身体并前移右肩带动右臂以最大半径，沿最大弧度向前快速摆动，右腿向左上方快速蹬伸，左肩“制动”，投掷臂迅速向前挥臂将铁饼掷出。

铁饼离手瞬间，从小指到食指要依次用力拨饼，使铁饼按顺时针方向旋转飞出，铁饼出手角度一般为 30° ～35° 。

（6）铁饼训练方法。

① 正面原地投掷铁饼。

② 侧向原地投掷铁饼的右腿、右髋蹬转练习。

③ 侧向原地徒手投掷模仿练习。

④ 侧向原地投掷铁饼。

训练要点：

① 预摆结束时要形成良好的用力姿势，重心落在弯曲的右腿上，肩轴与髋充分扭转拉紧。

② 右腿、右髋积极蹬转，初学者往往蹬得多转得少，强调右腿右髋转推动髋轴领先动作，转动中身体重心逐渐推向左腿。

③ 做好左臂的摆动与制动，左腿的支撑与用力等左侧支撑用力动作。

④ 做好腰部的转动用力，胸带臂放松鞭打，出饼的路线方向要正确。

3. 标枪

掷标枪的完整技术是由握法、持枪、助跑、最后用力、缓冲等几个部分组成。

（1）握法。将标枪斜放在投掷臂的掌心上，拇指和中指握在枪的把手中端第一圈上沿，食指自然弯曲斜握在枪杆上，其余手指依次握在把手上。

（2）持枪。

屈膝举枪于肩上，稍高于头，枪尖稍低于枪尾。

（3）助跑。助跑距离一般在25～35米之间，它由两个阶段组成。

① 预跑阶段：即从第一标志线至第二标志线这段距离，约15～20米，跑8～12步。预跑时动作轻松自然，上体稍前倾，用前脚掌着地，有节奏、有弹性地逐渐加速，持枪臂随跑步的节奏自然的前后摆动。

② 投掷步阶段：即从第二标志线到起掷弧，投掷步一般由以下四步组成。

第一步：当左脚踏上第二标志线时，右腿积极向前迈，右肩向右转动并开始向后引枪。

第二步：当右脚落地，左脚前迈时，右肩继续向右转动，完成引枪动作。这时上体正直，侧对投掷方向，右手略与肩高，枪身靠近身体，枪尖靠近右眼。

第三步（交叉步）：左脚落地，右腿屈膝积极向前迈出，当两脚靠近时，左腿向前上方蹬伸，使右大脚加速前迈，使下肢迅速前移，超越上体和器材，髋轴向投掷方向转动与肩轴形成交叉状态；左臂自然摆至胸前，加大躯干的向右转动，躯干和右腿成一直线，整个身体向后倾斜与地面形成55°～60°的夹角。

第四步：当第三步身体腾空，右脚未落地时，左脚就要积极前迈，当右脚落地的瞬间，左脚快速向前下方斜插，着地于投掷方向稍左（20～30厘米）的前方，做强有力的制动和支撑。此时下肢更多的超越上体，重心较低，落于右脚上。

以上四步的节奏是“哒—哒—哒、哒”。

（4）最后用力。最后用力实际上是在交叉步右脚落地后，左脚还未落地，身体重心超越右脚支撑点后即开始了。当左脚着地后，右脚继续向前上方蹬地，向左转髋，使髋轴超越肩轴，同时肩轴也向投掷方向转动，投掷臂以上臂带动前臂和手腕向上翻转，上体转为正对投掷方形，身体形成“满弓”，由于惯性和右腿蹬伸的力量，重心逐渐移向左腿，同时胸部继续向前，并牵引投掷臂的上臂，带动前臂向前，肘关节逐渐弯曲。当重心移到左脚时，左脚迅速向上蹬伸，被拉长的胸腹股肌群做强有力的收缩，上臂迅速向前挥动，带动前臂做快速的“鞭打”动作，枪离手的瞬间，手腕和手指做积极的甩腕动作，使标枪按顺时针方向自转，从右肩上方以30°～35°的角向前上方飞出。

（5）缓冲。标枪出手后，右脚及时向前跨出一步，并降低身体重心，维持身体平衡。

（6）标枪训练方法。

① 标枪的握持方法。

握枪练习。

要求：握枪手的掌心不能空出；左手抓住枪头前后拉推，试查握枪的稳固程度。

肩上持枪转动肘部的练习：握枪臂上举，手稍高于头，掌心向前上，做肘部的外展内收。

肩上持枪向后上推举枪的练习：左手抓住枪头，沿标枪纵轴方向用力向后上推枪，直至持枪臂完全伸直。

② 掷标枪最后用力技术。原地向下方插枪：两腿左右开立，肩上持枪，将枪向前下方（约5～6 米）掷出，并插在地上。上步插枪：预备姿势同上练习，左腿前跨，右臂向后伸举，利用两腿蹬地和振胸的力量，以胸带臂甩腕将枪向前下方（约 8～10 米处）掷出，并插在地上。正面上步掷标枪：动作过程同正面上步插枪练习，但右臂向后上伸举时，枪尖高于枪尾，向前上方用力将标枪掷出。侧向上一步成“满弓”：左腿在后，右腿在前，身体侧对投掷方向，上体向右倾斜。持枪臂向后伸直，肘高于肩，左臂旋内微屈于体前。左腿上一步，以脚内侧插撑着地，同时右腿用力蹬伸将髋向前送出，右臂转肩翻肘至肩上，上体转成正对投掷方向，成“满弓”姿势。侧向上一步掷标枪：动作同练习侧向上一步成“满弓”一样，最后将标枪用力掷出。

③ 投掷步技术练习。连续交叉步：侧对投掷方向，从投掷臂后伸引枪姿势开始，连续做交叉步动作。

要求：左腿蹬伸与右腿前摆要协调配合，右腿以膝领先前摆，髋部前送，强调髋部越上体动作；上体不要故意后倒，注意保持髋轴的正确位置；最后一次交叉步要紧接左脚快落。交叉步接最后用力：预备姿势同上。

要求：交叉步与最后用力动作衔接要连贯，整个动作节奏逐渐加快；也可以连续做 2～3 次交叉步再接最后用力动作。原地上两步做引枪的练习：肩上持枪姿势开始，面对投掷方向，左脚在前，右脚在后。下肢向前跨两步完成投掷臂后伸引枪动作，身体侧对投掷方向。

行进中做引枪：肩上持枪，当左脚踏上标志线时，向前跑两步完成引枪动作。投掷步接最后用力出枪。

④ 助跑掷标枪技术练习。

持枪助跑。跑的动作自然，节奏性强，带有弹性；持枪臂肩关节放松，配合下肢动作做轻微的前后摆动；掌握适宜的助跑速度，注意逐渐加速。持枪助跑 6～8 步接投掷步。短（中）程助跑掷标枪。全程助跑掷标枪的练习。

要求：助跑过渡到引枪、投掷步过渡到最后用力的衔接均应连贯，不能有减速或停顿；初学者助跑速度不宜过快，要与最后的用力技术相适应。在技术动作熟练的情况下，不断地加快助跑速度；出枪后要随惯性向前跨出右腿做缓冲。

第三节　田径运动的文化传承

奥运会上的三个经典感人故事反映田径运动蕴涵的精神文化，运动参与的背后需要人强大的精神支撑，通过参与田径运动训练人的精神也能得到强化与突显，意志得到磨炼，从而有益于人今后的学习与生活，也能更好地适应社会。此外通过对田径运动比赛中的一些常识性比赛规则和田径运动场地、器材的常规标准以及“鸟巢”、“伦敦碗”两大当今世界上标志性的田径场管介绍，帮助大家了解和欣赏田径运动，从而掌握当今田径运动的发展趋势。

一、田径运动需要弘扬的精神文化

（一）奥林匹克精神

国际奥林匹克委员会在《奥林匹克宪章》中“奥林匹克主义的原则”条款中有这样一段话：“每一个人都应享有从事体育运动的可能性，而不受任何形式的歧视，并体现相互理解、友谊、团结和公平竞争的奥林匹克精神”。

一九三六年的柏林奥运会上，美国黑人选手杰西欧文斯在柏林获得了跳远等四枚金牌。在跳远决赛中，德国选手卢茨朗是欧文斯最强的竞争对手。在那个年代，黑人备受歧视，卢茨朗则符合希特勒鼓吹的所谓优秀人种的标准。决赛当晚，希特勒来到现场，他就是要看卢茨朗拿冠军。比赛中，欧文斯第一和第二次试跳都被判无效。如果第三次失败了，欧文斯就将被淘汰。此时卢茨朗当着希特勒的面，跑过来帮助欧文斯数步点，并将自己的毛巾放在起跳点作为标记。在卢茨朗的相助下，欧文斯最终夺得了跳远冠军，卢茨朗获得亚军。欧文斯夺冠之后，第一个向他表示祝贺的还是卢茨朗。金牌固然令欧文斯激动，但同样令他感动的还有卢茨朗伟大的胸怀和高尚的品格。卢茨朗在第二次世界大战中丧生，欧文斯直至 1980 年去世前，都一直铭记着这位德国朋友。两人之间的这段故事也成了奥林匹克精神最好的诠释。

（二）勇往直前的奔跑精神

著名运动员贝基拉曾激动地感慨道：“一切都很简单，只要站在跑道上，就没有什么障碍可以拦住奔跑的雄心，就只管向前，再向前，一路向前地奔赴梦想的终点。”

贝基拉出生在埃塞俄比亚的一个贫苦的家庭，很小的时候，他就渴望成为一名驰骋赛场的长跑健将。他时常站在训练场边，羡慕地看运动员们的训练。但极度贫寒的家境，让他自卑得有些羞愧——他不仅拿不出训练费，连最便宜的普通跑鞋也买不起。那天，贝基拉不知不觉地又走到训练场边，望着跑道上那些奔跑的身影，他既羡慕又难过，心头奔跑的希望亮起来，又暗淡下去。一位跨栏教练员听了贝基拉的倾诉，将他带到一组很矮的栏杆前，让他一路跑过去，他轻松地跨越一个个栏杆：教练员又指了指那组已升高到足有 1.5 米的栏杆前让他再试一试，他努力了好几次，也没能跨过去。这时，教练员平静地告诉他：“孩子，你刚才所说的那些困难。就像眼前的这一道道栏杆，它们会横在每个人的面前，那些你现在跨不过去的栏杆，可以在一次次的失败后，最终跨越它们，你还可以踢翻它们，也可以绕过它们，你只需盯准你向往的前方，只管努力地向前奔跑，相信没有什么可以拦住你的梦想的。”教练员的一席话重新点燃了贝基拉的希望，从此，买不起跑鞋的贝基拉开始了他坚定而执着的赤脚奔跑训练，广袤的原野、泥泞的山路、坚硬的戈壁滩上……随处可见他奔跑的身影，他练就出了一双铁脚板。数年后，他成了埃塞俄比亚著名的马拉松运动员。1960 年罗马奥运会马拉松赛场上，贝基拉一出现，便引起人们的关注，因为他是唯一赤脚的运动员。在数万名现场观众热烈的掌声中，贝基拉为他的祖国赢得了一块沉甸甸的金牌。距 1964 年的东京奥运会开幕前还有 20 多天。贝基拉动了一次手术，很多人以为他会放弃比赛。然而，32 岁的他不仅出现在马拉松赛场上，而且再夺金牌，成为奥运史上第一个蝉联这个项目冠军的选手，也成为埃塞俄比亚的民族英雄。面对记者蜂拥而至的话筒，贝基拉激动地感慨道：“一切都很简单，只要站在跑道上，就没有什么障碍可以拦住奔跑的雄心，就只管向前，再向前，一路向前地奔赴梦想的终点。”

没错，在大千世界中的我们每个人面前，都可能会横着一些诸如清贫、疾病、磨难之类的障碍，只要不失去向前奔跑的雄心，就能勇敢地跨越它们，踢翻它们，绕过它们，最终会抵达梦想的前方。

（三）坚持不懈永不放弃的精神

雷德蒙德：“我不会用担架离开，我要跑完。”1992 年巴塞罗那奥运会上，又一个英雄诞生。英国男子 400 米选手雷德蒙德曾因为受伤而在汉城奥运会上退出比赛，此后他经过 5 次手术，只是为了能再次参加回到奥运会。

半决赛那天到了：雷德蒙德的父亲吉姆和 6.5 万观众一样，高坐在离火炬很近的看台上。比赛开始后，雷德蒙德立即取得领先地位。但就在离终点还有 175 米时，几乎肯定要进入决赛的雷德蒙德听到了体内传来的一声不祥的声音，那是他右大腿肌肉撕裂伤的声音。他就像中枪一样瘸了。

父亲吉姆在看台上低声喊道：“天哪，不！”而在场上，脸色发白、腿部发抖的雷德蒙德开始用一只脚跳跃，然后他慢了下来，摔倒在跑道上，紧紧抓着自己的右大腿。医疗人员冲了过去，吉姆也从看台上往下狂奔。雷德蒙德知道自己的奥运奖牌梦想已经终结，泪水滑过他的脸颊滴到跑道上。

但雷德蒙德对医务人员说：“不，我不会用担架离开，我要跑完。”此后的镜头进入千万人的记忆：他慢慢爬起来，开始向终点跳去，全场观众起立为他欢呼，声音越来越响。每一步都比前一步更痛苦，但雷德蒙德没有放弃，吉姆最后冲到跑道上，扶着他走过终点。6.5 万观众都在欢呼、鼓掌和哭泣，这成为了奥运会上最经典的一个篇章。

二、田径运动的竞赛制度

（一）田径运动的比赛规则

1. *比赛方法*

奥运会田赛项目的比赛通常先分两组进行及格赛，通过及格标准的直接进入决赛，如达到及格标准的运动员人数不足 12 人，不足的人数按及格赛成绩递补。远度项目决赛前 3 轮比赛的顺序抽签决定。决赛前三轮比赛结束后，按成绩取前 8 名运动员进行最后 3 轮比赛；第 4、5 轮比赛排序按前 3 轮成绩的倒序排列，第 6 轮比赛排序则按前 5 轮成绩的倒序排列，成绩最好的在最后跳（掷）。

2. *有效成绩*

除犯规外，跳跃远度项目比赛中，运动员每次试跳的成绩均为有效成绩。除犯规外，高度项目比赛中，运动员每次跳过的高度为有效成绩。投掷项目比赛除犯规以外，当运动员投出的器械完全落在落地区内（不包括落地区边线）才算有效，丈量成绩时从距离投掷区最近的落地点算起。其中标枪必须是枪尖首先触地成绩才算有效。

3. *录取名次*

远度项目比赛结束以后，以运动员最好的一次试跳（掷）成绩，包括因第一名成绩相等而进行的决名次赛的成绩，作为最后的决定成绩判定名次，成绩好者列前。如成绩相等，按下列规定解决：在远度项目比赛中，如出现最好成绩相等，则以第二好成绩来确定名次，依此类推，直到最后一个成绩。如果还是相同，除了第一名以外，可以并列；如果涉及第一名成绩相同，必须让这些涉及第一名的运动员继续比赛，直到决出第一名为止。

在高度项目比赛中，如出现最好成绩相等，则按以下规定解决：①在出现成绩相等的高度上，试跳次数较少者名次列前；②如成绩仍然相等，则在包括最后跳过的高度在内的决赛全部比赛中，试跳失败次数较少者名次列前；③如成绩仍相等，当涉及第一名时，进行决名次赛，直到分出名次为止。如成绩不涉及第一名，名次并列。

4. 犯规

跳远、三级跳远有下列之一情况即判犯规：①运动员以身体任何部位触及起跳线之前的地面；②从起跳板两端之外起跳，无论是否超过起跳线的延长线；③触及起跳线和落地区之间的地面；④在落地过程中触及落地区以外的地面，而落地区外的触地点较落地区内的最近触地点更靠近起跳线；⑤离开落地区时，运动员在落地区外地面的第一触地点较落地区内最近触地点和在落地区内因身体失去平衡而留下的任何痕迹更靠近起跳线；⑥在助跑或跳跃中采用任何空翻姿势；⑦还未通知该运动员试跳，而进行试跳，不管是否成功，都应判该次试跳失败；⑧无故错过该次试跳顺序；⑨无故延误时限。比赛时，运动员无故延误时间，即不准参加该次跳，以失败论处。如果在比赛中再次无故延误比赛时间，即取消该运动员的比赛资格，但在此之前的比赛成绩仍然有效。每次试跳的时限为 1 分钟，只有当一名运动员连续两次试跳时，其试跳时限为 2 分钟。在时限只剩最后 15 秒时，计时员举黄旗示意，当时限到时，落下黄旗，主裁判应判定运动员该次试跳失败。如时限到的同时，运动员已开始试跳，应允许其进行该次试跳。当裁判员通知运动员试跳开始后，运动员才决定免跳，当时限已过时，应判为该次试跳失败。

跳高有下列之一情况即判犯规：①使用双脚起跳；②由于运动员的试跳动作致使横杆未能停留在横杆托上；③在越过横杆之前，身体触及立柱前沿垂直面以外的地面或落地区，但如果裁判员认为运动员并没有受益，则不应由此而判该次试跳失败；④无故延误时限；⑤当裁判员通知运动员试跳开始后，运动员才决定免跳，当时限已过时，应判该次试跳失败；⑥试跳时，运动员有意用手或手指把即将从横杆托上掉下的横杆放回；⑦无故错过该次试跳顺序。

撑竿跳高有下列之一情况即判犯规：①试跳后，由于运动员的试跳动作致使横杆未能停留在横杆托上；②在越过横杆之前，运动员的身体或所用撑竿的任何部位触及插斗前壁上沿垂直面以外的地面或落地区；③起跳离地后，将原来握在下方的手移握至上方的手以上或原来握在上方的手向上移握；④试跳时，运动员用手稳定横杆或将横杆放回；⑤无故延误时限；⑥当裁判员通知运动员试跳开始后，运动员才决定免跳，当时限已过时，应判为该次试跳失败；⑦当裁判员根据运动员登记的架距调整好架距后，计时员已开始计时，运动员再提出调整架距，则再次调整架距的时间应计入运动员的试跳时间内，如因此而超出试跳时限，则应判定试跳失败；⑧无故错过该次试跳顺序；⑨试跳中，当撑竿不是朝远离横杆或撑竿跳高架方向倾倒时，如有人接触撑竿，而有关裁判长认为，如果撑竿不被接触，将会碰落横杆，则应判为此次试跳失败。

投掷项目。在比赛过程中，运动员如果有下列违反规则的行为，则会被判犯规，成绩无效：①超出时间限制；②投掷铅球和标枪技术不符合规则规定（规则要求铅球和标枪必须由单手从肩上掷出）；③在投掷过程中，身体和器械的任何一部分不得触及投掷圈铁圈上沿或圈外的地面和标枪投掷弧、延长线以及线以外地面任何一部分，包括铅球抵趾板的上面，否则即为投掷失败；④只有当器械落地以后，运动员才允许离开投掷圈或助跑道。标枪运动员在投出的枪落地前，不能在投掷后转身完全背对其投出的标枪，完成投掷后，链球、铁饼和铅球运动员必须从投掷圈后半圈的延长线后面退出，标枪运动员必须从投掷弧以及延长线以后退出；⑤在没有犯规的情况下，参赛者可以中止已开始的试掷动作，将器材放下以后暂时离开投掷区，并重新开始，但是必须在规定的时限内完成投掷；⑥参赛者可以在比赛期间离开比赛区域，但必须由裁判员许可并由裁判员陪伴；⑦比赛过程中，运动员不能在比赛场地使用以下电子设备：摄像机、便携式录放机、收音机、CD 机、报话机、手机、MP3 以及类似的电子设备。

5. 裁判员的旗示

在跳跃项目比赛中，通常有一名主裁判手中持有红、白旗帜各一面，用来示意运动员试跳是否成功。举红旗表示试跳失败，成绩无效；举白旗表示成功，成绩有效。

在投掷项目比赛中，通常有两名主裁判手中持有红、白旗帜各一面，用来示意运动员试投是否成功。举红旗表示试投失败，成绩无效；举白旗表示成功，成绩有效。其中一名站在投掷区附近的称为内场主裁判，主要判定运动员在试投过程中是否犯规；另一名在落地区内的称为外场主裁判，主要判定器械落地点是否有效。

三、田径运动的物态文化

（一）2008 北京奥运会举办主会场“鸟巢”

鸟巢位于北京奥林匹克公园中心区南部，为 2008 年第 29 届奥林匹克运动会主体育场。鸟巢工程中总占地面积 21 公顷，鸟巢建筑面积 258.000m^2。鸟巢内观众座席约 91 000 个，其中临时座席约为 11 000 个。2008 年奥运会、残疾人运动会开闭幕式、田径比赛及足球比赛决赛均在鸟巢举办。鸟巢在奥运会后成为北京市民广泛参与体育活动及享受体育娱乐的大型场所，并成为具有地标性的体育建筑和奥运遗产。

鸟巢设计中充分体现了人文关怀，碗状座席环抱着赛场的收拢结构，上下层之间错落有致，无论观众坐在哪个位置，和赛场中心点之间的视线距离都在 140 米左右。鸟巢的观众席里，还为残障人士设置了 200 多个轮椅座席。这些轮椅座席比普通座席稍高，保证了残障人士和普通观众有一样的视野。赛时，场内还提供助听器并设置无线广播系统，为有听力和视力障碍的人提供个性化的服务。

（二）2012 伦敦奥运会举办主会场“伦敦碗”

伦敦奥林匹克体育场俗称“伦敦碗”，是 2012 年夏季奥林匹克运动会的主场馆，位于伦敦斯特拉特福区。伦敦奥林匹克体育场的规划开始于 2007 年夏天，并于 2008 年 5 月 22 日正式开工建造，于 2011 年 3 月 29 日完工。

伦敦碗位于奥林匹克公园部的“岛区”，三面环水，观众可通过五座连接岛区与周边地区的桥梁进入主体育场。在奥运会期间，体育场可容纳 80 000 名观众，其中 25 000 个永久性座位位于永久性的低层，而由轻质钢材与混凝土建造的高层可容纳 55 000 名观众，这一临时性看台在奥运会后移除。体育场内的配套设施包括运动员更衣室、医疗支援设施、一条 80 米的热身赛道，而观众服务区、休息区以及纪念品超市被设置于环绕体育场外周的台阶式区域内。

思　考　题

1．结合本章讲解，选择一个适合自己自身特点的田径运动项目，并对如何提高该项目运动成绩制定一个训练计划。

2．本章介绍了田径精神文化三大感人故事，结合平时日常学习生活你感悟到了什么？

第二章 篮球运动

篮球运动是一项集体性、综合性较强的运动。它更加注重团队的配合与协同作战的能力。篮球运动因其简易有趣、组织形式多样性、参与方便、不受年龄等限制等吸引着众多的人的参与。随着现代竞技篮球比赛的快速发展，尤其是奥运会篮球比赛、篮球世界锦标赛等高水平赛事的成功举办与推广，高速的攻防转换，激烈的身体对抗，眼花缭乱的传球等深受世界各地的人们的喜爱，现代篮球已经成为世界上单项体育参与人数最多的运动项目之一，它已经是集现代体育、科技、教育、社会于一体的一项竞技体育，是一门多学科交叉的学科。

第一节 篮球运动基本知识概述

篮球运动是一项仅有一百多年发展史的运动，它的快速发展与崛起无不与其独特的风格有着巨大的关系。本节主要介绍篮球运动的概述与发展，篮球运动的意义、特征和分类，让大家初步了解与篮球的有关的一些基础知识。

一、篮球运动及其特点

（一）篮球运动含义和分类

1. 篮球运动的含义

篮球运动是一个由两队参与的，每队出场 5 名队员，目的是将球投入对方的篮筐，以得分多少决定胜负的集体球类项目。它以各种专门技艺为手段，以主动控制空间为目标，以主动控制球为争夺焦点。

2. 篮球运动的分类

（1）休闲、娱乐篮球：以参与、健身和娱乐为主要目的，初学者和运动水平较低者居多，适宜于所有人参与，主要以平日的大众健身为主。

（2）一般竞技篮球：除健身娱乐外，还融入竞赛、交流等目的，以爱好者居多，适宜于某些具备了一定基础的人参与，他们中的绝大多数都掌握了一定的专业技能。这类篮球主要是以小型业余联赛或一些公司举办的内部比赛为主。

（3）高水平竞技篮球：以参加高水平比赛、争取优异运动成绩为主要目的，仅适合于有较高专业背景的人参与。在全世界范围内经常举办世界性、地区性的各种大赛，国际交往日趋频繁，这种篮球已经发展成为重要的国际活动和人们最喜爱观赏的运动项目之一，主要是以国际篮球联合会或各国联赛为主。

（二）篮球运动的特点

篮球运动最大的本体运动特征，在于它的运动方式是围绕高空的球篮和篮球而展开集体攻守对抗，其活动都是围绕着如何激励活动者能将篮球更快、更准、更多地投进高空篮筐和破坏对手投进高空篮筐中去而展开。所以说“高”是篮球竞技的运动目标，“准”是篮球运动的目的，由此说在高速度、高强度的对抗条件下争高求准是篮球运动的最大本体特征，具体可反映出以下特点。

（1）集体性特点。篮球运动的比赛形式是以两队成员相互协同攻守对抗的形式进行的竞赛过程，只有集整体的智慧和技能协同配合，反映和谐互助的团队精神和协作风格，才能获得最佳成效。

（2）对抗性特点。由于篮球运动攻守对抗竞争是在狭小的场地范围内快速、凶悍地近身进行的，获球与反获球、追击、抢夺与限制、反限制，其拼智、拼技、拼体、拼力，必须有聪颖的智慧，还要有充沛的体能和顽强的意志与必胜的精神。因此，篮球运动是一项高强度的激烈对抗的项目。

（3）转换性特点。快速转换攻守对抗是现代篮球比赛的重要特点，因为篮球比赛的规则规定，以进攻得分多少来评判比赛的胜负，而进攻又有时间规定，攻后必守，守后必转攻，攻守不断转换，转换又在瞬间，瞬时变化无常，使比赛始终在快速而和谐的高节奏情况下进行，给人以悬念，这不仅使观赏者增添观赏乐趣，而且给参与者增智养心。

（4）时空性特点。篮球比赛在一定的时间内围绕空间的球和篮展开攻守对抗，因此在比赛过程中的时间观念、空间意识必须强烈、并运用智慧以各种形式、方法和手段去争取时间，抢夺空间优势，从而使比赛更具有时空性要求，这也是篮球运动独异的特点。

（5）增智性特点。现代篮球运动与科学技术的进一步有机融合、加上自身整体的特殊活动形式产生的功效，已成为社会文明进步和人们喜闻乐见的人文景观，它引发种种有趣的竞技史事和人物故事，给人以观赏赞誉，增智教育，可以成为在不同人群中进行社会性人本教育的直观课程，能达到博知广识的目的。

（6）综合性特点。篮球运动分类属综合性体育运动，它包含着跑、跳、投等身体体能活动，从其本体运动的科学内容体系结构而言，呈现多元化趋势，涉及社会学、人文学、军事学、生物学、科技学、管理学，以及体育学、竞技学、教育学等，从而有利于广大篮球活动者培养特殊的运动意识、气质、修养、品德、体能、技能和能力，达到健身强体的作用。

（7）职业性特点。自 20 世纪中期在欧美国家率先成立职业篮球俱乐部以后，现代篮球运动随着竞技水平的提高以及赛制和规则的完善、创新，在全球蓬勃发展，使运动员的智能、体能和技、战术水平不断提高，对推动职业化进程起了新的催化作用，至 20 世纪 80~90 年代，篮球职业化如雨后春笋在美、欧、澳、亚建立起来，特别是在国际奥林匹克委员会同意美国 NBA 职业队员参加国际大赛后，全球职业化篮球已成为一种时尚的产业化趋势，优秀球队和球星效应的社会商业化价值观发生了新的变化，反映着新世纪篮球运动发展的又一新特点。

（8）商业性特点。篮球运动商业化的重要特征是篮球运动组织体制、竞赛赛制和训练管理机制的商业化气息的增浓，以及运动员自由人地位的确立和运动技能能力价值观的变更，俱乐部产权的明晰，独立社会法人代表的重新认识，这一系列的变革无疑一方面促进了世界篮球运动向更高的竞技水平发展；另一方面，有力地推动了职业化篮球向商业化、产业化方向发展。这已成为21世纪世界篮球竞技运动发展的总的趋势，其社会价值和经济价值必将呈现新的景象。

二、篮球运动的起源及在我国的发展

（一）篮球运动的起源

1891年，在美国马萨诸塞州斯普林菲尔德基督教青年会国际训练学校（后为春田学院）任教的詹姆斯·奈史密斯（James Naismith）博士从当地儿童喜欢用球投向桃子筐的游戏中得到启发，创编了篮球（Basketball）游戏。为了怀念这位篮球运动先驱，国际篮球联合会于1950年将世界男子篮球锦标赛的金杯命名为“奈史密斯杯”。

1904年，在第3届奥林匹克运动会上第一次进行了篮球表演赛。1932年，国际业余篮球联合会宣告成立。1936年第11届奥运会上，男子篮球被列为正式比赛项目。1976年第21届奥运会上，女子篮球被列为奥运会的正式比赛项目。自1992年第25届奥运会开始，职业篮球运动员被允许参加奥运会的篮球比赛。美国“梦之队”的参赛使世界篮坛更为精彩纷呈。

奥林匹克运动会篮球比赛、世界篮球锦标赛、美国NBA职业联赛，这三大赛事代表着世界篮球运动的最高水平。

（二）篮球运动在我国的发展

现代篮球运动是1895年由美国基督教青年会的传教士来会理（Willard Lyon）传入我国天津的基督教青年会。1896年，天津基督教青年会举行了我国第一次篮球游戏表演，从此拉开了篮球在我国传播的序幕。

现代篮球在我国的传播受不同时期的政治、经济、文化、教育的影响可大致的分为三个时期。

（1）传播普及期（1895～1948年）。在这个时期，现代篮球运动开始在我国出现，并在一些大城市，如天津、北京、上海等地的基督教青年会和中小学开展起来。1910年第1届全运会篮球被列为男子表演项目，1914年第2届全运会男子篮球被列为正式比赛项目。1936年，我国加入了国际篮球联合会，并参加了当年的奥运会篮球比赛。进入20世纪30年代，篮球运动基本上处于停滞状态，在革命根据地由于边区政府重视体育运动的开展，使得篮球在群众中深受重视。1945年抗日战争胜利后，篮球开始逐渐的有所活跃。

（2）推广提升期（1949～1995年）。1949年新中国成立后，在党和政府的关怀下，我国篮球运动进入了空前的普及、发展和提高时期。1979年国际业余篮球联合会恢复了中国篮球协会在该会的合法席位后，为我国篮球运动的发展提供了良好的机遇，我国篮球运动进入了最佳的发展时期，在世界级及洲际大赛中不断创造佳绩。其中女篮在1992年第25届奥林匹克运动会和1994年第12届世界锦标赛获得亚军。男子篮球在1994年第12届男子篮球锦标赛上第一次进入世界八强。

（3）改革创新期（1996年～至今）。1995年，我国篮球在“坚持正确方向，抓住有利时机，继续深化改革，发展体育事业”精神的指导下，坚持“积极稳妥，健康有序”的方针，开始对我国篮球进行改革，吸收国外强队的先进经验，扬长避短，形成了一套适合我国篮球运动发展的正确方针。1997年，我国将传统的甲级联赛改名为CBA联赛，不但为我国的篮球运动带来了新的生机和活力，而且培养了一批像姚明、王治郅、巴特尔、刘玉栋等优秀的篮球运动偶像，这对我国篮球的发展起到了巨大的推动作用。1998 年，CUBA 大学生篮球联赛正式成立，对篮球运动在学生中的普及起到了积极的作用。

三、篮球运动的意义

（一）提高生命活力

篮球运动的运动强度较大，能全面、有效、综合地促进身体素质和人体机能的全面发展，提高和保持人的生命活力，提高生活的质量。与其他运动项目相比，篮球运动的形式多样，具有更强的参与性、趣味性、应变性、娱乐性、竞技性等，能满足不同人群的多种需求。同时，篮球运动的形式可因人而异，运动量可随意调节，因此适宜于各类人群的广泛参与。各类不同的参与者都能在活动场上找到展示自我的方式，满足不同层次的需求。

（二）促进心理健康

现代社会生活的快节奏限制了人们的相互交流与了解，篮球场给人们提供了一个交流的机会。篮球运动不仅能有效缓解工作压力，而且良好的竞争环境又能培养健康的心理适应力和承受力，调整及维护参与者的心理健康水平。同时，篮球运动作为集体项目的杰出代表，在增加交流和友谊的同时，更能有效地培养团结协作的集体主义精神等良好的体育道德，帮助参与者正确理解和处理好个人与集体、竞争与合作的关系等。篮球运动还能促进个性的发展和完善，通过练习和比赛的过程，能使参与者的个性、自信心、情绪控制、意志力、进取心、自我控制、约束等方面都有良好的发展，以及培养团结拼搏、努力协作、文明自律、遵纪守法、尊重他人等的良好道德品质和集体主义精神。

（三）促进创新能力的培养

篮球运动是一项具有创造性的运动，它所包含的技、战术既有原理，又包含着个人的不同表现风格，没有固定的、僵死的模式，每个人、每个队都可以用自己的方式来诠释自己对篮球的理解。也正是由于它的复杂性和多变性，需要参与者必须根据当时的情况随机应变，及时、果断、快速地做出行之有效的应对措施。而所有这一切，都需要参与者用自己的智慧创造性地去应对场上出现的各种问题，从而有效地提高创新能力。

（四）培养分析和解决问题的能力

篮球运动是由得分多少来判定胜负的运动，其得分方式是以将球投进篮筐为计算方式。球员在篮球场上要展开地面与空间的全方位立体式对抗。同时，球员在球场上的所有行动都要受到不同对手的限制，要求球员依据自身实力，结合不同的对手进行分析、比较，斗智斗勇、扬长避短、克敌制胜。这能有效地促进参与者的心理（智力、意志力、个性等）、技能、观察、应变等综合能力的提高，锻炼和培养发现问题、分析问题和解决问题的能力。

（五）培养个人的团队意识

篮球运动是一项集体项目，每名在场上比赛的队员都必须要融入球队这个整体当中，从而可以培养球员团队意识，相互默契的配合，培养思考能力以及个人的球场阅读能力。

第二节　篮球运动技能以及训练方法

篮球运动技能是篮球运动的关键部分，学习和掌握各种篮球的运动技能并在篮球场上合理地运用各种技能是打好篮球的基础，能决定一场比赛的胜负，是体现一个球员能力高低，展现一场比赛观赏性的关键性之所在。本节主要介绍篮球的基本技术技能的分类，动作方法以及练习训练方法。

（一）移动

进攻者运用急起、急停、转身、变速变向跑等动作，摆脱防守去完成进攻任务。防守者则运用跑、停、滑步、后撤步、交叉步等动作阻止进攻。这些争取比赛主动权的行动都离不开快速灵活的脚步动作。

（二）投篮

按照持球的方法不同，可分为双手投篮和单手投篮；依据投篮前球置于身体部位的不同，可分为胸前、肩上、头上等不同的投篮动作；就运动员投篮时移动形式而言，又可分为原地、行进间和跳起投篮。

（1）原地双手胸前投篮。如图 2-1 所示，两脚左右或前后站立，两膝微屈、两脚脚跟略离地面，上体稍向前倾，两手手指自然张开，握球两侧略后的部位，两拇指相对成“八”字形，掌心空出，持球于胸前、屈肘靠近身体。投篮时，两脚蹬地身体伸展，同时两臂向前上方伸出，拇指向前上方用力推送，手腕稍外翻，使球从拇指、食指、中指指尖投出，球向后旋转飞行。

（2）原地单手肩上投篮（以右手为例）。如图 2-2 所示，右手五指自然分开，手心空出，用指根以上部位持球，大拇指和小拇指控制球体，左手扶球的左侧，右手屈肘，肘关节自然弯曲，置球于右肩上方。投篮时，下肢蹬地发力，右臂向前上方伸直，手腕前屈，食、中指用力拨球，通过指端将球柔和地送出。球出手的同时，身体随投篮动作向前伸展。

图 2-1　原地双手胸前投篮

图 2-2　原地单手肩上投篮

（3）行进间单手低手投篮（以右手为例）。如图 2-3 所示，在跑动中接球或运球突破上篮时，应先跨右脚接球或拿球，接着第二步跨左脚起跳，左脚跨的步子稍小一些（已能掌握基本动作者，其左脚跨出的步子大小，可根据对方防守的情况和进攻的需要选择），右腿屈膝上抬，身体上升到最高点时，右臂向上伸或向前上方伸，掌心向上，用手指和手腕的力量，将球上拨。

（4）运球急停跳投（以右手为例）。如图 2-4 所示，在快速运球中，用一步或两步的方式接球停步，两膝微屈，身体重心下降，迅速蹬地起跳，同时两手迅速举球于右肩上。当身体接近最高点处于稳定的一刹那，迅速向上伸臂，用右手的手腕和手指的力量将球投出。

图 2-3 行进间单手低手投篮

图 2-4 运球急停跳投

（三）传、接球

1. 传球基本技术

（1）双手胸前传球。如图 2-5 所示，两手五指自然分开，拇指相对成“八”字形，用指根以上部位握球的两侧后下方，掌心空出，两臂自然弯曲于体侧，将球置于胸前。肩、臂、腕肌肉放松，两眼注视传球目标，身体成基本姿势。传球时，后脚蹬地，身体重心前移，同时两臂前伸，手腕由下向上翻转，同时拇指用力下压，食、中指用力弹拨，将球传出。双手胸前传球是一种最基本、最常用的传球方法，具有准确性高、容易控制、便于变化的优点。

（2）单手肩上传球（以右手为例）。如图 2-6 所示，原地右手肩上传球时，两脚前后开立，左脚在前，侧对传球方向，右手肩上托球于头侧，掌心空出，以转体、挥臂、甩腕以及手指拨球的力量将球传出。单手肩上传球是一种中远距离的传球方法。其特点是传球力量大、速度快、距离远，在长传快攻和突破起跳分球时经常采用。

图 2-5 双手胸前传球

图 2-6 单手肩上传球

（3）单手体侧传球（以右手为例）。如图 2-7 所示，两脚开立，两腿微屈，双手持球于胸前。传球时，左脚向左跨步的同时将球移至右手引到身体右侧，出球前一刹那，持球手的拇指在上，掌心向前，手腕后屈，出球前臂向前做弧线摆动，当球摆过身体右前方时，迅速收前臂，用手腕、手指的力量将球传出。特点是隐蔽、动作快而幅度小。

图 2–7　单手体侧传球

（4）反弹传球。反弹传球是一种近距离较隐蔽的传球方法，是小个队员对付高大防守者的有效传球手段。方法很多，如单、双手胸前，单手体侧，单手背后等反弹传球，都可通过地面反弹传球给同伴。所以动作方法与各种传球相同，但运用反弹传球时要掌握好球的击地点，一般应在传球者距离接球者 2/3 的地方。如防守自己的对手距离自己较远，而传球的距离又较近时，可向防守者的脚侧击地传出。球弹起的高度一般在接球人的腰部为宜。

2. 接球基本技术

接球时眼睛要注视来球，肩、臂都要放松，手臂应迎球伸出，手指自然分开。当手指触球时，屈肘，臂后引，缓冲来球的力量，两手握球，保持身体平衡，以便做下一个动作。

（1）接反弹球。掌心要向着来球反弹的方向，屈膝弯腰并向前下方伸手迎球，五指自然分开成上、下手接球动作。在球刚刚离地弹起时，手指触球将球接住。接球后手腕迅速向上翻，持球于胸腹前保持身体平衡，成基本站立姿势。

（2）接球后急停。安全接球后急停已成为进攻技术的基础。要点是正确运用转入下次进攻的衔接点，不要犯带球走违例的错误。

（3）摆脱接球。摆脱接球是抢先一步接球的动作。为了安全准确地接球，无球队员以切入、策应等配合创造接球机会。

（四）运球

运球不仅是个人摆脱防守进攻的有利手段，而且还是组织全队进攻战术配合的重要桥梁。下面介绍几种主要运球技术。

（1）身前换手变换方向运球。如图 2-8 所示，右手运球向左侧做变向时，右手拍球的右侧上方，使球从右侧反弹向左侧，同时右脚向左侧前方跨步，侧右肩向前，并迅速用左手拍球的正后方继续运球前进。左手运球向右变向时，则与右手动作相反。特点是便于结合假动作，变化突然，易造成防守者错误判断，伺机运、传、从左至右、从右至左改变方向的运球。以娴熟的左、右假动作和反弹高运球突然降低至 30～50 厘米低运球来控制身体重心是诀窍。

（2）胯下运球。如图 2-9 所示，使球穿过两腿之间来改变运球方向的运球技术。近来有更多使用胯下运球技术的倾向。其理由是两腿可以保护球，且可以安全转换方向，防守者的手难以够着。

（3）后转身运球。如图 2-10 所示，身体左侧对防守者，左脚在前做中枢脚，右手左右后侧运球或向后运球，同时做后转身，换左手拍球的后上方运至左侧，右脚落地贴近防守者的右侧（脚尖向前），然后运球继续前进。特点是转身时便于保护球、改变球的路线幅度大、攻击力强、灵活多变。

图 2-8　身前换手变换方向运球

图 2-9　胯下运球

图 2-10　后转身运球

（4）运球急停急起。如图 2-11 所示，可用两步急停，两腿屈膝前后开立，跨出第一步时，身体稍后仰。同时，按拍球的上方，降低球的反弹高度，使球在原地反弹，同时降低身体的重心，用腿和异侧臂护球。急起时，拍球的后上方。身体重心移至前脚掌，同时后脚迅速蹬地跨出超越防守者，迅速向前推进。特点是动作突然、起动快、线路多变、攻击力强、易摆脱防守。

（五）抢篮板球

（1）抢进攻篮板球。当同伴或自己投篮时，处在近篮的进攻队员首先应判断球的反弹方向，然后先向相反方向的侧前方跨步，利用身体虚晃的假动作，诱开身前的防守队员，绕跨挤到对手的前面或侧前方，抢占有利位置，借助跨步或助跑起跳，跳至最高点补篮或抢篮板球。

（2）抢防守篮板球。如图 2-12 所示，当对方投篮出手后，首先应注意对手的动向，并根据当时与进攻队员所处的位置和距离的远近，运用上步、撤步和转身抢占有利位置，把进攻队员挡在身后，与此同时还要判断球的落点准备起跳。

图 2-11　运球急停急起

图 2-12　抢防守篮板球

（六）防守

1. 防守无球队员

防守队员应站在对手与球篮之间的内侧，保持与对手有适当的距离和角度，做到以人为主，人球兼顾，使对手和球处于自己的视野之内，随对手的动作积极跟进移动，调整防守位置，堵截其移动和接球的路线，手臂配合做出伸出、挥摆、上举等动作，干扰对手接球，争取抢、断球。

（1）防纵切。如图 2-13 所示，A 传球给 B，a 及时偏向球侧错位防守，当 A 向篮下纵切要球时，a 应抢前防守，合理运用身体堵住对方的切入路线，同时伸臂封锁接球，迫使对手向远离球的方向移动。

（2）防横插。如图 2-14 所示，A 持球，C 欲横插过去要球，c 应上步挡住对手，并伸臂不让对手接球，用背贴着对手，随其移动到有球一侧。

（3）防溜底。如图 2-15 所示，A 持球，C 溜底的时候，c 要面向球滑步移动，至纵轴线时，迅速上右脚前转身，错位防守，右臂伸出不让对方接球。

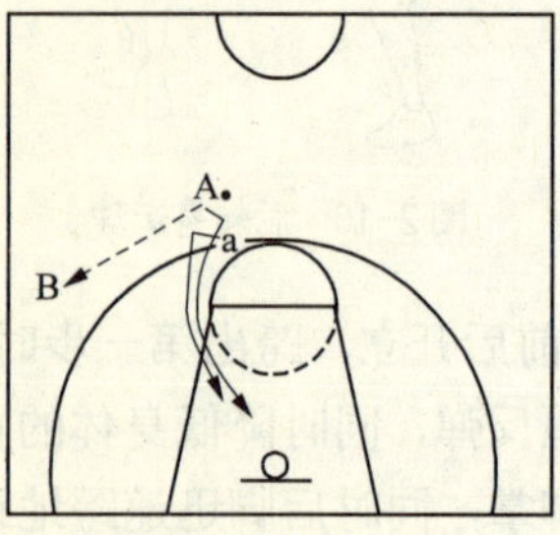

图 2-13　防纵切

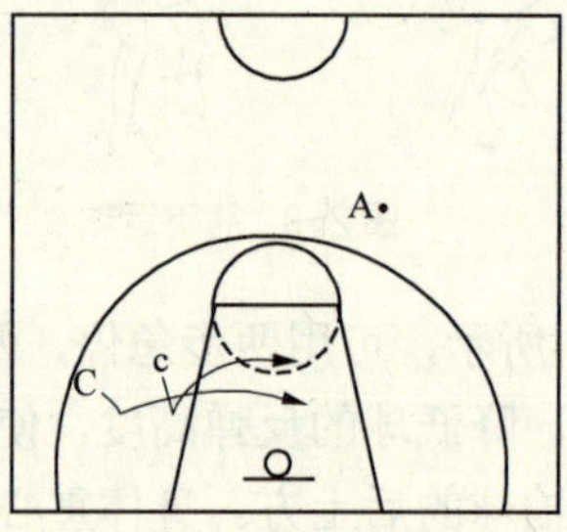

图 2-14　防横插

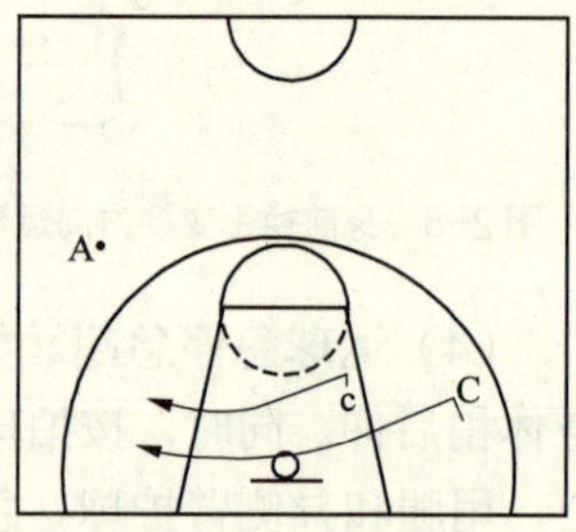

图 2-15　防溜底

2. 防守持球队员

当对手接球后，迅速调整防守位置和距离，占据对手与球篮之间的有利位置，还要与对手保持适当的距离（一臂左右）。一般来说，离球板远则远，近则近，并根据对手的特点（投篮或突破）而有所调整。防守持球队员在离球篮近时采用贴近的攻击步防守，离球远时则采用平步防守，无论采用哪一种防守，都要积极移动，阻截和干扰对方传球、投篮，同时伺机抢、断球。

第三节　篮球运动的基本战术

篮球战术是篮球比赛中队员所运用的攻守方法的总称，是队员个人技术的合理运用和队员之间相互协同配合的组织形式。篮球战术是篮球比赛中队员之间相互协同行动的方法。其目的是为了更好地发挥本方队员的技术与特长，制约对方，力争掌握比赛的主动权，争取比赛的胜利。

（一）进攻基础配合

进攻基础配合，是指两三名进攻队员，为了创造投篮机会，合理运用技术而组成的合作方法。

（1）传切配合。传切配合有两种，分别为一传一切配合和空切配合。一传一切配合。如图 2-16 所示，A 传球给 D 后，立刻摆脱对手 a 向篮下切入，接 D 的回传球投篮。空切配合。如图 2-17 所示，A 传球给 D 时，C 突然切向篮下接 D 的传球投篮。

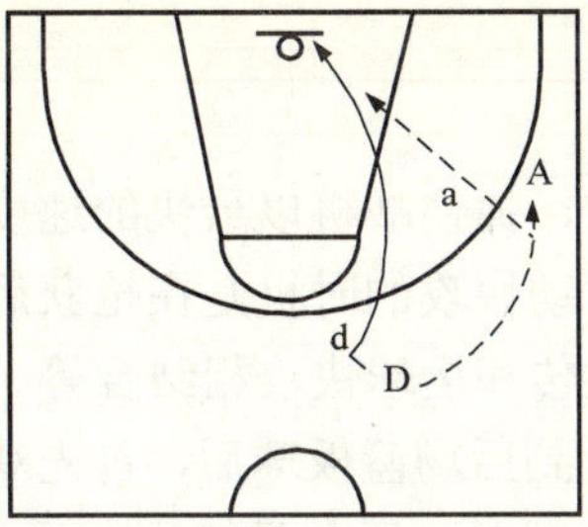

图 2-16 一传一切配合

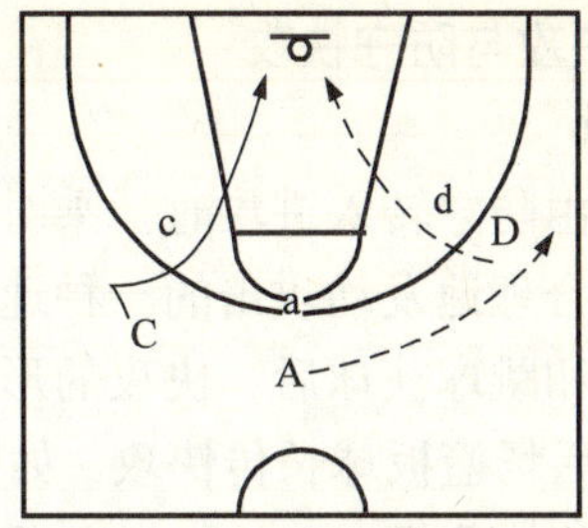

图 2-17 空切配合

（2）突分配合。有球队员持球突破后，主动地或应变地利用传球与同伴配合的方法。其要求是，突破动作要突然、快速，在突破过程中，要随时观察场上攻、守队员行动和位置的变化，既要做好投篮的准备，又要及时、准确地传球给同伴。其他进攻队员要掌握时机及时跑到有利于进攻的位置上接球。

（3）掩护配合。掩护配合是掩护队员采用合理的行动，用自己的身体挡住同伴的防守者的移动路线，使同伴得以摆脱防守，或利用同伴的身体和位置使自己摆脱防守的一种配合方法。掩护配合的形式根据掩护的位置和方向不同，分为前掩护、后掩护、侧掩护 3 种。

（二）防守基础配合

防守基础配合，是指两三名防守队员，为破坏对方进行配合，或当同伴防守出现困难时，及时互相协作行动的方法。以下是几种常用的配合。

（1）关门配合。“关门”是两个防守队员靠拢协同防守突破的配合方法。如图 2-18 所示，当 D 从正面突破时，a，d 与 d，c 进行“关门”配合。关门配合的要求是，防守队员应积极堵住进攻者的突破路线；临近突破一侧的防守队员要及时向同伴靠拢进行“关门”，不给突破者留有通过的空隙。关门配合也运用于区域联防。

（2）夹击配合。指两个防守队员积极防守一个进攻队员配合的方法。如图 2-19 所示，A 从底线突破，a 封堵底线，迫使 A 停球，d 同时向底线迅速跑去与 a 协同夹击 A，封堵其传球路线，迫使其违例或失误。夹击配合要正确地掌握夹击的时机和区域。行动要果断，出其不意。在形成夹击时要用身体和腿部限制进攻队员的活动，用手臂封堵传球或接球，但要防止不必要的犯规。

（3）补防配合。指防守队员在同伴漏防时，立即放弃自己的对手，去补防那个威胁最大的进攻者，而与漏人的防守队员及时换防的一种协同防守方法。如图 2-20 所示，D 传球给 A，突然摆脱 d 的防守直插篮下，此时 c 放弃 C 的防守补防 D，d 去补防 C。

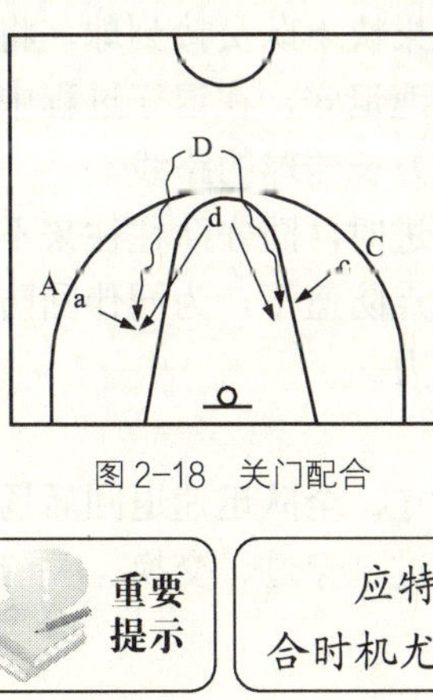

图 2-18 关门配合

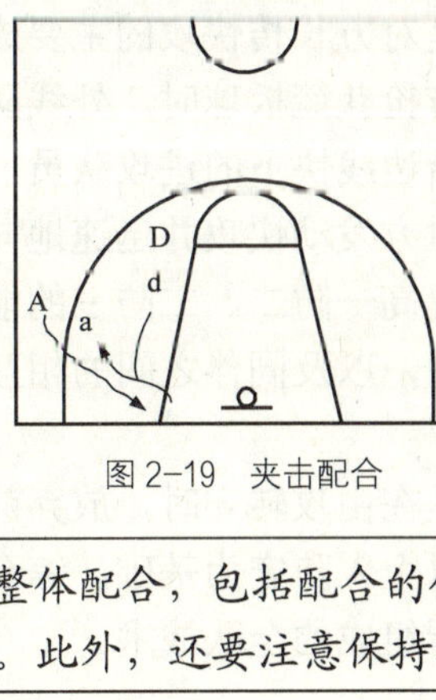

图 2-19 夹击配合

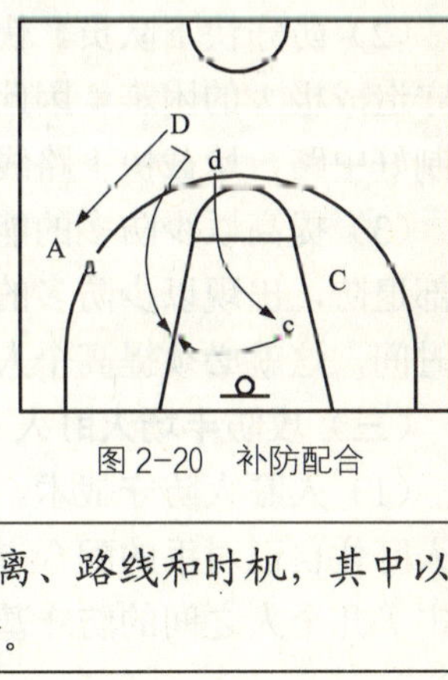

图 2-20 补防配合

重要提示

应特别注意整体配合，包括配合的位置、距离、路线和时机，其中以配合时机尤为关键。此外，还要注意保持攻守平衡。

（二）快攻与防守快攻

1. 快攻

快攻是由防守转入进攻时，乘对方未站稳阵脚之前，抓住战机以最快的速度、最短的时间，果断而合理地发动攻击的一种速决性战术配合。发动快攻的时机是在抢获后场篮板球、抢球、断球和跳球获球后。快攻的形式有长传快攻、短传和运球快攻相结合等。

（1）抢后场篮板球长传快攻。如图 2-21 所示，D 抢到后场篮板球后，首先观察场上的情况，寻找长传快攻机会。B 和 C 判断 D 有可能抢到篮板球时，便立即起动快下，争取超越防守队员接 D 的长传球投篮。

（2）断球长传快攻。如图 2-22 所示，c 断球后，看到 b 已快下，可立即传球或运球后传球给 b 投篮。

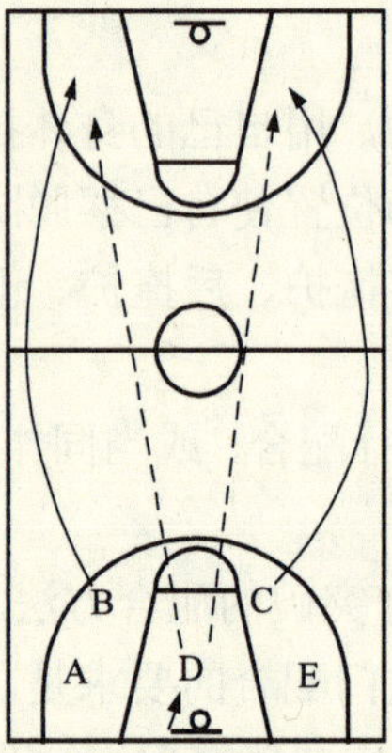

图 2-21　抢后场篮板球长传快攻

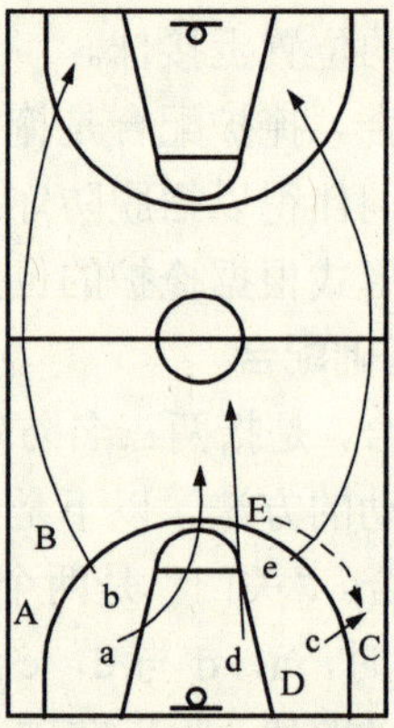

图 2-22　断球长传快攻

（3）短传与运球结合快攻。指队员在后场获球后，利用快速的短传球和运球推进相结合的方法迅速推进到前场进行攻击的一种配合。其特点是参加人数多、机动灵活、层次清楚、容易成功，但对队员配合的技巧要求较高。

2. 防守快攻

篮板球是发动快攻的主要先决条件之一，积极地与对方争抢前场篮板球是防止发动快攻的重要步骤。

（1）有组织积极地堵截对方发动快攻的第一传，是防守快攻的关键。

（2）防守快下队员。快下队员是对方长传快攻的主要成员，如果快下队员接到球，将给防守造成极大的困难。因此，当对方抢获篮板球时，外线队员要迅速退守，在退守过程中，控制好中路，堵截快下路线，紧逼沿边线快下的进攻队员，切断对方长传球的路线。

（3）提高以少防多的能力。当对方发动快攻并迅速地向前场推进时，防守队往往来不及全部退防，出现以少防多的局面。提高一防二、二防三的能力，重点防篮下，为同伴回防赢得时间，这就必须提高个人防守能力，以及同伴之间的相互补防能力。

（三）攻防半场人盯人

（1）人盯人防守战术。该战术是在由攻转守时，放弃前场的防守，全队迅速退回后场，每人盯住自己对手的配合方法。它以个人防守为基础，综合运用挤过、穿过、交换、关门、夹击等几个人之间的防守基础配合所组成的全队战术。

防守要点：人盯人防守要从由攻转守时开始。此时，每个队员都要快速退向自己的后场，立即找到对手，形成集体防守；要根据对手、球、球篮选择有利位置，做到球、人、区兼顾，与同伴协同防守。

防守原则："以球为主，人球兼顾"，"有球紧，无球松"，"近球紧，远球松"，积极移动，抢占有利位置。

运用时机：半场扩大人盯人防守主要用于对付外围远投较难、突破与篮下进攻能力和后卫控制球能力相对较差的队，而本队需要扩大战果，争抢时间时；半场缩小人盯人防守用于对付中远距离投篮不准、突破和篮下攻击能力较强的队，本队得分已占优势，保持体力再扩大战果时。

（2）进攻人盯人防守战术。进攻人盯人防守是根据人盯人防守战术的特点，从每个队员的具体实际出发，综合运用传接球、投篮、运球、突破等个人技术动作和传切、掩护、策应等几个人之间的战术基础配合所组成的一种全队进攻战术。

进攻人盯人战术的要点为：由守转攻后，要迅速到位。

第四节　篮球运动的文化传承

篮球文化是人们在从事篮球运动过程中所创造的物质和精神财富的总和。篮球文化包含精神文化、制度文化和物态文化。其中精神文化为篮球文化的核心部分。

一、篮球运动的名人励志故事

（一）刻苦训练、勇攀高峰的"飞人"乔丹

迈克尔·乔丹（Michael Jordan，1963 年 2 月 17 日）：美国 NBA 著名篮球运动员，被称为"空中飞人"。他在篮球职业生涯中创造了不胜枚举的纪录，是公认的全世界最棒的篮球运动员，也是 NBA 历史上第一位拥有"世纪运动员"称号的巨星。

在高中的时候，乔丹的教练告诉他说："迈克尔·乔丹，你身高不够高，没有超过 180。所以即使你球打得再好，以后也不可能进入 NBA，我们决定不要你这个球员。"

迈克尔·乔丹想："怎么可能？我未来要进北卡罗来纳州大学，怎么可能我连高中的校队都进不去，你嫌我身高太矮？"

迈克尔·乔丹就跟他教练讲："教练，我不上场打球，可是我愿意帮所有的球员拎行李。当他们下场的时候，我愿意帮他们擦汗。请你让我在这个球队，跟这些球员一起练球，这是我要成功的企图心。"

教练发现迈克尔·乔丹的企图心的确超过任何人，所以他接受了迈克尔·乔丹的建议。

有一天早上 8 点钟，篮球场的管理员跑去整理球场，发现有一个人倒在地上睡觉。他问道："你叫什么名字？"这个人好像很累的样子说："我叫迈克尔·乔丹。"他实在是太累了！

迈克尔·乔丹早上练球，中午练球，下午跟着球员一起练球，晚上还要练球，他比任何人都要努力。后来迈克尔·乔丹的父亲讲，乔丹全家人的身高没有一个人超过 180 公分。后来，他长到 198 公分，长高了 20 公分。

在一次记者会上，有记者问迈克尔·乔丹，你为什么能长到 198 公分？为什么能成为联盟中最优秀的球员时。迈克尔·乔丹回答说，因为我有一颗想打好球的企图心，我是靠着我想长高的意识使自己不断长高的。

（二）与病疼作斗争的东方小巨人姚明

姚明 1980 年生于上海，是美国 NBA 及世界篮球巨星，是中国篮球史上里程碑式人物。他曾效力于中国国家篮球队、NBA 的休斯敦火箭队，2011 年 7 月 20 日退役，获 7 次 NBA“全明星”，被美国《时代周刊》列入“世界最具影响力 100 人”，被中国体育总局授予“体育运动荣誉奖章”、“中国篮球杰出贡献奖”。姚明以高超的球技，顽强进取的精神，谦逊幽默的气质与人格魅力，赢得了世界声誉，让世界对中国球员有了新的了解与认识，让更多的人关注、喜爱篮球。姚明成为东西方文化的桥梁，具有史无前例的个人影响力。姚明的意义与价值，超越了篮球运动，超越了国界。

姚明以敬业精神和爱国情操而闻名。2005 年卡塔尔亚锦赛上，中国男篮在小组赛中击败最强的黎巴嫩之后，已经基本确定以小组第一的身份出线。这场关键的硬仗之后，主教练尤纳斯安排全体队员休息调整，但是比赛刚打完没多久，姚明就提着毛巾和衣服直奔训练场，无论队员还是队里的工作人员都很好奇地询问。“训练呀！按照计划，我应该还有一节训练课。国家队的比赛完了，还有 NBA 部分的科目。”姚明说。

就是在这次亚锦赛之前，姚明在即将从 NBA 回国时左脚上起了一个血泡，为了防止发炎，火箭队队医帮他把血泡挑破，即便是这样，姚明在回到国内的第二天便走进了力量房。当时篮管中心副主任胡加时颇为感慨，觉得像姚明这样的球星，完全可以要求休息几天，但姚明没有这么做。

卡塔尔亚锦赛上还发生了一件事。在与黎巴嫩的小组赛上，双方打得火药味十足，第二节比赛开始没多久，姚明的下巴便被对方一名球员用肘部撞出了一道大口子。休息的时候，姚明只是用一块创可贴简单粘了一下，便要求重新上场。赛后组委会医生为姚明缝了 4 针，但是国家队队医杜文亮认为处理得不够好，又重新给姚明缝了一次。当时姚明告诉杜文亮，自己的下巴算上这次已经被缝过 66 针了。一个下巴前前后后被缝 66 针，即便是经历丰富的国家队队医也从未见到过。

北京时间 2011 年 7 月 20 日下午 2 点，姚明在上海浦东嘉里酒店召开“明谢”新闻发布会，并由著名篮球人徐济成主持。姚明一身黑色西装，打着领带，拿着讲演稿，缓缓走向讲演台，宣读了最终的决定。

姚明的退役不仅是中国篮球一个巨大的损失，更是世界篮坛的一个重大损失。虽然姚明已经退役了，但是他的那种坚持与病疼做斗争，不向病疼投降的精神却是值得我们永远学习的。

二、篮球运动的主要规则

（一）篮球场地和设备标准

（1）篮球场地的标准。国际篮球运动联合会规定正式比赛的篮球比赛场地是一块平坦、坚实且没有障碍物的表面。其长为 28 米，宽 15 米。球场的丈量是从界线的内沿量起的。

（2）设备。篮板是用厚 0.03 米的坚实木料或适宜的透明材料制成，宽为 1.80 米，竖高为 1.05 米。下沿距地面的高度为 2.90 米。球圈安装在篮板上，呈水平状，离地面 3.05 米。篮球的周长为 0.749～0.78 米，重量为 567～650 克。充气后，使球从 1.80 米的高处落到地面上，反弹起来的高度在 1.20～1.40 米。

（二）篮球裁判规则

篮球比赛由两个队参加，每队上场 5 人，其中 1 人为队长，替补球员有 7 人。

将球投入对方球篮得 2 分；在 3 分区外投入对方球篮得 3 分；罚球中 1 次得 1 分。

比赛由 4 节组成，每节 10 分钟。在第 1 节和第 2 节（第一半时）之间，第 3 节和第 4 节（第二半时）之间以及每一决胜期之前有 2 分钟的比赛休息时间；两个半时的比赛休息时间为 15 分钟，以全场得分多者为胜。如果在第 4 节比赛时间终了时比分相等，需要一个或多个 5 分钟的决胜期来继续比赛，直至决出胜负。

比赛中每队的换人次数不限。但是，要登记的暂停在第一半时的任何时间每队可准予 2 次；在第二半时任何时间可准予 3 次；每一决胜期的任何时间每队可准予 1 次。

整个比赛过程由裁判员（三人制：包括主裁判员，第一副裁判员和第二副裁判员，二人制：包括主裁判员和副裁判员）、记录台人员（包括记录员、助理记录员、计时员和 24 秒钟计时员）和技术代表管理。

篮球比赛中对规则的违反有违例和犯规两大类。

（1）违例。违例是违反规则。罚则是将球权判给对方队在靠近发生违例的地点掷球入界。

① 带球走：当持活球的队员用同一脚向任何方向踏出一次或多次，其另一脚（称为中枢脚）不得离开与地面的接触点，如果中枢脚离开了这个接触点就构成带球走违例。非法运球—队员在运球后，用双手同时触及球或允许球在一手或双手中停留时，运球即完毕。运球结束后，除非失去控球权后又重新控制球，否则不得再次运球，如果再次运球，则为非法运球违例。

② 拳击球或脚踢球：比赛中队员不得故意用拳击球或用腿的任何部分去阻挡球，否则将判违例。如果球偶然地接触到腿的任何部分，或腿的任何部分无意碰到球，不算违例。

③ 球回后场：在比赛中，前场控制球的队，不得使球再回到后场，否则为球回后场违例。具体判定球回后场有三个条件：①该队必须控制球；②球进入前场后，在球又回到后场前该队队员（或裁判员）最后触及球；③球回后场后，该队队员在后场最先触及球。这三个条件必须依次连续发生。

④ 干涉得分和干扰：投篮（罚球）的球在飞行下落并完全在篮圈水平面之上时，双方队员不可触及球。当投篮的球触及篮圈时，双方队员都不得触及球篮或篮板，不得从下方伸手穿过球篮并触及球，不得使篮板和篮圈摇动。如果进攻队员违犯这一规定，中篮无效，将球判给对方在罚球线延长部分的界外掷球入界；如果防守队员违犯这一规定，不论是否投中，均判投篮（罚球）队员得分。

⑤ 3 秒违例：当某队在前场控制活球并且比赛计时钟正在运行时，该队队员在对方的限制区内持续停留的时间不得超过 3 秒钟。

⑥ 5 秒违例：进攻球员必须在 5 秒钟之内掷出界外球；或在被严密防守时，必须在 5 秒钟之内传、投或运球；当裁判员将球递给罚球队员可处罚时，该队员必须在 5 秒钟内出手。

⑦ 8 秒违例：一个球队从后场控制活球开始，必须在 8 秒钟内使球进入前场（对方的半场）。

⑧ 24 秒违例：每当一名队员在场上获得控制活球时，该队必须在 24 秒钟内尝试投篮。

（2）犯规。犯规是对规则的违犯，含有与对方队员的非法身体接触和/或违反体育道德的举止。对违犯者登记犯规并随后按规则予以处罚。

① 侵人犯规：是队员与对方队员的接触犯规。无论球是活球还是死球，队员均不应通过伸展其手、臂、肘、肩、髋、腿、膝或脚来拉、阻挡、推、撞、绊、阻止对方队员行进；以及不应将其身体弯曲成“反常的”姿势（超出其圆柱体）；也不应放纵任何粗野或猛烈的动作。在所有情况下都要给犯规队员登记 1 次侵人犯规。如果对未做投篮动作的队员犯规，由非犯

规队在靠近犯规地点的界外掷球入界重新开始比赛。如果犯规队处于全队犯规处罚状态，则应判给未做投篮动作的队员 2 次罚球，代替掷球入界。如果对正在做投篮动作的队员犯规，如果投篮成功，应计得分并判给 1 次追加罚球；如投篮未中，则要根据投篮的地点，判给 2 次或 3 次罚球。

② 技术犯规：是包含（但不限于）行为性质的队员的非接触犯规。如不顾裁判员警告；没有礼貌地触犯裁判员、技术代表、记录台人员或球队席人员；使用冒犯或煽动观众的语言和举止；戏弄对方队员或在对方队员的眼睛附近摇手妨碍其视觉；在球穿过球篮后，故意触及球以延误比赛；阻碍迅速地执行掷球入界以延误比赛；假摔以伪造一次犯规等。

队员技术犯规，应给其登记一次技术犯规，作为全队犯规之一计数。教练员、替补队员和随队人员的技术犯规，对每一起违犯行为都要登记教练员一次技术犯规，但不作全队犯规之一计数。

对技术犯规的处罚，是判给对方 2 次罚球，以及随后在记录台对面的中线延长部分掷球入界或在中圈跳球开始第一节（如犯规发生在第一节比赛前）。

违反体育道德的犯规—根据裁判员的判断，一名队员不是在规则规定的范围内合法地试图去直接抢球，发生的接触犯规是违反体育道德的犯规。应给犯规队员登记 1 次违反体育道德的犯规。判给对方罚球，以及随后在记录台对面的中线延长部分掷球入界或在中圈跳球开始第一节（如犯规发生在第一节比赛前）。

罚球的次数按如下规定：对没有做投篮动作队员的犯规应判给 2 次罚球；对正在做投篮的队员发生的犯规，如中篮，应计得分并加判给 1 次罚球。如未中篮，应判给 2 次或 3 次罚球。

思 考 题

1. 简述篮球运动的特点。
2. 试述行进间单手肩上投篮的动作方法。
3. 区域联防的基本要求是什么？
4. 试述防守快攻的方法。
5. 试述全场紧逼人盯人防守战术的运用时机和基本要求。

第三章 排球运动

在球类运动的比赛中，有人说排球是最具公平性、集体性和观赏性的对抗。公平性是由双方队员隔网相对、无身体接触的比赛形式决定，这使每个队员都有机会，也必须按规定顺序，分别在六个不同位置上，机会均等地展示自己的才华；集体性在于两队各占半场，每半场队员都必须按自己所处的位置，尽自己的职责，表现出鲜明的角色分工，以及角色的协调配合；观赏性是因为排球比赛始终围绕一个中心，就是千方百计不使球落于地面，由于允许用身体任何部位阻挡球的落地，常使观众对球在落地瞬间被救起的惊险场面赞叹不已，并不由自主地为之喝彩与呐喊。

第一节 排球运动的基本知识

排球运动诞生至今已有一百余年，从最初为中老年人和白领人士设计的一种较小运动量的消遣娱乐游戏，发展到现在成为凝聚力量、高度、速度的激烈的对抗性竞赛。而各式各样的排球活动形式和比赛在不同年龄、不同性别的人们中开展，展示着排球运动强大的生命力。国际排球联合会主席阿科斯塔说："全世界有4亿多人一生中打过排球，有1.6亿多人参加过各类的排球比赛，排球是参加人数最多的体育竞赛项目。"我们了解排球基本知识，为学好排球运动打下理论基础。

一、排球运动的类型及特征

（一）排球运动的类型

排球运动的特征排球运动的形式多种多样。其主要形式分为两大类。

（1）竞技排球：以提高运动成绩为目的，并在国际上设有统一竞赛规则的运动形式。

例如：6人制排球、沙滩排球。

（2）娱乐排球：以其他或游戏方式和参与人数的特殊规定，主要以娱乐、健身为目的，在国际上还没有统一竞赛规则的运动形式。

例如：软式排球、气排球、4人排球、9人排球、残疾人排球（坐式、立式、盲人）、草地（泥地、雪地、水中、沙地）排球、墙排球等。

（二）排球运动的特征

（1）广泛的群众性。排球场地设备简单，比赛规则容易掌握，既可在球场上比赛和训练，也可以在一般空地上活动，运动量可大可小，适合于不同年龄、不同性别、不同体质、不同训练程度的人。

（2）技术的全面性。排球规则规定，每个队员都要进行位置轮转，既要到前排扣球与拦网，又要轮到后排防守与接应。要求每个队员必须全面地掌握各项技术，能在各个位置上比赛。

（3）高度的技巧性。规则规定，比赛中球不能落地，不得持球、连击。击球时间的短暂，击球空间的多变，决定了排球的高度技巧性。

（4）激烈的对抗性。在排球比赛中，双方的攻防转换始终是在激烈的对抗中进行。高水平比赛中，对抗的焦点在网上的扣拦上。在一场比赛中，夺取一分往往需要经过六七个回合的交锋。水平越高的比赛，对抗争夺也越激烈。

（5）技术的两重性。排球是多种技术都可以得分，也能失分的项目，这种情况在决胜局比赛中更加突出，每项技术都具有攻防的两重性，因此，要求技术既要有攻击性，又要有准确性。

（6）严密的集体性。排球比赛是集体比赛项目，除发球外，都是在集体配合中进行的。没有严密的集体配合，再好的个人技术也难以发挥，更无法发挥战术的作用。水平越高的队，集体配合就越严密。

二、排球运动起源和发展

排球（Volleyball）运动始于 1895 年，创始人是美国人威廉·摩根。第一部规则发表在 1896 年 7 月出版的美国《体育》杂志上。最初排球比赛没有人数规定，赛前由双方临时商定，只要双方人数相等即可。

在美国，排球很快受到教会、学校和社会的广泛重视，同时也被列为军事体育项目。1896 年美国开始举行排球比赛。1947 年国际排球联合会成立，1949 年第一届世界男子排球锦标赛举行，1964 年排球运动被列为第十八届奥运会正式比赛项目。世界级排球比赛主要包括世界锦标赛、世界杯赛、奥运会排球赛、世界沙滩排球锦标巡回赛、残疾人奥运会排球赛等。

排球运动 1905 年传入我国时，仅在广东等地开展。1914 年第二届全国运动会时排球正式被列为比赛项目。其后，经历了 16 人制、12 人制、9 人制和 6 人制的演变过程。

20 世纪 50 年代初，东欧各国主要依靠高点强攻和个人进攻战术的变化取胜，并一直处于世界领先地位。20 世纪 60 年代，日本女排在国际排坛崛起，创造了垫球、滚翻救球、勾手飘球等技术。1965 年，排球规则进行了重大修改，允许伸手过网拦网。

中华人民共和国成立后，我国排球运动有了较快的发展，形成了一套以快球为中心的快攻掩护战术，此后男排在掌握“盖帽”拦网技术的基础上，创造了“平拉开”扣球新技术，发展了我国排球快攻打法的特点。20 世纪 70 年代中期，我国首创了“时间差”打法。男排创造的前飞、背飞、拉三、拉四等技术，丰富了快中有变的自我掩护打法，在世界比赛中取得了良好的效果。1979 年，中国男、女排取得亚洲冠军的光荣称号，实现了冲出亚洲的愿望。1981 年～1986 年，中国女排五次连获世界冠军，在国际排坛上撰写下辉煌的纪录。

三、排球运动的意义

（一）增进健康、强健体魄

排球运动具有竞技与娱乐并存的特点，不同年龄、不同性别、不同技术水平的人都能参与。经常参加排球运动，不仅能改善人体中枢神经系统和内脏器官的功能状况，还能提高人的力量、速度、弹跳、灵敏、耐力等专项身体素质和运动能力，增进健康，强健体魄。

（二）培养与锻炼良好的心理素质

经常参加排球运动的训练或比赛，会学到很多控制自己情绪和调节自身心理的手段和方法，如连续失误时，如何使自己尽快冷静下来而且不灰心；比分落后时的沉着和不气馁；关键比分时进攻不手软的自信心等，都是对自己形成良好心理品质的培养和锻炼。

（三）培养勤奋、助人、拼搏的优秀品质

排球比赛中，有球不能落地而且击球至多3次必须过网的特有规定，使参加排球比赛的人总要随时准备弥补同伴因判断错误而无法接，或因其他原因没接到位的球，为了发挥本方的进攻力量而不惜奔跑扑救，给下一次击球的人创造方便条件。因此经常参加排球运动，可以培养人的优良体育道德作风和团结协作的集体主义精神。

（四）培养人的信息意识、提高配合及应变能力

排球运动在某种意义上是一项依靠判断的运动，尤其在现代的排球比赛中，准确的判断已成为制胜因素之一。判断的基础是眼观六路、耳听八方，通过观察对方和同伴的动作、击球的声音、场上的布局等，预测将要发生的情况而迅速做出决策。排球比赛也是一项靠集体配合取胜的球类竞赛，个人特长的发挥往往是在同伴发挥特长的前提下取得的。因此，运动员在场上要相互协调，并不断观察同伴的意图，才能默契地与之合作。

由以上可以看出，体育运动的意义非常重大。而其中又以排球在我国历史较久，而且不同年龄、不同性别、不同技术水平的人都能参与其中，因此排球运动较其他体育运动更易于在我国普及。

第二节 排球运动的基本技能与训练方法

排球技术是在规则允许的条件下所采用的各种合理的击球动作。排球技术主要由步法和手法两部分组成。现代排球运动要求运动员掌握技术要全面、熟练、准确、实用。

一、排球运动的基本技能

发球、垫球、传球、扣球、拦网是排球的5项基本击球动作，这种直接触球的动作技术称为有球技术。而各种准备姿势、移动、助跑、起跳、倒地等没有直接触及球的配合动作，称为无球技术。

（一）准备姿势

如图3-1所示，按照身体重心的高低，准备姿势可分为半蹲准备姿势、低蹲准备姿势和稍蹲准备姿势3种。

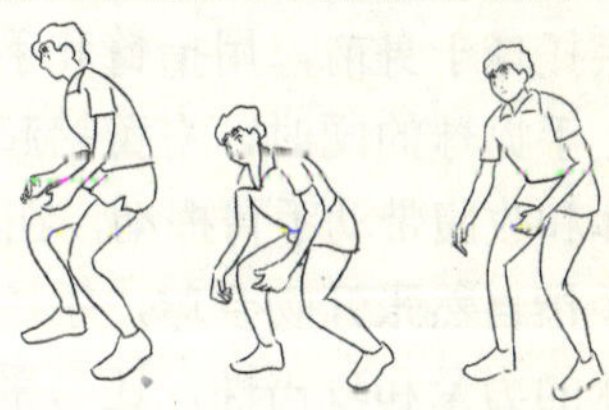

图3-1 发球准备姿势

（1）半蹲准备姿势。两脚开立略比肩宽，两膝弯曲，脚跟自然提起，上体前倾，重心靠前，膝部的垂直线应在脚尖前面，两臂放松，自然弯曲置于腹前，两眼平视，注意来球，两脚始终保持微动。

（2）低蹲准备姿势。身体重心比半蹲准备姿势更低更靠前，两脚左右、前后的距离更宽一些，膝部弯曲的程度大于半蹲准备姿势。身体重心要更靠前，肩部垂直线过膝，膝部垂直线超过脚尖。两手臂置于胸腹之间。

（3）稍蹲准备姿势。两脚左右开立与肩同宽，一脚在前，两膝微屈，身体重心位于两脚之间，并稍靠近前脚，后脚跟稍提起，上体稍前倾，两臂放松，自然弯曲置于腹前。两眼注

视球并兼顾场上各种情况，两脚保持微动状态。

（二）移动

移动由起动、移动步法和制动 3 个环节构成。

1. 起动

起动是移动发力的开始，它的快慢是移动的关键，起动的速度取决于正确的准备姿势，反应能力和腰腿部的速度力量。

2. 移动步法

起动后应根据临场技战术的需要，灵活地采用各种移动步法进行移动。

（1）并步与滑步。并步如向前移动，则后腿蹬地，前脚向来球方向跨出一步，后腿迅速跟上做好击球准备。连续并步就是滑步。

（2）跨步与跨跳步。跨步如向前移动，则后腿用力蹬地，前脚向来球方向跨出一大步，膝部弯曲，上体前倾，身体重心移至前腿上。跨步过程中有跳跃腾空即为跨跳步。

（3）交叉步。以向右交叉步为例，上体稍向右转，左脚从右脚前面向右交叉迈出一步，然后右脚再向右跨出一大步，同时身体转向来球方法，保持击球前的姿势。

（4）跑步。跑步时两臂要配合摆动，如球在侧方或后方时应边转身边跑。

（5）综合步。以上各种步法的综合运用。

3. 制动

在快速移动之后，为了保持稳定的击球姿势和克服身体惯性的冲力，必须运用制动技术。

（1）一步制动法。一步制动时，最后跨出一大步，同时降低重心，膝和脚尖适当内转，全脚掌横向蹬地，抵住身体重心继续移动的趋势，并用腰腹力量控制上体，使身体重心的投影落在两脚所构成的支撑面内。

（2）两步制动法。两步制动时，以倒数第二步做第一次制动，接着跨出最后一步做第二次制动，同时身体后仰，重心下降，双脚用力蹬地，使身休处于有利于做下个动作的姿势。

（三）发球

发球是 1 号位队员在发球区内自己抛球后，用一只手将球直接击入对方场区的一种击球方法。发球是排球技术中唯一不受他人制约的技术。

（1）正面上手发球。如图 3-2 所示，队员面对球网，两脚前后自然开立，左脚在前，用手托球于身前，用抬臂和手掌的平托上送，将球平稳地垂直抛于右肩前上方，高度适中。在左手抛球的同时，右臂抬起，屈肘后引，肘与肩平，上体稍向右转。击球时，利用蹬地、转体和收腹带动手臂挥动，在右肩前上方伸直手臂的最高点，以全手掌击球的中下部。击球时，手指自然张开吻合球，手腕要迅速主动地做推压动作，使击出的球呈上旋飞行。为了加强发球的力量和攻击性，还可采用一步、两步或多步的助跑发球方法。

图 3-2 正面上手发球

（2）正面上手发飘球。正面上手发飘球是采用正面上手的形式，发出球不旋转、不规则地飘晃飞行的一种发球方法。由于面对球网，便于观察对方接发球情况。

如图 3-3 所示，准备姿势同正面上手发球，但抛球比正面上手发球稍低、稍靠前。击球前，手臂自后向前做直线挥动。击球时，五指并拢，手腕稍后仰，用掌根平面击球的中下部，作用力通过球体重心。击球瞬间手指、手腕紧张，手型固定，不加推压动作，手臂并有突停动作。

（3）正面下手发球。正面下手发球是正面对网，手臂由后下方向前摆动，在腹前将球击人对方场区的发球方法。

如图 3-4 所示，面对球网，两脚前后开立，左脚在前，两膝微屈。上身稍前倾，重心偏后脚。左手持球于腹前，将球轻轻抛起在体前右侧，离手高约 20 厘米，在抛球的同时右臂伸直以肩为轴向后摆动，借右腿蹬地力量，身体重心随着右手向前摆动击球而移至前脚上。在腹前以全手掌、掌根或虎口击球后下方。

图 3-3　正面上手发飘球

图 3-4　正面下手发球

（4）勾手飘球。发勾手飘球采用侧面对网站位，可利用身体转动和腰部力量带动手臂的快速挥动去击球，比较省力。勾手飘球是目前排球比赛常用的一种主要发球方法，男女队员均可采用。

发球队员应左肩对网，左手将球平衡抛向左肩前上方，抛至相同于击球点的高度。在抛球同时，右臂伸直向身体右侧后下方摆动，身体重心移至右脚。当球开始上升到最高点时，右脚蹬地，身体向左侧转动，带动手臂沿弧线轨迹挥动，在右肩前上方以掌根或半握拳拇指根部坚硬平面击球后中下部，击球一瞬间，手腕稍后仰并保持紧张，用力集中，作用力要通过球体的重心。击球后，可作突停或下拖动作，但不能有推压的动作。

重要提示

无论采用哪种发球动作，都必须做到以下三点：一是平稳抛球，二是击球要准，三是手法要正确。

（四）垫球

垫球在比赛中主要用于接发球、接扣球、接拦回球以及防守和处理各种困难球。现将几种常用的垫球技术做如下介绍。

1. 正面双手垫球

正面双手垫球是双手在腹前垫击来球的一种垫球方法，是各种垫球技术的基础，是最基本的垫球方法，适合于接各种发球、扣球和拦回球，在困难时也可以用来组织进攻。

如图 3-5 所示，正面双手垫球的基本手型有抱拳式、叠掌式和互靠式。

正面双手垫球在垫轻球、垫中等力量来球和垫重球时，其动作方法是有一定区别的。

（1）垫轻球。如图 3-6 所示，采用半蹲准备姿势，当球飞来时，双手成垫球手型，手腕下压，两臂外翻形成一个平面，当球飞到腹前一臂距离时，两臂夹紧前伸，插到球下，向前上方蹬地抬臂，迎击来球，利用腕关节以上 10 厘米左右处的桡骨内侧平面击球的后下部，身体重心随击球动作前移。击球点保持在腹前一臂距离。

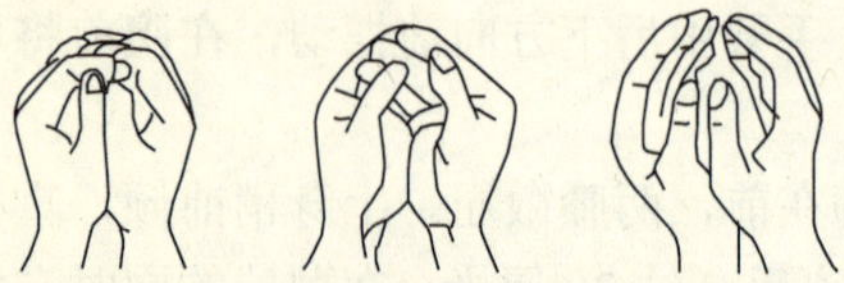

图 3-5 正面双手垫球基本手型

图 3-6 垫轻球

（2）垫中等力量来球。动作方法与垫轻球相同，由于来球有一定力量，因此击球动作要小，速度要慢，手臂适当放松。

（3）垫重球。根据来球的高低和角度，采用半蹲或低蹲准备姿势，击球时采用含胸、收腹的动作，帮助手臂随球屈肘后撤，适当放松，以缓冲来球力量。在撤臂缓冲的同时，用微小的小臂和手腕动作控制垫球方向和角度。

2. 体侧垫球

简称侧垫，是在身体侧面垫球的一种垫球方法。其特点是控制面宽，但较难把握垫击的方向、弧度和落点。

如图 3-7 所示，左侧垫球时，以右脚前脚掌内侧蹬地，左脚向左跨出一步，身体重心随即移至左脚，并保持左膝弯曲，两臂夹紧向侧伸出，左臂高于右臂，右肩向下倾斜，再用向右转腰和收腹的力量，配合两臂在体侧截击球的后下部。

3. 跨步垫球

队员向前或向侧跨出一步的垫球方法称为跨步垫球。当来球的速度较快，弧线低，距身体 1 米左右时，可采用跨步垫球的方法。如图 3-8 所示，跨步垫球时，当判断来球的落点后，迅速向来球方向跨出一大步，屈膝深蹲，臀部下降，两臂夹紧伸直插入球下，用两前臂的内侧平面击球的后下部，对准垫出方向，将球平稳垫起。

图 3-7 左侧垫球

图 3-8 跨步垫球

4. 单手垫球

当来球较远，速度快，来不及或不便用双手垫球时，可采用单手垫球。单手垫球动作快，垫击范围大，但触球面积小，不易控制。单手垫球可采用各种步法接近球，可采用虎口、半握拳、掌根、手背以及前臂内侧击球。

（五）传球

传球是排球运动的一项重要技术，是组织进攻战术的基础。传球主要运用在第二传，用于衔接防守和进攻。

按照传球的方向基本上把传球动作分为正面传球、背传球和侧传球，上述三种传球技术是指在原地完成。跳起在空中完成传球动作的，称为跳传。

（1）正面传球。面对出球方向的传球动作，称为正面传球。正面传球是最基本的传球方法，是其他一切传球技术的基础。

图 3-9 正面传球

如图 3-9 所示，采用稍蹲准备姿势，当来球接近额头时，开始蹬地、伸膝、伸臂，两手微张经脸前向前上方迎球。击球点在额头前上方约一球距离处。当手触球时，两手自然张开成半球形，手腕稍后仰，两拇指相对成“一”字或“八”字形，两手间有一定距离，用拇指内侧，食指全部，中指的二、三指节触球的后下部，无名指和小指在球两侧辅助控制传球方向。两肘适当分开，两前臂之间约成 90° 夹角，传球时主要靠蹬地伸臂和手指、手腕力量，以及球的反弹力将球传出。

（2）背传。背对传球目标的传球动作叫背传。如图 3-10 所示，身体背面要对正传球目标，上体保持正直或稍后仰，身体重心在两脚之间，双手自然抬起，放松置于脸前。迎球时，抬上臂、挺胸、上体后仰。击球点保持在额上方，比正传稍高、稍后。触球时，手腕后仰并适当放松，掌心向上，击球的下部，手型与正面传球相同。背传用力要靠蹬地、展腹、抬臂、伸肘和手指、手腕的弹力，把球向后上方传出。

（3）跳传

跳传是当一传弧线较高而又接近球网时，所采用的跳起传球技术。目前在比赛中运用比较广泛，一般用于二传。跳传可起到加快进攻速度和迷惑对方的作用，并且可使进攻战术多样化，扩大进攻的范围，减少二传环节中的失误。

如图 3-11 所示，起跳时，首先选好起跳点和掌握好起跳时间。起跳后，两臂屈肘抬起，两手放置脸前，击球点保持在额上方，在身体跳至最高点时，用伸臂动作及手指、手腕的弹力将球传出。由于人在空中，无法用上伸腿蹬地的力量去传球，因此，要加大伸臂的幅度和速度。

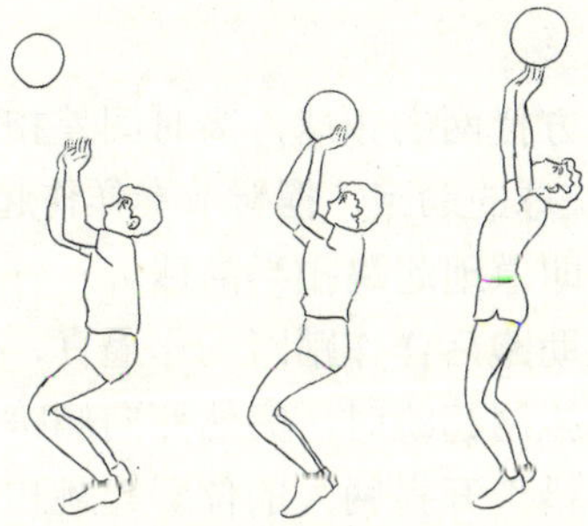
图 3-10 背传

图 3-11 跳传

（六）扣球

扣球是攻击性最强最有效的进攻手段，在比赛中占有非常重要的地位。

1. 正面扣球

正面扣球是扣球技术中一种重要的方法，是比赛中运用得最多的一项进攻性技术，适合于近网和远网扣球。

（1）准备姿势。扣球助跑前采用稍蹲姿势，两臂自然下垂，站在离网 3 米左右处，身体转向来球方向，观察来球，做好向各个方向助跑起跳的准备。

（2）助跑。助跑开始时，左脚先向前迈出一步，紧接着右脚再快速跨出一大步，左脚及时并上，踏在右脚之前，两脚尖稍向右转。两臂绕体侧向上引摆。

（3）起跳。在助跑跨出最后一步（即第二步），左脚并上踏地制动的同时，两臂自后积极向前摆动，随着双腿蹬地向上起跳，两臂配合起跳有力地向上摆动。

（4）空中击球。起跳后，挺胸展腹，上体稍向右转，右臂向后上方抬起，身体成反弓形。挥臂时，以迅速转体、收腹动作发力，依次带动肩、肘、腕各部位关节向前上方成鞭甩动作挥动。击球时，五指微张，以掌心为主，全掌包满球，在手臂伸直的最高点的前上方击球的后中部，同时主动用力屈腕屈指向前推压，使扣出的球呈上旋。

（5）落地。落地时，以两脚前脚掌先着地再迅速过渡到全脚掌着地，同时顺势屈膝、收腹，以缓冲下落的力量，立即做好下一个动作的准备。

2. 调整扣球

调整扣球是指在接发球或后排防守垫球不到位时，二传队员从后场区将球传到网前所进行的扣球。调整扣球技术动作与正面扣球相同，但由于二传球来自后场区，有近网球，也有远网球，还有拉开球和集中球，与球网有一定的角度并且弧线不固定，扣球队员难以判断，所以扣这种球难度较大。因此，扣球队员要准确判断来球的方向、弧线、速度和落点。调整好人和球的关系，选择好起跳点，掌握好起跳时间。根据人和球网的距离，合理地采用不同的扣球方法，控制好扣球的力量、速度、方向、路线和落点。

3. 扣快球

扣快球是扣球队员在二传队员传球前或传球的同时起跳，并迅速将二传队员传出的球，击入对方场区的扣球。快球在时间上争取主动，起着攻其不备、突然袭击的作用，可使对方拦网和防守产生判断错误。这种扣球的特点是速度快、力量大、时间短、落点近、突然性强、牵制能力大。快球技术动作方法较多，有近体快球、半快球、短平快球、平拉开快球、背快球、背平快球、调整快球等。

4. 自我掩护扣球

（1）时间差扣球。扣球队员利用起跳时间的差异迷惑对方拦网的扣球，为时间差扣球。这种扣球可在近体快、背快、短平快等扣球中。扣球时，按快球的助跑、摆臂节奏佯作起跳，以诱使对方起跳拦网。待对方拦网队员下落后，扣球队员立即原地起跳扣半高球。

（2）位置差扣球。扣球队员按原来扣球的时间助跑，在助跑后佯作踏蹬动作逼真，下蹲与摆臂动作明显的起跳扣球，但助跑后不起跳，待对方队员拦网起跳时，突然变向侧跨出一步，动作幅度、挥臂幅度要小，速度要快，用双足或单足“错”开拦网人的位置起跳扣球，即为“位置差”扣球，或称错位扣球。

（3）空间差扣球。扣球队员利用助跑的冲力和专门的踏蹬技术，使身体向前上方跃出，把正面取位盯人拦网的对手甩开，使扣、拦在空中出现差误，即为“空间差”扣球，也叫冲飞扣球。常用的“空间差”扣球有：佯扣短平快球突然向前冲跳到二传手向前扣半高球的“前飞”，佯扣快球而冲跳向二传人背后小弧度球的“背飞”，佯扣前快球而侧身向左起跳追击扣球的“拉三”，以及佯扣短平快球而侧身向左起跳追击扣球的“拉四”。

（七）拦网

1．单人拦网

单人拦网是集体拦网的基础。如图 3-12 所示，其动作结构分为准备姿势、移动、起跳、空中动作和落地 5 个互相衔接的部分。

（1）准备姿势。队员面对球网，两脚左右开立，约与肩同宽，距网 30～40 厘米。两膝微屈，两臂屈肘置于胸前。

（2）移动。常用步法有一步、并步、交叉步、跑步等。无论采用哪种移动步法，都要做好制动动作，以保证向上起跳，避免触网和冲撞同队队员。

图 3-12　单人拦网

（3）起跳。原地起跳时，两腿屈膝，重心降低，随即用力蹬地，两臂以肩发力，与体侧近身处，做画弧或前后摆动，帮助身体迅速跳起。移动后的起跳，其起跳动作与原地起跳一样，但要注意制动并使移动与起跳动作紧密衔接。

（4）空中动作。起跳时，两手从额前沿球网向上方伸出，两臂伸直并保持平行，两肩上提。拦网时，两臂应伸过网去接近球。两手自然张开，屈指屈腕成半球状。当手触球时，两手要突然收紧，手腕下压盖在球的前上方。

（5）落地。拦球后，要做含胸动作，以保持身体平衡。手臂要先后摆或上提，从网上收回至本方上空，再屈肘向下收臂，以保持身体平衡。与此同时屈膝缓冲，双脚落地，随即转身面向后场，准备接应来球或做下一个动作准备。

2．双人拦网

由前排两个队员互相靠近，同时起跳组成的拦网，称双人拦网。双人拦网是集体拦网的一种，是比赛中最常用的一种拦网形式，主要在对方大力扣球时采用。

双人拦网时，应以一人为主拦队员，另一人为配合队员。但主拦队员不是固定的，一般情况下距对方扣球点近的队员应为主拦队员。主拦队员必须抢先移动到对正扣球点的位置，做好起跳准备，配合队员则迅速移动靠近主拦队员准备同时起跳。两队员之间的距离一定要合适，距离太远，跳起后将出现“空门”；距离太近，起跳时互相干扰，致使双方都跳不高。双人拦网起跳时，两人的手臂应该在体前画小弧向上摆伸，都要尽量垂直向上起跳，要防止互相碰撞或干扰。手臂在空中既不能重叠，造成拦击面缩小，又不能间隔太宽，造成中间漏球。扣球靠近边线时，靠边线近的拦网队员外侧的手应适当内转，以防打手出界。

3．三人拦网

三人拦网也是集体拦网的一种形式。它是在对扣球进攻力强，路线变化多，但很少轻扣和吊球时采用。三人拦网的动作方法与双人拦网相同，关键在于移动迅速，取位恰当，配合密切。无论对方从哪个位置进行扣球，一般都以 3 号位队员为主拦队员，2 号、4 号位队员为配合队员。由于三人拦网对配合的要求高，加之减弱了防守、保护的力量，故要在很有必要的情况下才采用。

拦网队员要在短短的瞬间从防守转为进攻，从被动转为主动，而完成这些都要在空中进行，所以难度较大，这就要求拦网应积极主动，判断准、起动快、跳得高、下手狠。

二、排球运动训练方法

（一）发球的练习方法

（1）徒手模仿抛球引臂、挥臂击球的动作。

（2）击固定球练习。一人双手持球于头上或腹前，另一人做挥臂击球练习。

（3）两人一组不隔网或隔网做发球练习。

（4）在发球区内做发球练习。要求将球发在对方场区内。

（5）练习发球的准确：发直线、斜线。

（二）垫球的练习方法

（1）徒手模仿垫球练习。

（2）自垫（直臂向上轻垫或对墙垫）。

（3）两人一组，一抛一垫。先原地垫，然后过渡到移动垫球。

（4）两人一组对垫（3～4 米）。

（5）一人发下手球，另一人接发球（相距 9 米，不隔网）。

（6）两人一组做扣、垫球练习（交换进行）。

（三）传球的练习方法

（1）徒手模仿传球练习。

（2）传固定球：自传或对墙自传。

（3）两人一球，面对 3～4 米，一人抛球，另一人前后左右移动传球。

（4）两人一球，近距离对传。

（5）两人一球，隔网和顺网对传。

（6）三人一球，三角做顺、逆时针方向传球。

（四）扣球的练习方法

（1）做原地挥臂和扣球模仿动作；做助跑起跳空中挥臂扣球动作。

（2）助跑起跳扣固定横吊球，或将一人举在网上沿的固定球扣过去。

（3）对墙自抛自扣；对墙连续扣球。

（4）二人一组，一人抛球，另一人扣球。

（5）对网扣球（原地自抛自扣）。

（6）教师抛球，学生在 4 号位助跑起跳扣球。

（7）由二传球，在 4、3、2 号位扣球。

（8）由教师抛给二传手，在 4 号位助跑扣球。

（9）教师在网对面发球给练习者，练习者一传垫给二传，传球后，练习者上网扣球。

（10）各种特定任务的扣球，如将球扣入指定的区域或轻重结合等。

（五）拦网的练习方法

（1）徒手原地起跳伸臂，拦网手型练习。

（2）沿网做各种步法移动起跳的徒手拦网动作练习。

（3）两人一组隔网站立，一人向网上沿抛球，一人跳起拦网。

（4）3 号位队员在网前移动到 2 号或 4 号位去拦对方抛于网上方的球。

（5）单人或双人配合，拦对方固定位置扣球的练习。

（6）结合比赛进行拦网。

第三节 排球运动的基本战术

排球运动是一项集体竞赛项目，因而不仅要求每个队员有比较熟练的基本技术，而且要求全队密切配合，运用得当的战术，发挥全队每个队员的特长，才能取得比赛的胜利。

一、阵容配备

（一）“三三”配备

由三名进攻队员和三名二传队员组成。站位时，一名进攻队员间隔一名二传队员。目前采用这种配备形式的队伍比较少。一般适用于初学者和水平较低的球队。

（二）“四二”配备

由四名进攻队员（主攻和副攻队员各两名）和两名二传队员组成，他们分别站在对角的位置上。目前，在水平一般的球队中采用这种配备形式的比较多。

“四二”配备的优点是每一轮次前排都有一个二传队员和两个进攻队员，便于组织“中二三”“边二三”进攻，战术配合有一定的稳定性。缺点是前排进攻点相对较少，隐蔽性差，不能适应高水平球队的要求。

（三）“五一”配备

由五名进攻队员和一名二传队员组成。位置的安排与“四二”配备基本相同，只是由一名进攻队员站在与二传对应的位置上作为接应二传，其目的是弥补在主二传来不及到位传球时所出现的被动局面，但主要还是承担进攻任务。这种阵容配备在水平较高的球队中普遍采用。

“五一”配备的优点是加强了拦网和前排进攻力量，使全队的进攻队员只需适应一名二传队员的技术特点，有利于统一指挥、相互配合，能够更好地控制比赛的进行，使进攻战术富于变化。缺点是当二传队员轮转到前排时，有三轮前排只有两名进攻队员，影响了前排整体进攻的威力。

二、进攻战术

进攻战术主要有以下三种形式：“中一二”进攻阵形、“边一二”进攻阵形、“插上”进攻阵形。

（一）“中一二”战术形式特点

容易组织，但战术变化少，只能两点进攻，战术意图容易被识破，战术的突然性和攻击性小。其变化形式有：扣球队员通过二传队员传出集中、拉开、背传和平快等各种球，采用斜线助跑、直线助跑和跑动中变步起跳扣球等。

（二）“边一二”战术形式特点

形式简单，容易掌握，也是基本战术形式之一。其变化形式有：除“中一二”战术形式变化外，还可组织“快球掩护拉开”、“前交叉”、“围绕”、“快球掩护夹塞”、“梯次”、“短平快掩护拉开”、“掩护活点进攻”等战术变化。

（三）“插上”战术形式特点

保持前排3人进攻，能充分利用网的全长，发挥每个队员的特点，组成快速多变的各种战术变化。进攻的突破点多，突然性大，使对方难以有效地组织集体拦网和防守。

三、防守战术

主要介绍“心跟进”和“边跟进”两种防守战术。

（一）“心跟进”防守形式

在本方拦网能力强，对方采取打吊结合时采用。当甲方 4 号位队员进攻时，乙方 2，3 号位队员拦网，后排中心的 6 号位队员在本方拦网时跟在拦网队员之后进行保护，其余 3 名队员组成后排弧形防守。其优点是加强了前区的防守能力，缺点是后排防守队员之间的空当较大。

（二）“边跟进”防守形式

多在对方进攻较强，吊球较少时采用。当甲方 4 号位队员进攻时，乙方 2，3 号位队员拦网，其他 4 个队员组成半圆弧形防守。如遇甲方吊前区，由边上 1 号位队员跟进防守。其优点是加强了拦网，缺点是边上的队员既要防直线，又要跟进防前区，比较困难。

第四节　排球运动的文化传承

排球运动中“中国老女排的精神”在国人心中已成为佳话广为流传。20 世纪 80 年代中国女排取得了“五连冠”的伟大业绩，开创了世界女排的新纪元，老女排精神也时常激励着国人战胜困难，取得成功；排球运动规则相对其他球类简单易懂，双方按照比赛规则，运用各种技术和战术，力争将球击入对方场内，而不使球落在本方场内为最终目的。

一、弘扬中国老女排精神

历史会记住 1981 年 11 月 16 日，30 年前的这一天，中国女排在第三届世界杯以全胜战绩夺冠，从而永载中国体育史册，她们夺得中国三大球第一个世界冠军，诠释了中华民族团结一致、艰苦奋斗、不屈不挠、越挫越勇的国魂。1981 年世界杯中国女排由袁伟民带队，中国队技战术水平已经相当了得，拼搏精神更是无人能及，参赛队员分别是孙晋芳、邓慧芳、杨希、周晓兰、郎平、陈亚琼、陈招娣、朱玲、梁艳、张洁云、周鹿敏。中国队先后战胜巴西、苏联、韩国、美国、古巴等强队，最后与卫冕冠军日本强强碰撞，女排姑娘决胜局落后的情况下 17 比 15 逆转取胜，从而首次赢得世界冠军头衔。

细数自 1979 年以来国家队的历任队长，每一个名字无疑都是和“光荣”“奋斗”连接在一起。然而在光辉的背后，也就意味着要比别人付出更多的汗水和努力……

“铁姑娘”：男朋友捡了一天的球

曹慧英是国家队 1976 年建队之后的首任队长，由于作风顽强，她得到了一个“铁姑娘”的昵称。1978 年她先后受到骨裂和结核影响，竞技状态急剧下滑，但这位当年的超级替补仍然被视为队中的“定心丸”。1981 年中国队在女排世界杯与前苏联队的关键比赛中，曹慧英临危受命，为中国队夺得第一个世界冠军立下汗马功劳。

1981 年，已经 27 岁的曹慧英拖着一身的严重伤病和队友前往湖南郴州开始为世界杯赛进行最后的备战。当时曹慧英的男朋友殷勤放心不下她，特意和单位申请到长沙出差的机会，顺路到训练基地看望曹慧英。

虽然领队批准了曹慧英与男朋友见面的请求，但曹慧英深知，现在全队都到了备战的最关键时候，越多排除外界的干扰越好，所以一方面帮助男友赶紧订好回程车票，另一方面在当天的训练中，曹慧英反而更加刻苦卖力，生怕别人说自己因为男朋友来了而影响训练。“当时真是又想他来，又怕队里说。”曹慧英这样回忆当年自己左右为难的心情。殷勤到了训练基地，一开始还站在场边看曹慧英和其他姑娘们的训练。曹慧英看到只有他 人孤零零在场边站着，干脆让殷勤到场地里帮助队伍捡球。结果殷勤的这次“火线探亲”却为国家队做了一天的“球童”。白天这一对恋人没有说上几句话，晚上训练结束，殷勤离开的时间也就快到了，曹慧英只能依依不舍地把殷勤送到火车站……

杨锡兰：“半路出家”的二传队长

1982年，刚刚夺得第一个世界冠军的中国女排也面临着即将到来的新老交替工作。为老二传也是老队长孙晋芳挑选一个合格的接班人成为摆在中国队主帅袁伟民面前的一个难题。但是袁伟民心中已经有了一个最佳人选——杨锡兰。

杨锡兰是天津排球历史上第一个“超级明星”，1976年她进入八一队，1981年被选入国家青年队任队长和二传手，1982年入选国家队时，年龄只有21岁。

当时如何培养杨锡兰，主帅袁伟民可是费了很大一番周折。原本在八一队时，杨锡兰的位置是副攻和接应二传，可是袁伟民却偏偏看中了这么一个“半路出家”的二传。这是因为在袁伟民看来，杨锡兰是一名非常聪明的二传，在比赛中杨锡兰的思路清楚，胆大敏捷，组织战术意识强。但是杨锡兰的成长之路却并不是一帆风顺。1983年，国家队在亚锦赛中负于日本，失去了亚洲冠军，许多球迷给杨锡兰写信指责她。杨锡兰哭了，找到袁伟民说“不干了”。可是袁伟民却耐心地对杨锡兰说：“杨子，我过去信任你，现在同样信任你。我相信你一定能练出来，能挑起这副重担。人在压力面前能顶住，进步会更快。有点压力就被压垮了，认为这个二传就是当不了，你服气吗？你不服气，我也不服气！”

在主教练的循循善诱下，擦干眼泪的杨锡兰重新振作精神投入到更艰苦的训练中去。在训练中付出更多血汗的她终于在1984年与队友一同站在洛杉矶奥运会女排冠军的领奖台上。这一次，杨锡兰成为全队哭得最“凶”的一个人，因为她终于用自己的努力和优异的发挥有力地回敬了那些曾对她提出非议的质疑者。

“铁榔头”：把“十佳”奖金分给大家

中国女排队长职务很少交给主攻手来担任。虽然2008年在首届亚洲杯上，王一梅荣幸地短暂担任过队长一职，但她的“老前辈”郎平早在20多年前就成为国家队第一个主攻队长。

“铁榔头”郎平在国家队中，无论训练还是比赛的大段故事早就让人们耳熟能详，这位中国排坛传奇般的“明星”仍然有一些不为现在年轻一代所知的小故事存在于她的回忆中。

1981年，还没有担任队长一职的郎平就凭借着她在国际、国内大赛中的出色表现，被评选为全国“十佳”运动员。而且当时的排球项目中，只有郎平一人获得此项殊荣。在评选揭晓的1月22日，当时国家队已经在湖南郴州开始世界杯的备战集训。郎平当时并不想独得这份荣誉，因为她觉得排球是一个集体项目，她作为一名年轻队员，刚刚进队两年多就获得“十佳”，位置不好摆。毕竟在国家队里，老队员给郎平创造了很多机会，教练员们也在着力培养郎平，这一切都让郎平觉得这个奖项更不应该只属于她一个人。在得知郎平的想法后，国家队教练组很快开了一个会。在会上，郎平主动提出成绩是靠集体的力量夺得的，她是作为全队的代表去领奖，荣誉应该归于集体。

当郎平从北京领奖归来，时间也已经接近春节。郎平灵机一动，把获得的100元奖金分成两份，一份给队里作队费，另外一份则交给了中国男排的领队，让他们也买点过节的年货，表达了与男排共同进步、为国争光的愿望。就这样，1981 年的春节，国家队用郎平的 50 元奖金买了糖果、饼干、瓜子、花生，除夕晚上和大年初一，全队在一起高高兴兴共享了这一份“胜利果实”。

袁伟民那个时代女排就是中国的“国魂”，国人太多的梦想和情结都寄托在女排上，女排已经不仅仅是一支球队，还承载了中华民族的团结拼搏精神和奋发图强的意志。女排的不畏艰难、顽强拼搏、团结协作的女排精神也时刻激励着国人。

二、排球项目竞赛规则

排球是一项集体比赛项目，每队由 12 名队员组成，两队各派 6 名队员在由球网分开的场地上进行比赛。

比赛的目的是各队遵照规则，将球击过球网，使其落在对方场区的地面上，而防止球落在本方场区的地面上。每队可击球 3 次（拦网触球除外），将球击回对方场区。

比赛由发球开始，发球队员击球使其从网上飞至对方场区，比赛由此连续进行，直至球落地、出界或某一队不能合法地将球击回对方场区。

排球比赛采用五局三胜制，胜三局的队胜一场。比赛中，某队胜 1 球，即得 1 分（每球得分制）。接发球队胜 1 球时得 1 分，同时获得发球权，队员按顺时针方向轮转一个位置。每局比赛（决胜局第五局除外）先得 25 分并同时领先对手 2 分的队胜一局。当比分为 24:24 时，比赛继续进行至某队领先 2 分（26:24，27:25…）为止。决胜局先得 15 分并同时领先对手 2 分的队获胜。当比分为 14:14 时，比赛继续进行至某队领先 2 分（16:14，17:15…）为止。

（一）发球犯规

发球犯规包括发球击球时的犯规和发球击球后的犯规。

发球击球时的犯规：①发球次序错误；②发球队员在击球时或击球起跳时，踏及场区（包括端线）或发球区以外地面；③发球队员在第一裁判员鸣哨允许发球后 8 秒钟内未将球击出；④球未被抛起或持球手未清楚撤离就击球；⑤双手击球或单手将球抛出、推出；⑥将球抛起准备发球却未击球。

发球击球后的犯规：①球触及发球队其他队员或球的整体没有从过网区内通过球网的垂直平面；②界外球；③球越过发球掩护的个人或集体（在发球时，某一队员或两名以上队员密集站位或挥臂跳跃、移动遮挡接发球队员，且发出去的球从他或他们上空飞过，则构成个人或集体发球掩护犯规）。

（二）位置错误

排球规则规定，当发球队员击球时，如果场上队员不在其正确位置上，则构成位置错误犯规。下列情况之一者均为位置错误犯规：①发球队员击球时，场上其他队员未完全站在本场区内；②发球队员击球时，场上队员未按“每一名前排队员至少有一只脚的一部分比同列后排队员的双脚距中线更近”的规定站位；③发球队员击球时，场上队员未按“每一名左边（右边）队员至少有一只脚的一部分比同排中间队员的双脚距左（右）边线更近”的规定站位。

（三）击球时的犯规

（1）连击犯规。排球比赛时，运动员身体任何部分均可触球，但一名队员（拦网队员除外）连续击球两次或球连续触及其身体的不同部位即为连击犯规。但在第一次击球时，允许队员在同一击球动作中，球连续触及其身体的不同部位。

（2）持球犯规。排球运动员在比赛中，身体任何部分均可触球，但球必须被击出，不得接住或抛出，否则即为持球犯规。

（3）四次击球犯规。一个队连续触球四次（拦网除外）为四次击球犯规。队员不论是主动击球还是被动触及，均算该队员击球一次。

（4）借助击球犯规。队员在比赛场地内借助同伴或任何物体的支持进行击球，皆为借助击球犯规。

（5）队员在球网附近的犯规。队员在球网附近的犯规包括过网击球犯规、过中线犯规、触网犯规和网下穿越进入对方空间妨碍对方比赛犯规等。对方进攻性击球前或击球时，在对方空间触及球为过网击球犯规。比赛进行中，队员整只脚、手或身体其他任何部分越过中线并接触对方场区，为过中线犯规。比赛过程中，队员触网或触标志杆不是犯规。但队员在击球时或干扰比赛情况下的触网或触标志杆为犯规。队员击球后可以触及网柱、全网长以外的网绳或其他任何物体，但不得影响比赛。比赛过程中，在不妨碍比赛的情况下，允许队员在网下穿越进入对方空间。若网下穿越进入对方空间的队员妨碍了对方比赛则为犯规。

（6）同时击球。双方队员或同队队员可以同时触球。同队的两名或两名以上队员同时触到球，被计为两次或两次以上击球（拦网除外）。双方队员在网上同时击球后，如果球落入场内，应继续比赛，获得球的一方仍可击球三次。

（7）拦网犯规。拦网犯规包括过网拦网犯规、后排队员拦网犯规、拦发球犯规和从标志杆外伸入对方空间拦网犯规几种情况。在对方进攻性击球前或击球时，在对方空间拦网触球为过网拦网犯规。判断过网拦网的依据是进攻队员与拦网队员触球时间的先后。后排队员或后排自由防守队员完成拦网或参加了完成拦网的集体，为后排队员拦网犯规。拦对方发过来的球为拦发球犯规。从标志杆外伸入对方空间拦网并触球为拦网犯规。

（8）后排队员进攻性击球犯规。后排队员在前场区内或踏及进攻线（或其延长线），将整体高于球网上沿的球，击过球网垂直面或触及对方拦网队员，则为后排队员进攻性击球犯规。

（四）暂停和换人

在比赛中，每队最多可以请求 2 次暂停和 6 人次换人。暂停时间限制为 30 秒钟。第 1～4 局，每局另外有 2 次时间各为 60 秒钟的技术暂停，每当领先队达到 8 分和 16 分时自动执行。决胜局（第 5 局），没有技术暂停，每队在该局中可请求 2 次 30 秒钟的普通暂停。自由防守队员的有关规定。排球比赛的各队可以在最后确认的 12 名队员中选择 1 名作为自由防守队员（Libero）。自由防守队员身着区别于其他队员颜色的服装。比赛前，自由防守队员必须登记在记分表上，并在旁边注明“L”字样，其号码必须登记在第一局上场阵容位置表上。自由防守队员仅作为特殊的后排队员参加比赛，在任何位置上（包括比赛场区和无障碍区）都不得将高于球网的球直接击入对方场区完成进攻性击球。自由防守队员不得发球、拦网或试图拦网。自由防守队员在前场区进行上手传球且所传球的整体高于球网上沿时，其同伴不得在高于球网处完成对该球的进攻性击球。

思　考　题

1．排球运动有哪些技能，结合教材制定一个适合自身特点的排球技能训练计划。

2．大学生从事排球运动有什么好处？

第四章 足球运动

足球运动是世界上最受人们喜爱、开展最广泛、影响最大的体育运动项目，被誉为“世界第一运动”。有些国家将足球定为“国球”。据不完全统计，现在世界上经常参加比赛的球队约有 80 万支，登记注册的运动员约 4 000 万人，其中职业运动员约 10 万人。

足球运动有如此大的魅力，不仅是因为足球运动孕育着丰富的内涵，而且也与足球运动的特点和作用有关。

第一节 足球运动基本知识概述

学习足球运动就得了解足球运动的特点、起源、发展、意义等相关的基本知识，理性认识足球运动的规律，只有这样，我们才能正确认识和评价足球运动。

一、足球运动的特点和意义

（一）足球运动及其特点

足球是一项以脚支配球为主，两队攻与守相对抗，以射球入门多少判定胜负的球类运动。在世界性的各项体育比赛中，足球比赛的场面壮观，竞争激烈，颇具魅力。足球运动具有以下特点。

（1）整体性。足球比赛每队由 11 人上场参赛。场上的 11 人思想要统一，行动要一致，攻则全动，守则全防，整体参战意识要强。只有形成整体的攻守，才能取得比赛的主动权及良好的比赛结果。

（2）对抗性。足球运动是一项竞争激烈的对抗性项目，比赛中双方为争夺控球权，达到将球攻进对方球门，而又不让球进入本方球门的目的，展开短兵相接的争斗，尤其是在两个罚球区附近时间、空间的争夺更是异常凶猛，扣人心弦。一场高水平的比赛，双方因争夺和冲撞倒地次数可达 200 次以上，可见对抗之激烈。

（3）多变性。足球运动是一项技术上多姿多彩、战术上变幻莫测、胜负结局难以预测的非周期性运动项目，比赛中运用技、战术时要受对手直接的干扰、限制和抵抗。技、战术是依临场中具体情况而灵活机动地加以运用和发挥。

（4）艰辛性。足球比赛中，运动员要在近 8 000 平方米的场上奔跑 90 分钟，跑动距离少则 6 000 米，多则 10 000 米以上，而且还要伴随着完成上百个有球和无球的技术动作，若平局后需决定胜负的比赛则要加时 30 分钟，如仍无结果，还需要以踢点球决定胜负，因而运动员的能量消耗是很大的。一名运动员在一场激烈的比赛后体重可下降 2～5 千克。

（5）易行性。足球竞赛规则比较简练、明了，器材设备要求也不高。一般性足球比赛的时间、参赛人数、场地和器材也不受严格限制，因而是全民健身中一项十分易于开展的群众性体育运动项目。

（二）足球运动的意义

（1）有利于良好的心理品质及思想品德的形成。经常从事足球运动，不仅对良好性格的形成能产生巨大的影响，而且还可以培养人的意志力、自制力、责任感及勇敢顽强、机智果断、坚忍不拔、勇于克服困难、团结协作、等思想品德。

（2）有利于增强体质、促进健康。足球运动是全面锻炼和健全体魄的良好手段，是全民健身活动中一项行之有效的体育运动项目。经常从事足球运动，可以提高人们的力量、速度、灵敏度、耐力、柔韧等身体指数，并能使人的高级神经活动得到改善，尤其是能增强人体的心血管系统、呼吸系统等内脏器官的功能，从而促进人体的健康。据测定，一名优秀的足球运动员的肺活量比正常人要多 2 000～3 500 毫升，安静时的心率要比正常人低 15～22 次/分。

（3）有利于精神文明建设。今天，足球已成为我国许多城市中人们生活的一部分。人们从踢足球中得到了情绪体验，从看足球中得到了艺术享受，从谈论足球中得到了思想交流，足球运动丰富了人们的业余文化活动，提高了人们的生活质量。

（4）有利于振奋民族精神。在重大国际足球比赛中取胜，能激发人民团结拼搏、进取向上的精神和爱国主义热情。例如喀麦隆足球进入世界杯前 8 名时，总统拜耶授予守门员恩科诺和前锋米拉最高公民爵位——“勇敢勋爵”，对全体队员及教练员也授予“勇敢勋章”。他在讲话中称赞他们为整个非洲提供了一个经验，即“团结一致，为争取胜利而奋斗”。

（5）有利于人际交往与国际交往。随着全民健身运动的推进，各种各样的足球赛事频繁，其中相当一部分比赛可以发展社会交往，协调人际关系，形成一个单位或社会的凝聚力，有利于创造一个安定团结、民主和谐、健康文明、生动活泼的社会环境。在国际上，足球运动已成为各国之间政治、经济、文化交流的一种重要工具。它可以加强各国人民的相互了解，扩大文化交流，增进友好团结，促进世界和平，营造良好的国际环境，现代足球运动的作用和影响，已远远超出了足球运动本身的范围。

二、足球运动的起源及在我国的发展

（一）足球运动的起源

现代足球（Football（英）/Soccer（美））运动诞生于英国。1863 年 10 月 26 日，剑桥大学、牛津大学和凯尔波里特专科学校与伦敦周围地区 11 个最主要的俱乐部和学校，举行联席会议，创立了英格兰足球协会。这一天被称为现代足球的诞生日。两个月后，英格兰足球协会制定出世界上第一个统一的足球规则。

1872 年，足球运动史上的第一次正式比赛在英格兰和苏格兰之间进行，即泛英足球比赛。在此后 30 年，足球运动逐渐风靡英国和欧美各国。1900 年，足球首次在奥运会上露面。1908 年，足球被正式批准为奥运会比赛项目。1930 年，乌拉圭成功举办了第一届世界足球锦标赛。1904 年 5 月 21 日，国际足球联合会（FIFA）在法国巴黎成立，总部设在瑞士苏黎世。这标志着足球作为一项世界性的体育项目登上了国际体坛，足球运动在更加广泛的范围内开展起来，影响也越来越大。国际足联从最初的 7 个会员国，发展到现在的 190 多个，是世界上最大的国际单项体育组织。其举办的重大比赛包括：4 年一届的世界杯足球赛、奥运会足球赛、世界青年足球锦标赛和女子世界杯足球赛，此外还有许多洲际比赛。

（二）足球运动在我国的发展

1955 年 1 月，中国足球协会成立，并从 1956 年开始在全国举行甲、乙级足球联赛，并实行了等级运动员和裁判员制度。在 1958 年全国足球训练工作会议上，首次提出了“勇、快、巧、准”的中国足球风格，明确了我国足球运动的发展方向。在 1959 年第 1 届中华人民共和国全国运动会上，足球被列为正式比赛项目。1960 年“中、朝、越、蒙”四国足球对抗赛中，中国队夺得冠军。至此，我国足球运动水平达到建国以来的第一个高潮。

20 世纪 60、70 年代正是世界足球运动突飞猛进的时期，特别是 1974 年第 10 届世界杯赛，足球运动进入了全攻全守的发展阶段。

1981～1982 年间，中国足球队在第 12 届世界杯预赛亚太区决赛中获得第 3 名。1984 年获得第 8 届亚洲杯足球赛亚军。

1987 年中国足球队参加了第 24 届奥运会足球预选赛，并获小组出线权，终究实现了冲出亚洲的夙愿。

1992 年，经中国足协研究决定从德国聘请著名教练施拉普那执教中国队，同年，中国队参加了在日本广岛举办的第 10 届亚洲杯足球赛，获得了第 3 名。

当今足球运动发展迅速，亚洲各队的水平都在提高，就在 1993 年世界杯预选赛亚洲赛区小组比赛中，中国队虽努力拼搏，但最终未获小组出线权。当今我国的足球运动发展，还处于世界中下游水平，在亚洲的成绩也不稳定。因此，中国足球要想真正在亚洲强队中站稳，冲出亚洲，特别是赶超世界足球强国，尚需踏踏实实勇于探索，并进行坚持不懈的努力。

第二节　足球运动技能及训练方法

足球技术在比赛中有着特殊的地位，它是完成战术配合、决定战术效果的前提和保证。著名的前联邦德国足球教练绍恩曾说过：“足球运动最重要的决定性部分是技术。”随着现代足球比赛攻守速度的不断加快、对抗争夺的日趋激烈，对足球技术也提出了更高的要求。

一、踢球技能及训练方法

踢球指运动员有目的地用脚把球击向预定目标的技术。踢球是足球技术中最重要的技术，主要用于传球和射门。踢球的方法很多，主要有脚内侧踢球，脚背正面踢球，脚背内侧踢球，脚背外侧踢球，脚尖踢球和脚跟踢球。这些动作结构完全一致，均由助跑、支撑脚站位、踢球腿摆动、脚触球、踢球后的随前动作 5 个环节组成。

（一）脚内侧踢球（又称脚弓踢球）

（1）脚内侧踢定位球。如图 4-1 所示，直线助跑，支撑前的最后一步稍大些，支撑脚站在球的侧面约 15 厘米处，脚尖正对出球方向，支撑腿膝关节微屈。在支撑脚着地时，踢球腿大腿带动小腿由后向前摆动，在前摆的过程中大腿外展，当膝关节摆动至接近球的正上方时，小腿做爆发式摆动，在触球前将脚跟送出使得脚内侧部位所形成的平面与出球方向垂直，踢球脚脚尖微微翘起，脚底与地面平行，踝关节功能性地紧张使脚型固定，触（击）球后身体跟随向前移动。

（2）脚内侧踢空中球。如图 4-2 所示，根据来球速度和运行轨迹及时移动到位，踢球腿的大腿抬起并外展，小腿绕额状轴后摆，而后小腿由后向前摆动，当摆至额状面时与球接触，击球的中部。

图 4-1　脚内侧踢定位球

图 4-2　脚内侧踢空中球

（二）脚背正面踢球（又称正脚背踢球）

（1）脚背正面踢定位球。如图 4-3 所示，直线助跑，最后一步稍大些，支撑脚积极着地支撑，在球的侧面 10～12 厘米处，脚尖正对出球方向，膝关节微屈，踢球腿随跑动向后摆动，小腿弯曲，支撑的同时踢球腿以髋关节为轴，大腿带动小腿由后向前摆动。当膝关节摆至接近球的正上方时，小腿做爆发式的摆动，脚趾屈，以脚背正面部位击球的后中部。击球后身体及踢球腿随球前移。

图 4-3　脚背正面踢定位球

（2）脚背正面踢反弹球。根据来球的速度、运行轨迹、落点，支撑脚踏在球落点的侧面。在球落地时，踢球腿爆发式前摆，在球刚弹离地面时，用脚背正面击球的中部，并控制小腿的上摆（送髋、膝关节向前平移），出球则不会过高。

（3）凌空踢倒勾球。根据来球的速度、运行轨迹，选好击球点，及时移动到位，以踢球腿为起跳腿蹬地起跳，同时另一腿上摆，身体后仰腾空，眼睛注视来球，蹬地腿在离地后迅速上摆的同时，另一腿则向下摆动，以脚背正面击球的后部。踢球后，两臂微屈，手掌向下，手指指向头部相反方向着地，屈肘，然后背、腰、臀部依此滚动式着地。

（三）脚背内侧踢球（又称内脚背踢球）

（1）脚背内侧踢定位球。如图 4-4 所示，斜线助跑，助跑方向与出球方向约成 45° 角，最后一步稍大，以支撑脚底积极着地，脚尖指向出球方向，距球内侧后方 20～25 厘米，膝关节微屈。在支撑同时，踢球腿已完成后摆，并开始以髋关节为轴大腿带动小腿由后向前摆动，当大腿摆至与支撑腿接近同一平面时，小腿做爆发式摆动，此时脚尖外转、脚背绷直，以脚背内侧部位触击球。击球后踢球腿及身体继续随球向前。

图 4-4　脚背内侧踢球

（2）脚背内侧转身踢球。助跑结束前倒数第二步应向球的侧前方跨出（即与出球方向在支撑脚一侧的侧前方），最后一步略跳动并伴随转身支撑，脚尖对准出球方向，膝关节微屈，身体向支撑脚一侧倾斜，其余各环节与踢定位球同。

（3）脚背内侧踢反弹。根据来球的落点及时移动到位，在球离地（反弹）的瞬间踢球，其他的动作要求与踢定位球相同。这种踢球方法多用于踢侧方或侧前方来的由空中下落的球。

（四）脚背外侧踢球（又称外脚背踢球）

由于踢这种球的脚踝灵活性较大，摆腿方向变化较多，且助跑时又是正常的跑动姿势，故其出球隐蔽性较强。足球比赛中各种距离的弧线球及非弧线球均可使用。

（1）脚背外侧踢定位球。助跑、支撑脚站位及踢球腿摆动均与脚背正面踢球技术的 3 个环节相同，脚触球是用脚背外侧部位。此时要求膝关节和脚尖内转，脚背绷紧，触（击）球后身体随踢球腿的摆动前移。

（2）脚背外侧踢地滚球。可用于踢正前方、侧前方及侧后方来的地滚球。踢球的动作、规格要求与踢定位球相同，但支撑脚站位时应考虑球的滚动速度，以保证在脚触球的瞬间支撑脚与球的相对位置符合规格要求。

（3）脚背外侧踢反弹球。与脚背正面踢反弹球的方法相同，只是接触球时用脚背外侧部位触（击）球。

（五）脚尖踢球（又称脚尖捅球）

由于脚尖踢球时出球异常迅速，雨天场地泥泞时多使用这种踢法。还可以借助踢球腿的最大长度，踢那些距离身体较远的球。具体方法是用支撑脚跳跃上步，踢球腿屈膝前跨，髋关节尽量前送，两臂上摆协助身体向前，小腿前伸，在踢球脚落地前用脚尖捅球的后中部。

（六）脚跟踢球

这是用脚跟（跟骨的后面）接触球的一种踢球方法。球在支撑脚外侧时，踢球脚在支撑脚前面交叉摆到支撑脚外侧用脚跟击球。球在支撑脚内侧时，踢球脚后摆用脚跟踢球。虽然由于人体结构的特点，决定了这种踢球方法（大腿微伸小腿屈）产生的力量小，但其出球方向向后，故有隐蔽性和突然性。

二、接球技能及训练方法

接球是指运动员有目的地用身体的合理部位把运行中的球停下来，控制在所需要的范围内，以便更好地衔接下一个技术动作。接球的方法有多种，常用的有脚内侧、脚背正面、脚底、大腿、胸部、头部等部位的接球。

（一）脚内侧接球

由于脚触球面积大，动作简单，较易掌握，比赛中经常使用这种技术接各种地滚球、反弹球、空中球。

（1）接地滚球。如图 4-5 所示，身体正对来球，判断来球的速度和方向，选好支撑脚位置，膝关节微屈。接球脚根据来球的状态相应提起，膝、踝关节旋外，脚趾稍翘，用脚内侧对准来球，触球刹那，接球部位做相应的引撤或变向接球动作，将球控在所需要的位置上。

（2）接反弹球。如图 4-6 所示，接球腿小腿应与地面形成一定的夹角，向下做压推动作时，膝要领先，小腿留在后面。

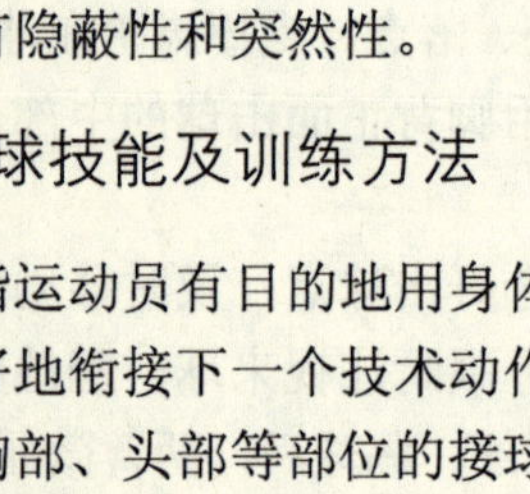

图 4-5　接地滚球

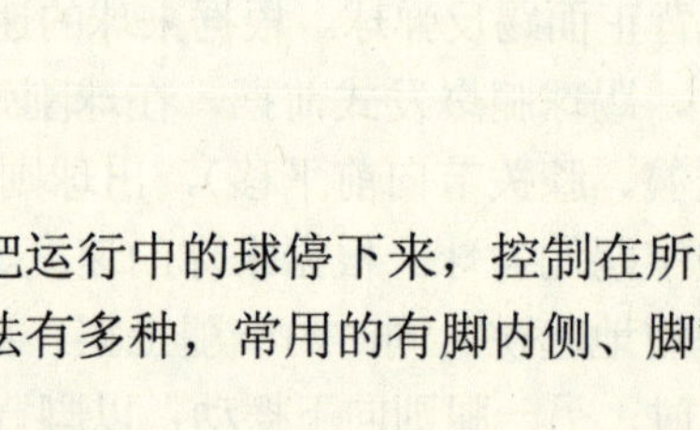

图 4-6　接反弹球

（3）接空中球。如图 4-7 所示，接球腿要屈膝抬起，可根据需要采用引撤或切挡动作，接球落地后应随即将球在地面控制住。

（二）脚背正面接球

此方法多用于接有较大抛物线的来球。如图 4-8 所示，根据球的落点，及时移动到位，脚背正面上迎下落的球，当球与脚面接触的一瞬间，接球脚与球下落的速度同步下撤，此时接球腿膝关节、踝关节、脚趾均保持适度的紧张，脚尖微翘将球接到需要的地方。

图 4-7 接空中球

图 4-8 脚背正面接球

（三）脚底接球

由于脚底接球技术便于掌握，易于将球接到位置，故常被用来接各种地滚球和反弹球。

（1）脚底接地滚球。身体正对来球方向，移动前迎，支撑脚站在球的侧面（或前或后均可），脚尖正对来球方向，膝关节微屈。同时接球腿提起，膝关节微屈，脚背略屈，使脚底与地面约小于 45°（且脚跟离开地面），一般以前脚掌接触球的上部为宜。在触球瞬间接球脚可轻微趾屈（前脚掌下点）将球停住，也可根据需要在接球同时将球推向前方或拉向身后。

（2）脚底接反弹球。根据来球落点，及时前移迎球，支撑脚站在落点侧后方，脚尖正对来球方向，球落地瞬间，用前脚掌去触球的中上部，微伸膝，用脚掌将球接在体前。若需接球到身后则应在触球瞬间继续屈膝，将球回拉，并伴随支撑脚以前脚掌为轴旋转 90° 以上。

（四）大腿接球

大腿接球一般可以用来接抛物线较大的高空球和略高于膝的低平球。

图 4-9 大腿接球

（1）接抛物线较大的下落球。如图 4-9 所示，面对来球方向，根据球的落点迅速移动到位，接球腿大腿抬起，当球与大腿接触的瞬间大腿下撤将球接到需要的位置上。

（2）接低平球。面对来球方向，根据来球高度，接球腿大腿微屈，送髋前迎来球，当球与大腿接触瞬间收撤大腿，使球落在所需要的位置上。

（五）胸部接球

由于胸部接球部位较高，加之胸部面积大、肌肉较丰满等特点，动作易于掌握，故是接高球的一种好方法。胸部接球包括挺胸式、收胸式两种方法。

（1）挺胸式接球。接球时，身体正对来球，两腿自然开立，膝微屈，两臂在体侧自然屈抬，上体稍后仰与来球形成一定的角度。触球刹那，胸部主动挺送，使球触胸后向前上方弹起落于体前。一般用于接有一定弧度的高球。

（2）收胸式接球。面对来球，两脚左右或前后开立，两臂自然张开，挺胸迎球，触球瞬间收胸、收腹、臀部后移将球接在体前。若需将球接在体侧时，则触球瞬间转体将球接在转体后相应的一侧。多用于接齐胸高的平直球。

（六）头部接球

高于胸部的来球可用头部接球。根据球的运行路线，面对来球，用前额正面接触球的中下部。下颌微抬，两臂自然张开，提踵伸膝。触球瞬间全脚掌着地，屈膝、塌腰、缩颈，全身保持上述姿势下撤将球接在附近。

三、运球

运球是运动员在跑动中用脚连续推拨球，使球处于自己控制范围内的动作。常用的运球技术有脚内侧、脚背正面、脚背外侧、脚背内侧运球。

（一）脚内侧运球

运球前进时支撑脚位于球的侧前方，肩部指向运球方向，支撑腿膝关节微屈，重心放在支撑腿上，另一条腿提起屈膝，用脚内侧推球前进，然后运球脚着地。由于肩部指向运球方向，身体侧转，虽然移动速度较慢，但身体前倾有利于将对方与球隔开，因而这种技术多用在运球中做配合传球，或有对方阻拦需用身体做掩护时。

（二）脚背正面运球

运球时身体持正常跑动姿势，上体稍前倾，步幅不宜过大，运球腿提起，膝关节稍屈，髋关节前送，提踵，脚尖下指，在着地前用脚背正面部位触球后中部将球推送前进。

由于脚背正面运球时身体持正常跑动姿势，故可以发挥出较快的速度，因而这种技术多用在运球前方一定距离内无对手阻拦时。

（三）脚背外侧运球

如图 4-10 所示，运球时身体持正常跑动姿势，上体稍前倾，步幅不宜过大，运球腿提起，膝关节稍屈，髋关节前送，提踵，脚尖绕矢状轴向内旋转，使脚背外侧讵对运球方向，在运球脚落地前用脚背外侧推拨球的后中部。

图 4-10　脚背外侧运球

脚背外侧运球时，身体姿势与正常跑动时相同，因而可以发挥出较快的速度，故与脚背正面运球有相同的用途。另外，利用脚踝关节的动作可以很快改变脚背外侧面所正对的方向，故在运球脚一侧改变方向时也多采用这种运球方法。这种方法能用身体将对手与球隔开，故掩护时也常使用。

（四）脚背内侧运球

身体稍侧转并协调放松，步幅小，上体前倾，运球腿提起外展，膝微屈外转，提踵，脚尖外转，使脚背内侧正对运球方向，在运球脚落地前用脚背内侧推拨球，使球随身体前进。

脚背内侧运球由于身体稍侧转，不能采用正常跑动姿势，因而不适用于高速运球。但由于接触部位和支撑位置的特点易于完成向支撑脚一侧的转动，故多用于向支撑脚一侧的变向运球。

四、头顶球

头顶球技术是传球、射门、抢断的有效手段，特别是争高空球时头顶球技术更为重要。顶球技术的特点是争取时间，不需要等球落地就可以在空中直接处理来球。因此，它可以争取时间上的优势和主动。

顶球一般分为正额顶球和额侧顶球两种。具体方法有原地、助跑跳起（单脚和双脚）和鱼跃式顶球等。

（一）正额原地顶球

面对来球，两脚前后开立，膝微屈，重心放在两脚上。顶球前，上体先后仰，重心移到后脚上，两臂自然摆动，维持身体平衡，两眼注视来球。顶球时，两腿用力蹬地，迅速伸直，上体由后向前快速摆动，借助腰、腹和颈部力量，用前额正面将球顶出。顶球过程中，身体重心从后脚移到前脚，然后再单脚跳起顶球。

（二）助跑单脚跳起顶球

起跳前要有 3～5 步的助跑。最后一步踏跳时要用力，步幅要稍大些，踏跳脚以脚跟先着地再迅速移到脚掌，同时另一腿屈膝上提，两臂向上摆动。身体腾起后上体随之后仰。顶球时，上体由后向前摆动，借助腰、腹和颈部力量将球顶出。然后两脚自然落地。

（三）鱼跃头顶球

对于离身体较远的低空球来不及移动到位处理，必须抢点击球时（如抢救险球、射门等）可使用鱼跃头顶球技术。当判断好来球的路线和选择好顶球点后，以单脚或双脚用力向前蹬地，身体接近水平态向前跃出，同时两臂微屈前伸，手掌向下，眼睛注视来球，利用身体向前跃出的冲力，以额头正面顶球。顶球后，两手先着地，手指向前，接着以胸部、腹部和大腿依此着地。

五、抢断

抢断技术是一种积极有效的防守手段。抢断是防守技术的综合体现，是用争夺、堵截、破坏等方式的延续或阻拦对方进攻的一种技术。一旦把球争夺过来，这就意味着组织进攻的开始。

（一）正面抢断

在对方带球队员迎面而来时，便可采用这种抢断方式。两脚前后稍开立，两膝稍屈，身体重心下降，并均匀落在两脚上，面向对手。当对方带球或触球即将着地或刚刚着地时，立即抢球。抢球脚的脚弓正对球，并跨出一步，膝关节弯曲，上体前倾，身体重心移至抢球脚上。如对方已有准备，在双方脚同时触球时，脚触球后要顺势向上提拉，使球从对方脚背滚过，身体迅速跟上，把球控制住。双方上体接触时，抢球人可用合理部位冲撞对方，使之失去平衡，从而将球控制在自己脚下。

（二）侧面抢断

当防守队员与带球进攻的队员并肩跑动，或二人争夺迎面来球时，双方都可采用这种抢断方式。当与对方平行跑动争球时，身体重心要降低，两臂贴紧身体。在对方靠近自己的脚离地时，可用肩和上臂做合理的冲撞动作，使对方身体失去平衡，从而把球抢过来。

（三）后面抢断（铲球）

这是抢断技术中较困难的一种，一般是在用其他方法抢不到球时才采用铲球方式。

铲球有两种方法：一种是脚掌铲球，另一种是脚尖或是脚背铲球。

当防守人追至离运球人右后方 1 米左右时，可用右脚掌或左脚尖（脚背）进行铲球．在运球人的左侧时，则用左脚掌或是右脚尖（脚背）进行铲球。如用右（左）脚掌铲球，可在运球人刚刚将球拨出时，先蹬左（右）腿，跨右（左）腿，膝关节弯曲，以脚外侧从地面滑出，用脚掌将球踢出。然后小腿、臀部、上体依次着地，身体随铲球动作向前滚动。

重要提示

铲球脚离地面超过球的高度，易伤害对手造成犯规。

六、假动作

假动作是指运动员在比赛中，为了隐蔽自己真实动作意图，利用各种动作的假象，来调动迷惑对方；使对方对其动作产生错误的判断或失去身体重心，造成对自己有利的形势，从而取得时间、空间位置的优势，达到自己真实动作的意图。

（一）踢球假动作技术

如图 4-11 所示，运动员已控制球或正准备控制球，准备与同伴配合及接球时，对手前来堵抢，挡住其路线时，先可向一方做假动作，当对手以假当真去封堵假动作路线时，应突然改变踢球脚法将球传或接向另一方面。

图 4-11 踢球假动作技术

（二）头顶球与胸接球假动作技术

当队员面对胸部以上的高空来球，准备接时，对手迎面逼近准备抢截，此时接球的队员做出胸或头、接或顶的假动作诱使对手立定，以假当真，在其封堵接、传路线时，突然改变动作，用头或胸将球顶出或接住。

（二）运球假动作技术

运球假动作技术在比赛中是最常见的，它不仅用来突破正面对手，而且可以用来摆脱来自侧面和后面的对手。

图 4-12 运球假动作技术

如图 4-12 所示，对手迎面跑来抢截球时，可用左（右）脚的脚背内侧扣拨球动作结合身体的虚晃动作，诱使对手的重心发生偏移，然后用左（右）脚的脚背外侧向同侧方向拨运球越过对手。

对手从侧面来抢截球时，先做快速向前运球动作，诱使对手紧追，这时突然减速伴做停球假动作，当对手上当时，再突然起动加速推球向前甩掉对手。

当对手从身后来抢截球时，运球者用左（右）脚掌从球的上方擦过，做大交叉步，身体也随动作前移，诱使对手向运球者的移动方向堵截，然后以运球脚后前脚掌为轴，突然向右（左）后方转身，再用右（左）脚脚背内侧将球扣回，把对手甩掉。

第三节 足球运动的基本战术

足球战术是指在比赛攻守过程中，为了战胜对手，根据主客观实际所采取的个人行动和集体行动的总称。战术在比赛中的作用是将集体力量组织起来，发挥每一个球员的特长，根据对手和自己的情况，采用一定的阵型和配合方法，使球员在技术、身体素质、战术意识方面发挥较高水平，取得比赛优异成绩。

根据攻防的基本特点，足球战术可分为比赛阵形、进攻战术、防守战术三部分。

一、比赛阵形

为了适应攻守战术的需要，全队队员在场上的位置排列和职责分工称为比赛阵形。比赛阵形是本队攻守力量搭配和分工的形式。

根据队员的职责和排列的层次分为后卫线、前卫线和前锋线。阵形的人数排列原则是从后卫数向前锋的，守门员不计算。

目前，世界上普遍采用的阵形有“4-3-3”、“4-4-2”、“4-1-2-3”、“3-5-2”等。在以上阵形中，除“4-4-2”阵形以防守为主，反击为辅外，其他阵形均以进攻为主。尤以“3-5-2”阵形更为突出。

选择阵形要以本队队员的特长、技能、技术水平与赛队的特点为依据。此外，阵形绝不是僵化的规定，每个队员都应在明确基本位置和主要职责前提下，进行创造性的活动。

二、局部配合进攻战术

（一）“二过一”战术配合

二过一战术配合是指两个进攻队员在局部地区通过两次或两次以上的连续传球配合，越过一个防守队员的战术行动。“二过一”是集体配合的基础，可以在任何场区、任何位置上运用这种方法来摆脱对方的抢断或突破防线。“二过一”是进攻的两个队员之间相距 10 米左右，进行一传一切的配合。要求传球平稳及时，一般多用“脚内侧”、“脚外侧”等脚法，以传地平球为主。球传的位置，尽可能是接球人脚下或前面二三步远的地方。

（二）“三过二”战术配合

“三过二”是在比赛场地中的局部地区，通过 3 个进攻队员的连续配合突破两个防守队员的防守。由于这种配合有两个同队队员可以同时接应传球，因此使持球人传球路线更多，且进攻面也更大。

三、整体进攻战术

整体进攻战术是指在比赛中一方获得球后，通过队员之间的传递配合达到射门的目的而采用的配合方法。与局部进攻战术相比较，整体进攻战术具有进攻面更加扩大、进攻和反击速度更加快速等特点。

（一）边路进攻

边路进攻一般是围绕边锋进行的配合方法，因此边锋的速度要快，个人突破能力要强，传中技术要突出。其方法是由守转攻时，获球队员将球传给边锋或其他边路上的队员，从边路发起进攻，经过局部配合突破后，一般采用下底和回扣传中方式，将球传到中央，由其他队员包抄射门。

（二）中路进攻

中路进攻时，必须要求边锋拉开，借以牵制对方的后卫，诱使对方中间区域出现较大的空隙，为中路进攻创造有利条件。前场和中场队员要机动灵活地跑位，以有效调动来拉开对方的防线。进攻的推进应有层次和梯队。传球要准确，技术动作应在跑动中准确简练地完成。

（三）快速反击

比赛中当攻方进攻时，后卫线往往压至中场附近，防守人数也由于插上进攻和助攻而相对减少，此时如防守方能抓住对方防区空隙较大和回防速度较慢的机会，乘攻方失球之机发动快速反击，往往能取得良好的效果。但其难度较大，既要冒险，又要有准确、快速的传切配合技能。

四、局部配合防守战术

（一）补位

补位是足球比赛中在局部地区队员集体进行配合的一种方法。当防守过程中，一个防守队员被对手突破时，另一个队员应立即上前进行封堵。

（二）围抢

围抢是足球比赛中在某局部位置上，防守一方利用人数上的相对优势（通常是两三个队员）同时围堵对方的持球队员，以求在短暂时间内达到抢断球或破坏对方进攻（防守）的目的。

（三）造越位战术

造越位战术是利用规则而设计的一种防守战术，是一种以巧制胜的省力打法，因而成为一种重要的防守手段。由于该战术配合难度较大，搞不好会适得其反，让对手钻空子，因此，往往为水平较高的球队所采纳，但也不宜过多运用。

五、整体防守战术

整体防守战术主要有盯人防守、区域防守和综合防守 3 种。

（一）盯人防守

盯人防守是指被盯防的对手不管跑到哪个位置就盯防到哪里。盯人防守分为全场盯人和半场盯人。这种防守方法是对口盯人，分工明确，但体力消耗大，一旦被突破，很难补位，会使整个防线出现很大的漏洞。因此，在比赛中，单纯采用人盯人防守方法是不利的。

（二）区域防守

由攻转守时，根据场上位置的分布，每个防守队员负责防守一定的区域，当对方队员跑到本区域时，就负责盯防，离开这个区域，就不再跟踪盯防。这种战术较为省力。但是，对方可以任意交叉换位，容易造成局部以少防多的被动局面。因此，目前在比赛中已很少采用这种防守方法。

（三）综合防守

综合防守是指盯人防守与区域防守相结合的防守方法。综合防守是目前在比赛中普遍采用的一种防守方法，它集中了盯人防守和区域防守的优点，从而在防守中能根据场上情况进行逼抢，盯人、保护与补位，以达到防守的目的。

第四节 足球运动的精神文化传承

在足球运动发展的过程中，逐步形成了足球运动的制度文化、精神文化和舞台文化，涌现了一批足球精英。我们弘扬足球文化，学习足球精英的拼搏精神，有利于推动足球事业的发展和个人的健康成长。

一、从“侏儒”到“巨人”——足球天才梅西的成长艰辛路

里奥内尔·安德雷斯·梅西，10 年前他是一个侏儒，10 年后他是一个巨人。在 10 多年前他只有 1 米 2 儿，一个 12 岁的孩子只有 1 米 2 儿。

球探阿帕里西奥当时正在找人来参加 5 岁孩子的友谊赛，他看到了梅西。小地方是个熟人社会，很快，阿帕里西奥发现自己认识梅西的家人。梅西家的房子距离俱乐部只有几站地。阿帕里西奥甚至还教过梅西的两个哥哥踢球：罗德里格和马蒂亚斯。阿帕里西奥问梅西的母亲赛莉娅能不能带梅西去踢球。“她回答‘不，不，他不会踢球，他太小了’。梅西的姥姥当时也在，她说‘让他踢吧，至少不会有坏处’。最后，梅西的母亲让步了。为了让她放心，我说‘我把梅西安排在右路，这样一旦他哭了，或者感觉不舒服，你就近就能发现’。”谁曾想到，梅西的球风和场上位置就此得到了确定，至今没有改变。

（一）艰难的梅西

1998 年 1 月，梅西开始了治疗，每天都要进行注射。给自己打针很难，每天都给自己打一针更难，但小小的梅西没有说什么，反而很快适应了这种生活。梅西的同级生兼好友卢卡斯·萨格里亚（Lucas Scaglia）说："他经常来我家，有时留下来过夜。他总会带着他的箱子来，一进门就放到冰箱里。到了晚上，他会去厨房，给自己打针，然后回来，好像什么都没发生一样。他对此好像从来都不害怕，也不介意。"梅西说："对我来说，打针就跟刷牙一样。最初人们看到我这样做总是很好奇，后来大家也就习惯了。我不觉得这有什么难的，因为这对我的未来很重要。而且这与足球有关，我要负起责任来。"

但有些问题是梅西的勇敢无法解决的，那就是金钱。施瓦施泰因医生说："每个月的费用大概在 1000 到 1500 美元之间吧。"最初两年，治疗费来自梅西父亲约尔奇的社会保险和互助保险，并且还有 Acindar 基金的帮助。Acindar 是阿根廷最大的冶金集团之一，约尔奇在里面做部门主管。但接下来，阿根廷经济开始急速恶化，几个月之后崩盘。我们完全可以设想，如果没有经济危机，梅西家或许不会孤注一掷地出走巴塞罗那碰机会。

（二）奇迹的梅西

北京时间 2009 年 2 月 2 日凌晨，在巴塞罗那客场与桑坦德竞技的比赛中。梅西替补上场，梅开二度，帮助巴萨 2:1 逆转对手，豪取九连胜。更传奇的是，梅西打进的第二粒进球，是巴塞罗那俱乐部在西甲联赛历史上的第 5 000 粒进球！历史不是在捉弄我们。80 年前，帕雷拉正是在桑坦德的主场打进了巴塞罗那西甲联赛的第一粒进球，巧合的是，帕雷拉当时 21 岁，梅西当下也 21 岁。更为巧合的是，据帕雷拉的儿子回忆，帕雷拉的进球是一记右脚的凌空抽射，梅西的进球同样是右脚的凌空抽射！你可以说，这一切都是巧合，但，巧合为什么只发生在梅西的身上，而不是其他人？

从梅西的故事中，我们可以看出，不论遇到多么艰辛的事情，我们都要学会坚持不懈，只有这样我们才有可能达到我们成功的目的，遇事就后退不敢前进的人，永远都会活在失败中，不要太在意别人的想法，就像有句名言所说，走自己的路让别人说去吧！

二、足球比赛规则

（一）比赛时间和人员规定

1. 比赛时间

正式的国际足球比赛分为上、下两个半场，每半场 45 分钟，中间休息不得超过 15 分钟。

2. 人员规定

（1）足球队员人数与换人。每队上场队员不得多于 11 名，其中必须有一名守门员。如果场上一队的队员少于 7 人，则比赛不能开始。奥运会足球比赛中，每场比赛最多可以使用 3 名替补队员；场外和场上队员未经裁判员许可不能擅自进出场地。比赛时，守门员和其他队员的位置不能随意交换，如需要交换，须经过裁判员同意。

（2）裁判员。一场正式的足球比赛由一名裁判员，两名助理裁判员，一名第 4 官员担任裁判工作。裁判员的职责：有场上最终判决权，决定比赛时间是否延长、比赛是否推迟和中止。

助理裁判员的职责：示意越位及球出界，协助裁判员的场上判罚，但没有最终判决权。

（二）足球裁判规则

1. 任意球

足球比赛的任意球分两种，一种是直接任意球，主要是针对恶意踢人、打人、绊倒对方的行为，另外用手拉扯、推搡对方，手触球也属于这一类，还有辱骂裁判员、辱骂他人也要判罚直接任意球。这种任意球可直接射门得分。如果这些行为发生在罚球区，就要判罚球点球。还有一种是间接任意球的判罚，危险动作、阻挡、定位球的连踢就属于这一类。这种任意球不能直接射门得分，只有当球进门前，触及另外一名队员才可得分，罚球区内这种犯规不能判罚点球。

无论直接任意球还是间接任意球，防守方都要退出 9.15 米线以外。如果不按要求退出 9.15 米，裁判员可出示黄牌。

2. 罚球点球

在罚球区内直接任意球的犯规要判罚球点球。罚球点球时，双方队员不能进入罚球区。如防守方进入罚球区，进球有效，不进则重罚；如进攻方进入罚球区，进球应重踢，如不进则为防守方球门球。在罚球点球时，守门员可以在球门线上左右移动，但不可以向前移动。

3. 红、黄牌

足球裁判员在判罚时，根据犯规性质不同可出示两种不同颜色的牌。对于足球比赛中出现的一些严重犯规，裁判员要出示红、黄牌。如果是恶意的犯规或暴力行为要出示红牌。故意手球、辱骂他人或同一场比赛同一人得到两张黄牌时，也要被出示红牌。

比赛中，有违反体育道德行为，用语言和行为表示不满的就要被出示黄牌。连续犯规、故意延误比赛、擅自进出场地的队员也要被出示黄牌。

4. 伤停补时

足球比赛有时根据场上情况在比赛时间上需要补时。有时是一两分钟，最长时可达五六分钟，时间长短的确定由裁判员决定。造成补时的原因主要有：一是处理场上受伤者；二是拖延时间；三是其他原因。

5. 越位

足球比赛构成越位要满足以下条件：在同伴传球时，脚触球的瞬间，在对方半场内如果同伴的位置与最后第二名对方队员的位置相比更靠近对方球门线，这时该队员处于越位位置。需要说明的是，与对方最后第二名队员处于平行时不判越位。处于越位位置的队员裁判员在下列情况中判罚越位犯规：干扰比赛、干扰对方队员、利用越位位置获得利益。

6. 进球

当球的整体从球门柱间及横梁下越过球门线，而此前未违反竞赛规则，即为进球得分。有时在比赛中会看到球打到横梁后落地又弹回场内，裁判员可以根据自己的观察来确认球是否越过球门线，这种判决有时会引起很大争议。

7. 计胜方法

足球比赛分组循环赛期间的积分为胜一场积 3 分，平 1 场积 1 分，负 1 场积 0 分，最终以积分多少决定小组名次。如积分相等，则根据赛前规程确定的不同名次判定标准的规定来排定名次。

思考题

1. 简述正脚背踢球动作要领。
2. 简述足球运动的意义。

第五章 羽毛球运动

羽毛球运动是双方在中隔横网的球场上用球拍将羽毛球往返对击的一项球类运动。球拍为一长柄的椭圆形弦网。球是以圆形软木底座插上 16 根羽毛制成。比赛时双方运用发球、拉球、杀球、吊球等技术互相攻守，以把球击落在对方场区内或使对方击球失误为胜。依据参与的人数，可以分为单打与双打。与网球运动相比，羽毛球运动对选手的体格要求并不很高，却比较讲究耐力，极适合东方人发展。自 1992 年起，羽毛球成为奥运会的正式比赛项目。

第一节 羽毛球运动的基本知识概述

一、羽毛球运动的起源与发展

现代羽毛球运动一般认为源于英国。相传，1873 年，英格兰格拉斯哥郡的伯明顿镇，鲍费特公爵举办的社交聚会上，有位从印度退役的军官向大家介绍了一种用拍隔网来回往打毽球的游戏。游戏趣味横生，引人入胜，此后，这项游戏活动便不胫而走，并逐步发展成为当今人们所熟悉和喜爱的羽毛球运动。伯明顿庄园的英文名称 Badminton 也成了羽毛球的英文名称。

那时的活动场地是葫芦形的，两头宽中间窄，窄处挂网，直至 1901 年才改成长方形。1877 年，第一个成文的羽毛球规则在英国出版。1893 年，世界上最早的羽毛球协会—英国羽毛球协会成立，并于 1899 年举办了全英羽毛球锦标赛。1934 年，国际羽毛球联合会成立，通过了第一部国际公认的羽毛球竞赛规则。1978 年 2 月，世界羽毛球联合会于香港成立。1981 年 5 月，国际羽毛球联合会和世界羽毛球联合会正式合并。

1988 年，在第二十四届汉城奥运会上，羽毛球运动被国际奥委会列为表演项目。1989 年 5 月，在印尼雅加达举办了首届苏迪曼杯羽毛球大赛。1992 年，在第二十五届巴塞罗那奥运会上，羽毛球运动被正式列为比赛项目，设男、女单打和男、女双打 4 个项目。1996 年，第二十六届亚特兰大奥运会又增设了男女混合双打。从此，羽毛球运动进入了新的发展阶段。

现代羽毛球运动约于 1910 年传入我国。1953 年在天津举行了全国篮、排、网、羽四项球类运动会，羽毛球为表演项目，这是羽毛球首次全国性表演赛，同时规定从 1956 年起，每年举行一次全国性比赛。20 世纪 80 年代的中国羽毛球运动蒸蒸日上，在世界各大比赛的赛场上全面开花，男、女羽毛球队先后成为世界最强者。

二、羽毛球运动特点和意义

（一）羽毛球运动的特点

1. 落点不确定性

羽毛球落点多变和不确定的运动特点，要求选手具有在场上全方位出击的能力，选手必须在极短时间里，运用交叉步、垫步、跨步、蹬跨步、蹬跳步、起跳等各种步法迅速移动到适当位置，并以发球、前场、中场、后场等手法技术将球击向对方场区。羽毛球运动这种不确定性特点，决定了速度力量和速度耐力素质是这一运动的基础。

2. 比赛无时限

羽毛球竞赛方式要求选手具备长时间持续的运动能力，随球忽快忽慢不停地移动击球。羽毛球运动要求的素质不是长跑运动员所具备的周期性运动耐力素质，而是一种符合羽毛球运动特点的专门化速度耐力素质。羽毛球比赛通常采用三局二胜制，先得到规定分数的一方为胜方，不受时间限制。在大型比赛中，无论是单打还是双打比赛，双方选手实力相当，久攻不下的情况比比皆是，一场比赛可能持续一个多小时，甚至两个小时，双方体力消耗巨大。这种发展趋势，使比赛变得更加艰苦，对选手身体素质的要求也就更高了。

3. 适合人群广

羽毛球是一项适合人群广的运动，是全民键身项目之一。成年人利用工作空余时间进行羽毛球运动，不但能加快身体的新陈代谢，保持匀称体形，还能缓解生活压力，提高工作效率。羽毛球运动也可作为一项家庭娱乐活动，它不仅能锻炼身体，还能使家庭成员感情和谐，关系融洽。老年人和体弱者从事羽毛球运动时应放慢运动节奏，进行一些活动量小的击球运动，达到舒展筋骨的目的。经常参加羽毛球运动能促进血液循环，保持脑部、眼睛、上下肢体的协调性和敏捷性，有利于身心愉快，延年益寿。

（二）羽毛球运动的意义

（1）有助于培养竞争意识和进取精神。羽毛球运动特有的对抗性、强负荷的锻炼方式，有助于培养充满自信不畏困难、顽强拼搏、积极进取的现代人才。

（2）有助于强身健体，提高免疫力，缓解疲劳。羽毛球是一项技能性运动，要求脑、眼、手、脚密切协作，全身心地投入。羽毛球运动量大，速度快，能有效地消耗多余的脂肪，调节肌肉密度，塑造优美形体，还有助于缓解眼睛、大脑和颈椎的疲劳状况。经常参加羽毛球运动，可提高机体的灵敏性、协调性，改善人体代谢功能，提高吸氧能力，提高免疫力。

（3）有益于加强人格修养。参与羽毛球运动，了解羽毛球运动的发展历史和文化背景，学习并遵守运动规则，形成尊重对手和尊重裁判员的赛场作风，对培养协作、忍让、谦虚、豁达等优良品质大有益处，有利于树立正确的人生观和世界观。

（4）有益于陶冶情操，增添生活情趣。参与羽毛球运动能够保持优美潇洒的姿态和朝气蓬勃的精神状态。无论是参加羽毛球运动，还是观看羽毛球比赛，都能从中体会到灵动变化之美，感受到这项运动的魅力。

第二节　羽毛球运动的基本技能与训练方法

羽毛球运动的基本技术易学，不同性别、年龄和不同身体条件的人都可以参加这项活动，并且所需场地不大，设备简单，携带方便，容易被广大群众所接受。为了更好地学习和掌握羽毛球的技术，必须了解并掌握各个基本技术动作。

一、握拍

羽毛球的握拍一般分为正手握拍方法和反手握拍方法。

（一）正手握拍法

右手虎口对准拍柄窄面内侧斜棱，小指、无名指、中指自然并拢，食指和中指稍分开，大拇指的内侧和食指贴在拍柄的两个宽面上将球拍柄握住。握拍时掌心不要贴紧拍柄，要使掌心与拍柄保持一定的空隙。

（二）反手握拍法

在正手握拍的基础上，将大拇指伸直用其第一指节内侧顶贴在拍柄内侧的宽面上，食指收回，与拇指同（或略）高，用大拇指和食指将球拍稍向外转，中指、无名指、小指紧握拍柄，拍柄端近靠小指根部。握拍手心与拍柄之间留有空隙，以便能充分利用手腕力量和大拇指的内侧压力击球。

二、发球

羽毛球运动的发球技术，按其动作分为正手发球和反手发球两种。按球在空中飞行的弧线可分为发高远球、平高球、平快球和网前短球等 4 种（如图 5-1 所示：1 网前球，2 平快球，3 平高球，4 高远球）。

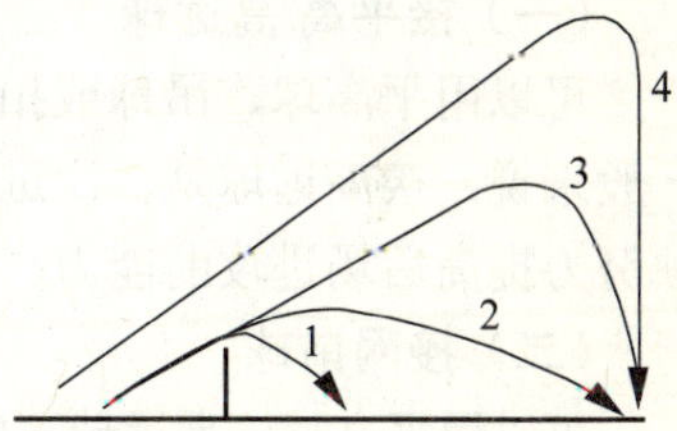

图 5-1　发球技术

（一）正手发高远球

所谓高远球，主要是把球发得又高又远，使球飞行到对方底线上空时，几乎垂直下落。

发球时，重心由后脚前移至前脚，带动转腰，同时右手持拍沿着向下而上的弧线自然地沿着身体向前上方挥摆。球拍触球前刹那，小臂带动手腕向前上方闪动发力，手紧握拍柄，利用手腕、手指爆发力以及拍面的前半部击球。击球瞬间，拍面正对出球方向，击球点在发球员的右前下方。出球飞行弧度与地面仰角一般大于 45°。正手发高远球如图 5-2 所示。

图 5-2　正手发高远球

（二）正手发网前球

网前球是把球发至对方发球区内前发球线附近。球的飞行速度较慢，飞行弧度较低，使球“贴网”而过。它是双打比赛最常用的发球方法，在单打比赛，用于对付接网前球较差的对手，有时也可以作为过渡性的发球，或发球抢攻战术的手段。在发球时，挥拍幅度较小，击球瞬间不需紧握拍柄，而是利用手腕和手指的力量从右向左横切推送，将球轻轻发出，使球贴网而过。正手发网前球如图 5-3 所示。

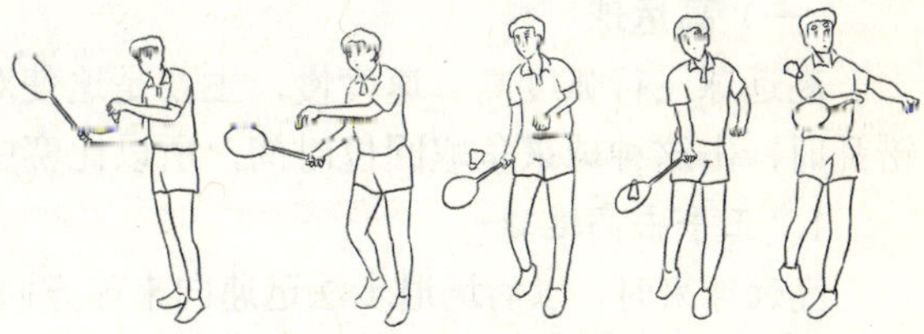
图 5-3　正手发网前球

（三）正手发平快球

发平快球又称发平球，是把球发得又平又快，使球快速落在对方场内端线附近。平快球突袭性强，往往能使对手措手不及而造成被动或失误。准备姿势同发高远球，站位稍靠后些。击球瞬间紧握球拍柄，利用小臂挥动力量带动手腕、手指力量快速向前击球，球的飞行的路线与地面形成的仰角小于30°。

（四）反手发网前球

反手发网前球是准备击球时手腕内屈，击球瞬间利用小臂带动手腕、手指力量向前横切推送，将球击出。发球时，挥拍较慢，力量较轻，球的落点近网，当球“贴”网而过后即往下坠落在对方发球区内前发球线附近。反手发网前球如图5-4所示，

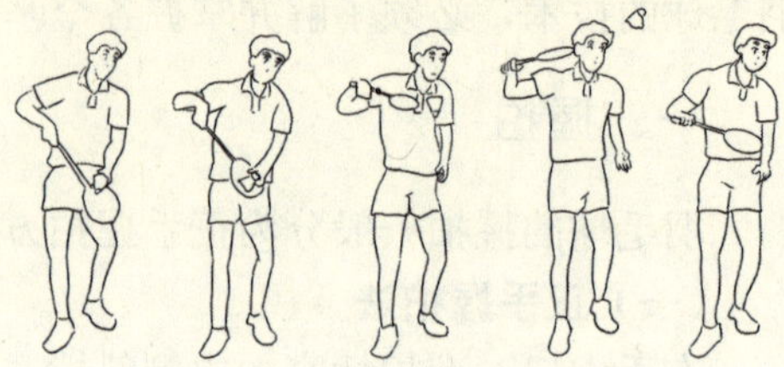

图5-4 反手发网前球

三、接发球

单打站位一般是在离发球线1.5米处，站在右发球区靠近中线的位置；在左发球区则站在左发球区中间的位置。双打发球多以发网前球为主，所以双打的接发球站位要在靠近前发球线的地方。

（一）接平高/高远球

可以用平高球、吊球或扣杀球进行回击（如图5-5所示：1平高球，2吊球，3杀球）。一般来说，接高远球是一次进攻的机会，回击得好就能掌握主动权。因此，初学羽毛球者必须努力提高后场进攻的能力。

（二）接网前球

可以用平高球、高远球、放网前球或平球进行回击（如图5-6所示：1虚线为发网前球，2平球，3平高/高远球，4网前球）。如果对方发球的质量不高，或球离网顶较高过网，则可采用扑球进攻。若对方企图发球抢攻，而自己防守能力较差，则以放网前球或平推球为宜，落点要远离对方站位，控制住球，不让对方进攻。

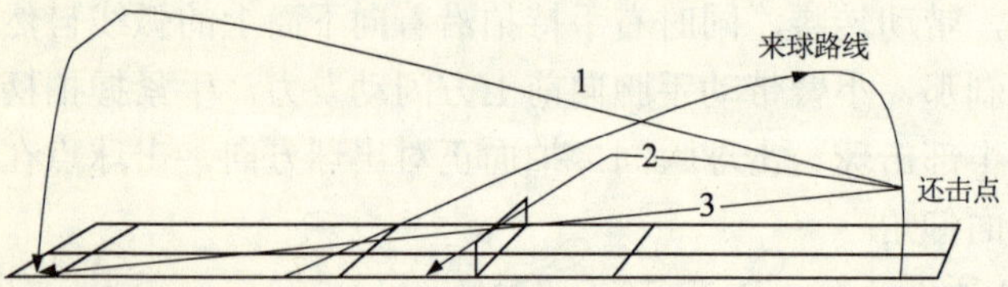

图5-5 接平高/高远球

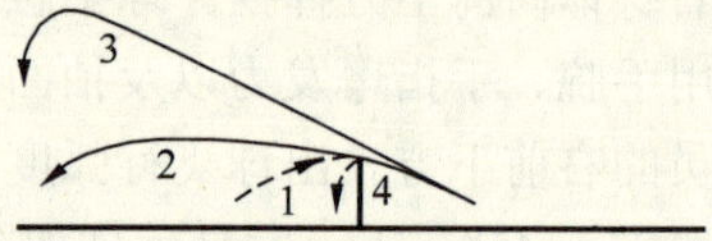

图5-6 接网前球

四、后场击球

后场击球主要由高远球、平高球、扣杀球和吊球等几项技术及相应的后退步法组成。其特点是击球点高、力量大、速度快、威力大。

（一）高远球

高远球飞行弧度高、速度慢，主要是迫使对方离开中心部位去击球；或者是当自己位置错乱时，击这种球来争取回位时间，所以比赛中在被动情况下常采用这种球进行过渡。

1. 正手击高远球

高远球来时，以后场退步法迅速向来球方向移动，调整好身体与来球间的位置，使球恰好在右肩稍前方上空。当球落到一定的高度时，右手肘上抬，手臂后倒引拍，以肩为轴做回环动作，同时身体左转，前臂充分向后下方摆动并外旋，手腕充分伸展。击球时，前臂迅速内旋带

动手腕加速向前方挥动，手腕屈，收手指屈指发力，将球击出。正手击高远球如图 5-7 所示。

2. 反手击高远球

准备击球前，右脚在前（先不着地，与击球动作完成的瞬间同时着地），身体背向球网，持拍臂向上抬举，身体稍向左转，含胸收腹，左腿微屈，同时手臂回环内旋引拍，握拍手尽量放松，手腕稍向外展。当球下落至右肩前上方一定高度时，以上臂、前臂迅速外旋带动手腕加速，由左下方经胸前向右前上挥动。击球时手腕由伸展至屈收快速屈指发力，用反拍面将球击出。

图 5-7　正手击高远球

（二）平高球

平高球与击高远球一样，也可分为正手、头顶和反手三种击球技术，是一种进攻性的击球技术。其技术动作与击高远球基本相同，所不同的是引拍、击球动作较高远球小而快，击球的瞬间运用前臂内旋带动手腕，向前快速发力击球。

（三）扣杀球

扣杀球从动作结构上可分为重杀、点杀、劈杀；从击球点距身体的位置可分为正手扣杀、头顶扣杀和反手扣杀三种。而正手扣杀球是各种扣杀球的基础，初学者必须首先掌握好这一扣杀技术。

正手扣杀球时，准备姿势、击球动作与正手击高球大致相同，不同的是在击球瞬间需用全力，充分利用右腿的蹬力、腰腹力、手臂腕力及重心的转移，快速将球向前下方击出。球拍触球时拍面前倾向前下方用力，手握紧球拍，击球点在右肩稍前上方。正手扣杀球如图 5-8 所示。

图 5-8　正手扣杀球

重要提示　在实战中，扣杀球必须同其他各项进攻技术有机地结合起来，如盲目地进行单一的大力扣杀，往往不能争取主动，反而常常使自己陷入被动。

（四）吊球

吊球技术按球的飞行弧线和击球动作的不同分为劈吊、轻吊和拦截吊。其准备姿势与击高球、扣杀球相似，只是击球时用力不同。击球瞬间前臂突然减速，快速“闪”动手腕击球托的偏右侧（头顶吊球及反手吊球击球托的偏左侧）。打对角吊球时，当对方来球较高，手腕向下切削的角度要大些，力量稍大些；当对方来球较平时，手腕向前推的动作要大些，向下切削的力量要小一些。吊直线球时，拍面正对前方，向前下压。

不论劈吊还是轻吊，都要注意手腕灵活闪动，即注意爆发力的运用，同时还要注意掌握好击球点和控制好击球力量，将球吊准。拦截吊球和假动作配合运用便具有一定的威力。拦截对方击来的半场球或弧线较低的平高球能出其不意地达到进攻的效果。

五、前场击球

前场击球包括网前的放、搓、推、勾、扑、挑球等。因球飞行距离较短，落地快，常使对手措手不及而直接得分。即使不能直接得分，也能迫使对方被动回球，创造下一拍的机会。现介绍几种常用的前场击球技术。

（一）放网前球

1. 正手放网前球

准确判断来球路线和落点，快速上网，最后一步右脚在前左脚在后成弓箭步，上体前倾重心在右脚，侧身对网。右手正手握拍向前下方伸臂，小臂外旋展腕，左臂自然后伸，起平衡作用，拍面几乎朝上迎击来球。击球瞬间，手腕稍内屈轻轻闪动，食指和大拇指控制拍面角度和用力大小，球拍向前上方轻轻一托，把球轻击送过球网。正手放网前球如图 5-9 所示。

2. 反手放网前球

快速向前左侧上网，右脚前跨成弓箭步，侧背对网，上体前倾重心在右脚。右手反手握拍向前下方伸臂，小臂内旋展腕，左臂自然后伸，起平衡作用，拍面几乎朝上迎击来球。击球瞬间，伸腕轻闪动，食指和拇指控制拍面角度和用力大小，球拍向前上方轻轻一托，把球轻击送过球网。

图 5-9 正手放网前球

（二）搓球

网前搓球是羽毛球技术中动作较细腻的一种，是网前技术中的高难击球动作。

1. 正手搓球

用正手上网步法迅速向来球方向移动，当右脚向前跨出时，持拍手向来球方向伸出，争取高的击球点。左手于身后拉举与右手对称，以保持身体的平衡。挥拍时，手腕动作由展腕至收腕发力，由右向左以斜拍面切击球托的右后侧部位，此时球呈下旋翻滚过网；或者手腕动作由收腕至展腕发力，由左向右以斜拍面切击球托的左后侧部位，球则呈上旋翻滚过网。

2. 反手搓球

用反手上网步法迅速向来球方向移动，其余动作与正手网前搓球相同。反手网前搓也有两种击球方式。一种是手腕动作由展腕至收腕发力，由左至右切击球托左后侧部位。另一种是手腕动作由收腕至展腕发力，由右向左切击球托的右后侧部位。反手搓球如图 5-10 所示。

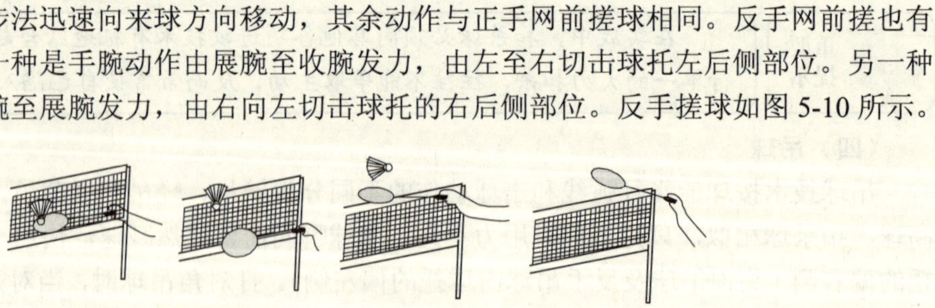

图 5-10 反手搓球

（三）扑球

扑球是在对方回球刚越过网顶上空时，运用跨步或蹬跳步迅速上前，利用前臂、手腕和手指的力量，快速地由高向下将球击回对方场区的击球方法。

1. 正手扑球

对方来球距网较高时，快速蹬步上网，身体向右前倾，手臂充分伸展，同时迅速变换握拍手法，使拍面与球网平行正对来球。击球时，主要利用中指、无名指、小指突然紧握拍柄和手腕闪动，将球向前下方击出。击球后，随前动作甚微，右脚落地制动。正手扑球如图 5-11 所示。

2. 反手扑球

反手握拍于左侧前，当身体向左侧前方跃起时，持拍手小臂前伸上举，手腕外展，拍面正对来球。击球时，手臂伸直，手腕由外展到内收闪动，手握紧拍柄，拇指顶压，加速挥拍扑击球。击球后即刻屈肘，球拍回收，以免球拍触网违例。

图 5-11　正手扑球

（四）挑球

挑球是指将对方击来的网前区域低手位的球以较高的弧线向上击至对方端线附近上空。它是在被动情况下运用的一种过渡球。

1. 正手挑球

右脚向网前跨出一大步，左脚在后，侧身向网，重心在右脚上。同时右臂向后摆，自然伸腕，使球拍后引。以肘关节为轴，屈臂内旋，并握紧球拍。用食指及手腕的力量，从右下向右前方至左上方挥拍击球，将球向前上方击出。正手挑球如图 5-12 所示。

2. 反手挑球

右脚跨步向前成弓箭步，重心在右脚，侧身背对网。反手握拍，手臂向左前方伸出，小臂内旋屈肘屈腕，左臂自然后伸起平衡作用。击球时，以肘关节为轴，小臂带动手腕、手指快速由左下方向前上方成半圆形挥拍击球。反手挑球如图 5-13 所示。

图 5-12　正手挑球

图 5-13　反手挑球

六、中场击球

中场击球技术主要包括接杀球、平抽、平挡技术。它要求判断反应快，出手击球快，引拍预摆动作弧度小和由防转攻或由攻转防的意识要强。

（一）接杀球

把对方扣杀过来的球还击回去，称为接杀球。接杀球主要由档网前、挑后场和平抽球 3 种技术组成。

接杀球的站位一般在中场，两脚屈膝平行站立。右侧来球用正手挡，身体重心移向右脚。右手向右侧伸出，放松握拍，拍面略后仰对准来球。左侧来球用反手挡，身体重心移向左脚，右脚向左前方跨出一步，换成反手握拍，拍面略向后仰对准来球回击。

（二）平抽

平抽球是指击球点在肩以下，以较平的弧度、较快的球速、接近球网的高度，还击到对方场区的一种进攻性技术。击球时，应借助腰部的转体带动前臂、手腕和手指的力量快速协调地发力。击球点尽可能地在身体的侧前方，这样有利于转动腰部和前臂旋内、旋外地发力。如果来球正对自己而又来不及闪让时，一般不要用正手击球。因为当来球靠近自己身体时，即使击球点在自己右侧腋下，反手也比正手容易发力还击。

（三）平挡

平挡和平抽的动作结构基本相同，其区别主要在于：发力较小，通常无需身体部位发力，当对方来球力量较大时，还应有所缓冲；由于发力较小，通常击球时不要握紧球拍，以免影响击球时对力量和出球方向的精确控制；羽毛球的飞行路线较短，一般落在对方前半场。

七、基本步法

羽毛球步法一般分为起动、移动、到位配合击球和回位四个环节。根据场上移动的方向和场区的位置，可以将羽毛球步法划分为：上网步法、后退步法和两侧移动步法。

（一）上网步法

从中心位置移动到网前击球的步法，称为上网步法。上网步法可根据各人习惯采用交叉步、并步、垫步或蹬跨步。不论正手或反手，根据来球远近，上网步法可采用三步、两步或一步上网击球。

1. *右边上网步法*

右边上网步法可采用两步或三步交叉步加蹬跨步移动的方法；也可采用垫一步再跨一大步移动的方法上网，如图 5-14 所示。

2. *左边上网步法*

同右边上网步法，只是移动方网是朝左边网前，如两步跨步上网，如图 5-15 所示。

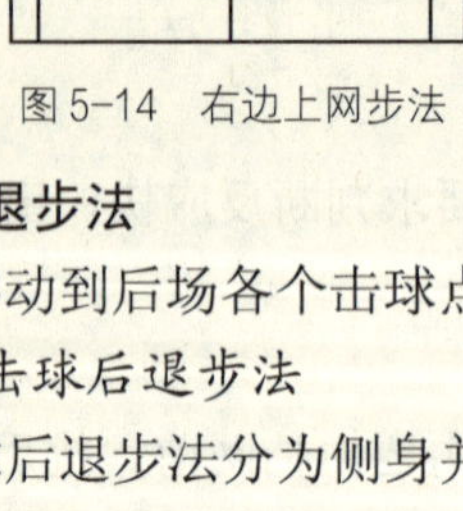

图 5-14　右边上网步法

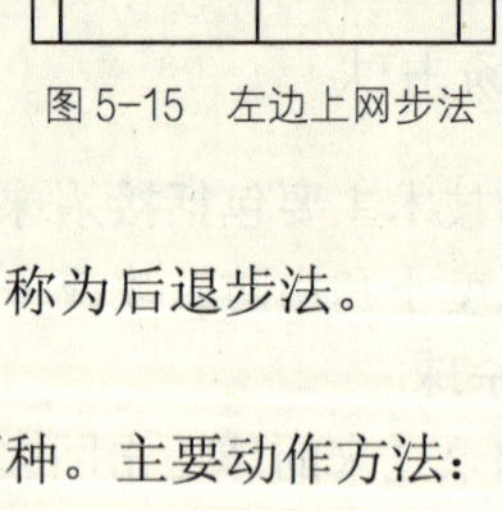

图 5-15　左边上网步法

（二）后退步法

从中心移动到后场各个击球点的位置上击球的步法，称为后退步法。

1. *正手击球后退步法*

正手击球后退步法分为侧身并步后退和交叉步后退两种。主要动作方法：在对方击球刹那间，判断来球，迅速调整重心至右脚。接着右脚蹬地快速向右后撤一小步，上体右转侧身对网，以交叉步或并步移动到接近击球点的位置。在移动的同时必须完成举拍准备动作，最后一步利用右脚（或双脚）蹬地起跳并在空中转体，击球后左脚后撤落地缓冲，右脚前跨以利于迅速回动。正手击球后退步法如图 5-16 所示。

2. *反手击球后退步法*

调整重心后，右脚后撤一步，接着上体左转，左脚随即向左后退一步，右脚再跨出一步，背对网，作底线反手击球。反手击球后退步法应根据来球距离的远近调整步法。如离来球较近，可采用两步后退步法，上体向左后转，左脚同时后撤一步，右脚再向左后跨一步，作底线反手击球。如距来球较远，则采用三步或五步后退步法：右脚先垫一步，而后左脚向后方跨一步，再按右、左、右向后退。但无论是几步，反手击球后退步法最后一步应右脚在后，重心在右脚上。反手击球后退步法如图 5-17 所示。

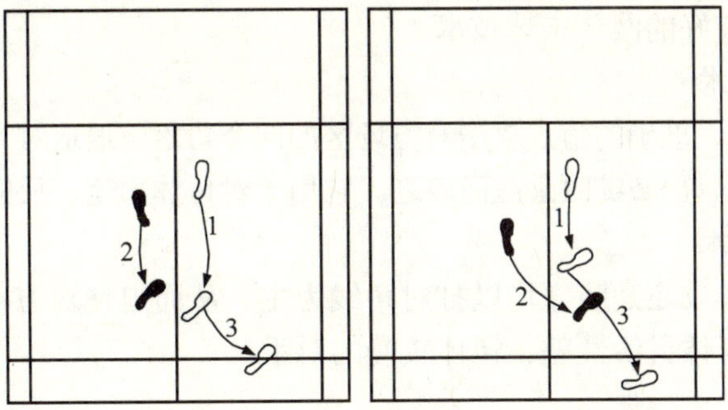

（a）三步并步后退　　（b）三步交叉步后退

图 5-16　正手击球后退步法

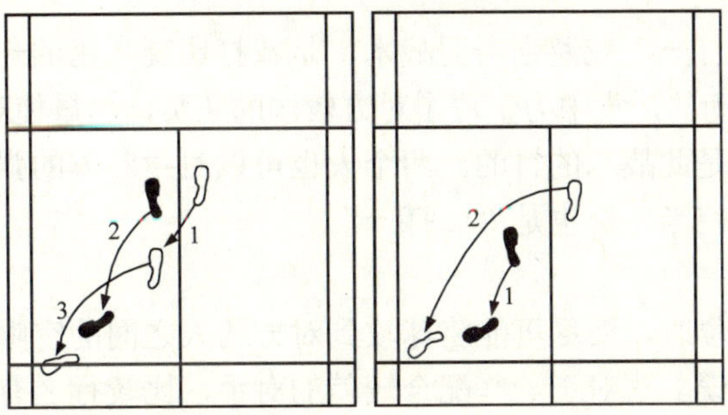

（a）三步后交叉后退　　（b）两步后退

图 5-17　反手击球后退步法

（三）两侧移动步法

两侧移动步法多用于接对方的杀球和击来的半场低平球。其站位和准备姿势与上网步法基本相同。

1. 向右侧移动步法

两脚左右开立脚跟稍提起，根据来球，调整重心，上体稍倒向左侧，左脚掌内侧用力起蹬，右脚同时向右侧转跨大步。如距来球较远，左脚向右垫一小步再起蹬，右脚同时向左侧转跨大步。

2. 向左侧移动步法

根据来球，调整重心，上体稍倒向右侧，右脚掌内侧用力起蹬，左脚同时向左侧转跨大步。来球较远时，左脚先向左侧移半步，上体向左转身的同时右脚向左前交叉跨大步。

第三节　羽毛球运动的基本战术

一、单打战术

（一）发球抢攻战术

运动员利用发球使对方被动，为自己创造进攻的一种战术。这种战术一般用发网前球结合平快球、平高球，争取第三拍的主动进攻。运动员使用这一战术，可以打乱对方的整个战略部署，造成对方措手不及。运用此战术时，要求运动员应具有高质量的发球，否则难以成功。

（二）攻前击后战术

这种战术是先以吊球、放网前球、搓球吸引对方到网前，然后用推球、平高球或杀球突击对方的后场底线。它一般用于对付上网步法较慢或网前球技术较差的对手。采用此战术，要求运动员首先具有较好的网前击球技术。

（三）打四方球战术

这种战术是以快速、准确的落点攻击对方场区的四个角落，逼迫对方前后奔跑、被动应付，并在其回球质量下降或露出破绽时乘虚而攻之。它用于对付体力差，反应和步法移动慢的对手。

（四）打对角线战术

这种战术无论是进攻还是防守均以打对角线为主。从而迫使对方在移动中多做转体，多走曲线。它用于对付身体灵活性差、转体较慢的对手。

二、双打战术

（一）攻人战术

攻人战术，即“二打一”或避强击弱战术，是双打比赛常用的一种战术。对方两个队员的技术水平一般是不均衡的，集中力量攻击对方较弱的队员，尽量使对方的特长得不到发挥，充分暴露对方的弱点，是此战术的目的。两个人也可以对付对方的强者，消耗其体力，减弱其进攻威力，伺机突击空当，这也是“二打一”。

（二）攻中路战术

当对方队员分边站位时，要尽可能将球攻到对方两人之间的空隙区，以造成对方争夺回击或相互让球而出现失误。这对于一些配合较差的对手，比较行之有效。当对方成前后站位时，将球还击到两人之间靠边线的位置上。

（三）软硬兼施战术

软硬兼施战术是先用吊网前球或推半场球迫使对方被动防守，而后大力扣杀进攻。若硬攻不下，则重吊网前球，待对方挑球欠佳时，再度强攻。此时，攻击对象最好是选择对方刚后退而立足未稳者。

（四）后压前封战术

当本方取得主动欲采取攻势时，站在后场者见高球则强攻杀球或吊网前球，迫使对方被动还击；站在前场者则应立即积极移位，准备封网扑杀。这种战术要求打法比较积极，前半场技术要好，步法移动要快，配合要默契。

第四节 羽毛球的文化传承

一、世界羽毛球冠军林丹的成长成才之路

林丹（1983 年 10 月 14 日）：中国著名羽毛球运动员。2002 年 8 月 22 日，不满 19 岁的林丹登上国际羽联排名第一的位置。自 2004 年至 2008 年，林丹在羽联超级系列赛和各项国际大赛中获得多项冠军，长时间占据男单世界排名第一的宝座，被称为“超级丹”。2011 年 1 月 16 日，林丹获得安踏 2010CCTV 体坛风云人物年度最佳男运动员奖，也是十年来羽毛球项目首次获得此项大奖。

林丹的成功不是一蹴而就的，这是一个不断拼搏与奋进的过程。他 5 岁开始练习羽毛球，9 岁时进入福建体校学习。这是一个距离父母 600 公里之远的陌生环境，在省体校的第一个学期，林丹是伴着泪水度过的。那年的冬天，一向怕冷的他很不习惯宿舍的生活。自从把他送到福州的爸爸妈妈走后，他就开始哭，几乎天天都要哭上一场。甚至有时在训练的时候，练着练着想家了，小林丹就哭起来了，教练一看，就先让他站在一边，哭完了再练。训练完了，回到宿舍，他独自一人常常发呆，不知不觉中又开始哭起来。后来，林丹开始给家里写信，一天一封，主题基本都是：爸爸妈妈我想你们，你们快来看我吧。直到今天，林丹妈妈还保留着其中的一些信。好在外婆外公和舅舅在福州，稍微缓解了林丹的思家情绪。每到周末，林丹便去外婆家吃点好吃的，给妈妈打个电话，周日再回到体校。刚到省体校的时候，从小没有离开过父母的林丹根本没有照顾自己的能力，衣服不知道换，床铺不知道怎么整理，更别说换洗床单枕套了，整个人都邋邋遢遢的。直到第一个学期结束从家里再回到体校的时候，林丹想家的情绪才缓解了一些。不会再像以前那样哭了，家信也减少到一星期写一封了。在挺过了最初的适应期后，林丹不服输、自尊心强的特点便显现出来。很快，他学会了换衣服、洗床单，独立生活的能力明显增强，在训练中更是特别要强。林丹妈妈说，有一次，林丹发烧打点滴，但他却不愿耽误训练，没有向教练请假，从医院回来便继续投入训练了。

1995 年，在全国青少年比赛中，林丹获得了男单冠军，被解放军队看中，让他到队里试训了 10 天。之后没多久，林丹便接到了解放军队的录取通知，12 岁的他就这样跨进了军队的大门，成为一名军人。到解放军队后，队里给林丹发了很多新装备，好像还是凯胜的，有服装、球拍等，抱着这些装备，林丹别提多开心了。因为在此之前，他一直用的是木头拍子，从来没有用过这么好的装备。除了新装备，林丹还拥有了自己的军装。当时他的个子特别小，还不到 1.4 米，帽子戴在头上就像扣了一口锅，腰带系到最里面的扣眼还是松，裤子直往下掉，大家见了都哈哈大笑。

1997 年，林丹随解放军队到南日岛体验部队生活。在那里，他们这些专业羽毛球选手每天要跟部队官兵一起出操、站岗，在大太阳底下站几十分钟、夜间紧急集合等，林丹都一一体验过。除了操练，他们还要跟部队同吃同住，在解放军队训练的时候，大家总觉得伙食不好，挑来挑去的。到了那里，吃饭的时候，大家左看右看，看不到菜里的肉。据林丹说，那里讲究的是"看菜吃饭"，也就是说看没什么菜就多吃饭，即使有菜也要看着吃。有一次，林丹跟连长、班长几个人一起吃饭，一个盘子里只有几条小咸鱼，林丹上去就夹了两条放到自己碗里吃，班长后来质问他："知道什么叫'看菜吃饭'么？旁边还坐着连长呢！"刚去部队的时候，林丹要洗澡，就问澡堂在哪儿，几点有热水。班长告诉他这里洗澡不用热水。结果在部队的 20 天，林丹只洗了 3 次澡，也就是用凉水冲一下便赶快穿上衣服。经过那段时间在部队的锻炼，林丹充分感受到了当军人的不容易，体会到了军人的可贵可敬，也让他平添了身为军人的责任感和自豪感，这种感情后来在林丹得胜后的标志性动作——行军礼中得到了充分的释放。林丹说自己在赛场上的那股霸气是与生俱来的，事实上，这股霸气是缘于他从小不服输的性格。这股不服输的劲头让林丹在无论多么苦多么累的情况下都不愿低头，从地方体校到军队，他的这种性格得到了更好的锤炼。

在进入国家队之后，林丹先后从教于伍佰强、汤仙虎、钟波、李志峰。他习惯左手握拍，以拉调突击为主打法，进攻意识强，场上速度快，进攻落点好，攻击犀利，步伐灵活，扣杀较具有威胁。教练钟波曾说，林丹具有成为一名世界高手的气质。2010 年广州亚运会羽毛球男子单打决赛，林丹击败李宗伟获得冠军，至此，林丹囊括所有单打、团体大赛冠军，实现了职业生涯的超级全满贯，成为世界羽坛第一人。在 2012 年伦敦奥运会羽毛球决赛中，林丹以2:1战胜马来西亚选手李宗伟，荣获冠军。

林丹具有过人的天赋，但我们可以看到刻苦的训练，过硬的意志品质才是帮助林丹成为了同时拥有奥运会、亚运会、世锦赛、全英公开赛、世界杯、苏迪曼杯、汤姆斯杯七大满贯的国际羽坛第一人！通过林丹我们可以看出一个人若想成功只有着过人的天赋还是不够的，后天的努力才是最主要的，记得我们曾经学过一篇文章《伤仲永》不就是我最好的例子？因此，我们在做任何事情的时候，都应该坚持不懈，不断地努力，只要这样我们才能站在我们自己的“世界之巅”。

二、羽毛球场地和器材的规定

（一）球场

羽毛球场为一长方形场地，长度为13.40米，双打场地宽为6.10米，单打场地宽为5.18米，如图5-18所示。球场上各条线宽均为4厘米，丈量时要从线的外沿算起。球场界限最好用白色、黄色或其他易于识别的颜色画出。

按国际比赛规定，整个球场上空空间最低为9米，在这个高度以内，不得有任何横梁或其它障碍物，球场四周2米以内不得有任何障碍物。任何并列的两个球场之间，最少应有2米的距离。球场四周的墙壁最好为深色，不能有风。

（二）网柱

（1）从球场地面起，网柱高1.55米。网柱必须稳固地同地面垂直，并使球网保持紧拉状态。网柱应放置在双打的边线上。

（2）如不能设置网柱，必须采用其他办法标出边线通过网下的位置。例如，使用细柱或40毫米宽的条状物固定在边线上，垂直向上到网顶绳索处。

（3）在双打球场上，不论进行的是双打还是单打比赛，网柱或代表网柱的条状物，均应置于双打边线上。

（三）球网

羽毛球网长6.10米、宽76厘米，为优质深色的天然或人造纤维制成，网孔大小在15～20毫米之间，网的上沿应缝有双层白布（对折而成），并用细钢丝绳或尼龙绳从夹层穿过，牢固地张挂在两网柱之间。标准球网应为黄褐色或草绿色。网柱高1.55米，无论是单打或双打，两根网柱都应分别立在双打场地边线的中点上。正式比赛时，球网中部上沿离地面必须为1.524米高，球网两端高为1.55米。球网的两端必须与网柱系紧，它们之间不应该有缺缝。

（四）球拍

羽毛球拍一般由拍头、拍杆、拍柄及拍框与拍杆的接头构成。拍框总长不超过680毫米，宽不超过230毫米。拍弦面长不超过280毫米，宽不超过220毫米。

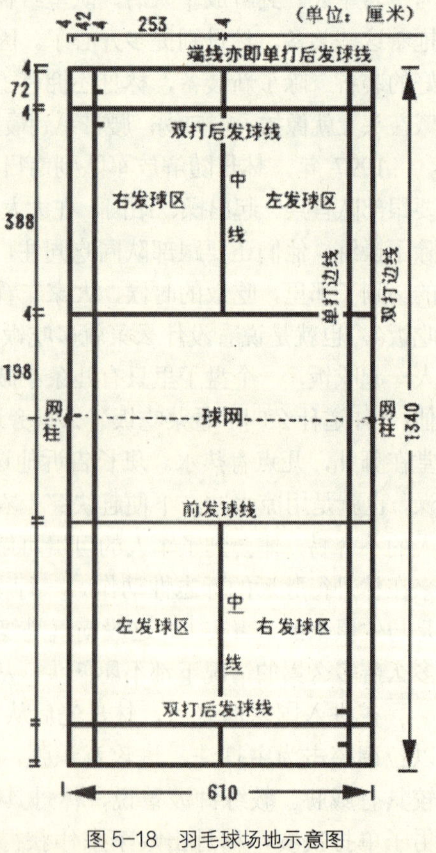

图5-18 羽毛球场地示意图

球拍不允许有附加物和突出部，除非是为了防止磨损、断裂、振动，或调整重心的附加物，或预防球拍脱手而将拍柄系在手上的绳索（现通常没有，随着手胶的发展，没有防滑绳索）；但尺寸和位置应合理。

（五）羽毛球

球重 4.74 克～5.5 克，由 16 根羽毛插在半球型软木托上，球高 68～78 毫米，直径 58～68mm，分为 1～10 号。球拍框总长度不超过 68 厘米，宽不超过 23 厘米，拍弦面长不超过 28 厘米，宽不超过 22 厘米。

三、羽毛球比赛规则

知识窗

世界羽毛球比赛

1. 汤姆斯杯赛，即世界男子团体羽毛球锦标赛。
2. 尤伯杯赛，即世界女子团体羽毛球锦标赛。
3. 世界羽毛球锦标赛，即世界羽毛球单项锦标赛。
4. 苏迪曼杯，即世界羽毛球混合团体比赛。
5. 世界羽毛球赛，属于邀请性比赛，由国际羽联邀请当年成绩优异的选手参加。
6. 全英与奥球锦标赛，由英格兰羽毛球协会于 1899 年创办。
7. 国际系列大奖赛，国际羽联参照世界网球大奖赛办法组织的比赛。
8. 奥运会从 1992 年开始设置羽毛球比赛项目。

羽毛球刚兴起时，没有人数、分数和场地的限制，参与者只需要互相对击，现代羽毛球从伯明顿庄园开始，有了一定的分数、场地和人数限制；1875 年，第一本关于羽毛球规则的书在英国问世。当时的规则很简单，规定了场地呈长方形，中间挂网的高度，双方对击的要求，并没有单打，双打的区别。随着人们观赏水平的提高及技术、战术的发展，规则也随之变化，出现了单、双打场地的区别及发球区的规定，发球得分及发球得分后的换区等规则，为了使比赛激烈、精彩，又规定了双方打满 13 平、14 平（女子单打打成 9 平、10 平）时要进行加分比赛。现时国际羽毛球联合会（国际羽联）已制定了新的规则，规定只有双方打满 14 平（女子单打打成 10 平）时才可进行加分比赛；又将每局比赛之间的休息时间加以限制，力求使羽毛球比赛更加紧张激烈、精彩纷呈。

（一）挑边和计分方法

1. 挑边

赛前，采用挑边的方法（抛硬币）来决定发球方和场区。挑边赢者将优先选择是发球或接发球，还是在一个半场区或另一个半场区比赛。输者在余下的一项中选择。

2. 计分方法

羽毛球世界联合会于 2006 年 5 月在日本东京举行的年度代表大会上，正式决定实行 21 分的新赛制。2006 年 5 月在日本东京举行的汤姆斯杯和尤伯杯赛上率先试行三局 21 分的赛制。这一赛制将成为今后所有羽毛球国际大赛的通用赛制，第 29 届奥运会也将采用这一赛制。21 分的赛制对于提高运动员的积极性、减少运动员受伤以及电视转播等方面较 15 分制有更大的优势。

世界羽联 21 分制实行每球得分制，所有单项的每局获胜分皆为 21 分，最高不超过 30

分。每场比赛采取三局两胜制，先到 21 分的一方赢得当局比赛。如果双方比分为 20:20 时，获胜一方需超过对手 2 分才算取胜；直至双方比分打成 29:29 时，那么先到第 30 分的一方获胜。首局获胜一方在接下来的一局比赛中先发球。

（二）站位方式和赛中间歇方式

1. 站位方式

（1）单打。当发球方得分数为 0 或偶数时，双方运动员均在各自的右发球区发球或接发球；当发球方的分数为奇数时，双方运动员均在各自的左发球区发球或接发球。

（2）双打。比赛中，当比分为 0 或偶数时，球由右发球区对角发向对方场地的右接发球区；当比分为奇数时，球由左发球区对角发向对方场地的左接发球区。比赛中，只有当一方连续得分时，发球者必须在右或左发球区交替发球，而接发球方队员的位置不变。其他情况下，选手应站在上一回合的各自发球区不变，以此保证发球者的交替。

双打比赛无论是在开始还是在赛中，皆为单发球权，也就是说每次一方只有一次发球权。发球方失误不仅丢失发球权也将丢失 1 分，如果这时得发球权的一方得分为奇数时，则必须是位于左发球区的选手发球，如果此时得发球权的一方得分为偶数时，则必须是位于右发球区选手发球。

双打比赛只有接发球队员才能接发球，若其同伴接发球或被球触及则“违例”，判发球方得分，当发球被回击后，球可由二人中任一人击回，不得连击，如此往返直至死球。双打比赛发球时，发球队员和接发球队员必须站在规定的发球区和接发球区内发球和接发球，他们的同伴站位可以不受限制，但不得妨碍对方。运动员发球和接发球顺序有误，已得比分有效，纠正方位或顺序。

2. 赛中间歇方式

每场比赛均采用三局两胜制。当任一方在比赛中得到 11 分后，比赛将间歇 1 分钟；两局比赛之间的间歇时间为 2 分钟。

（三）比赛中常见的违例

- 过手违例——发球时，在击球的瞬间，发球员的拍杆应指向下方；否则，将判违例。
- 过腰违例——发球时，在击球的瞬间，整个球应低于发球员的腰部；否则，将判违例。
- 挥拍有停顿——发球开始后，挥拍动作不连贯，将判违例。
- 脚移动、触线或不在发球区内——自发球开始至发球结束，发球员或接发球员的两脚都必须有一部分与球场地面接触，不得移动，且都必须站在斜对面的发球区内，脚不得触及发球区或接发球区的界线；否则，将判违例。
- 最初击球点不在球托上或发球时未能击中球，将判违例。最初击球点不在球托上是指发球时，球拍先触及羽毛或同时击中羽毛和球托。
- 发球时，球没有落在规定的接发球区内，将判违例。如发出的球没有落于对角的场区内或不过网，或挂在网上、停在网顶等。球从网下或网孔穿过或触及天花板或触及运动员的身体或衣服，将判违例。
- 球触及球场或其他物体或人，将判违例。击球点超过网的向上延伸面，即在对方场区上空击球，将判违例。
- 运动员的球拍从网上、网下侵入对方场区导致妨碍对方或分散对方注意力或妨碍对方、阻挡对方靠近球网的合法击球，将判违例。

- 同一运动员连续两次挥拍击中球，或双打的同方两名队员连续各击中球一次，将判违例。
- 球停在球拍上，紧接着被拖带抛出，将判违例。
- 运动员严重违反或屡次违反比赛的连续性的规定或运动员行为不端，将判违例。如擅自离开比赛场地喝水、擦汗、换球拍、接受场外指导等，或故意改变球形或破坏羽毛球或举止无礼等。

（四）重发球和交换场

1. 重发球

重发球时，原回合无效，由原发球员重新发球。除发球外，球过网后，挂在网上或停在网顶，判重发球。发球时，发球方和接发球方同时被判违例，将重发球。发球方在接发球方未做好准备时，将球发出，判重发球。球在飞行时，球托与球的其他部分完全分离，判重发球。裁判员对该回合不能做出判决时，将判重发球。

出现意外情况，判重发球。

2. 交换场区

第一局比赛结束时，双方应交换场地。若局数为 1:1 时，在第三局比赛开始前，双方应交换场地。在第三局比赛中，领先一方比分达到 11 分时，双方应交换场地。若应交换场地而未交换时，一旦发现应立即交换，已得分数有效。

思 考 题

1. 从林丹的成长成才中你有何启示？
2. 羽毛球单打打法有哪些？
3. 裁判员判接球方提前移动的同时，发球裁判也判发球方违例，这种情况应如何处理？

第六章 乒乓球运动

乒乓球，是我国的国球，是一种世界流行的球类体育项目。它的英语官方名称是“Table Tennis”，意即“桌上网球”。“乒乓球”一名起源自 1900 年，因其打击时发出“Ping Pong”的声音而得名，在中国就以“乒乓球”作为它的官方名称，我国香港、澳门等地区亦同时使用。

第一节 乒乓球运动的基本知识概述

一、乒乓球运动的起源和发展

乒乓球起源于英国，由网球发展而来，欧洲人把其称为“桌上的网球”。19 世纪末，欧洲盛行网球运动，但极其受到场地和天气的限制，英国大学生便把网球移到室内，以餐桌为球台，书作球网，用羊皮纸做球拍，在餐桌上打来打去。球台和球网的大小、高度及记分方法均无统一规定，发球的方法也无严格限制。最初，这种游戏叫做“弗利姆—弗拉姆”（Flim—Flam），又称“高西马”（Goossime）。

约 1890 年，英格兰运动员詹姆斯·吉布从美国带回了赛璐璐空心玩具球，将其稍加改进，逐步在英国和世界各地推广运用。后有人根据球触拍、触桌时发出“乒”、“乓”的声音，又称这项运动为“乒乓球”。

1926 年 12 月，国际乒乓球联合会在英国伦敦成立，举行了第一届世界乒乓球锦标赛。世界乒乓球运动的发展主要经历了 5 个阶段：第一阶段欧洲全盛期（1926 年～1951 年），第二阶段日本称雄世界乒坛（1952 年～1959 年），第三阶段中国乒乓球运动的崛起（1960 年～1965 年），第四阶段欧洲的复兴和欧亚对抗（1971 年～1987 年），第五阶段进入奥运时代（1988 年至今）。

1904 年，乒乓球运动由日本传入上海。由于器材均从国外进口，故仅限于上层社会人士参加，运动水平极低。1930 年，中国队首次参加了第九届远东运动会的乒乓球赛。1935 年，中华全国乒乓球协进会在上海成立。新中国成立后，乒乓球运动得到迅速的普及与发展。20 世纪 50 年代，我国在全国范围内开展了群众性的乒乓球运动，使其技术水平得以飞速提高。1952 年 10 月，在北京举行了第 1 届全国乒乓球比赛。1959 年，我国优秀运动员容国团在第 25 届世乒赛中获得第 1 个男子单打世界冠军，这标志着我国乒乓球运动在世界乒坛的崛起。自此，我国乒乓球技术水平进入了世界最先进的行列，并长盛不衰。

二、乒乓球运动的特点和锻炼价值

（一）乒乓球运动的特点

（1）具有广泛的适应性，易普及。乒乓球运动器材设备简单，在室内外都可进行，运动量可大可小，不同年龄、不同性别、不同身体条件的人均可参加此项活动。很容易被大众所接受。它可由两人组成单打比赛，四人组成双打比赛，也可由不同性别组成男女混合双打比赛。乒乓球运动是我国广大人民群众和青少年儿童所喜爱的体育项目之一，它具有广泛的适应性和较高的锻炼价值，比较容易开展和普及。

（2）速度快、变化多。打乒乓球时，球飞行的速度是很快的，一般把球从本方台面打到对方台面不到 0.5 秒。在这样短暂的时间内，要求运动员对来球的方向、速度、旋转、落点等全面进行观察，迅速作出判断，并立即决定对策，迅速移动步伐，调整击球的位置与拍面角度，进行挥拍击球，为了适应各种复杂的变化，运动员必须经常从一个动作、战术转变到另外一个动作、战术，这就要求打乒乓球时集中注意力、反应快，神经系统特别是视觉神经要处于良好的兴奋状态。

（3）单双项目齐全。乒乓球项目设有单项、双打、团体项目。团体项目通过团体来实现，所以乒乓球项目可以培养独立思考、单独作战及集体主义精神。

（二）乒乓球运动的锻炼价值

（1）可以增强身体素质。长期参加乒乓球运动，随着水平的提高，活动范围的增大，运动量也就相应增加，这就相应地提高了力量素质、速度素质和身体灵敏性、协调性，从而达到使肌肉发达、身体健壮、关节更加稳固的效果。

（2）可以调节和改善神经系统灵活性。由于乒乓球在空中飞行速度比较快，正手攻球只需 0.15 秒就可到达对方台面。在这短暂的时间内，要求运动员对高速运动的来球方向、落点、旋转、力量等因素进行全面观察并进行判断，及时采取对策，调整击球为至于拍面角度，进行合理还击。经常从事乒乓球运动，可大大提高神经系统的反应速度。一位美国科学家这样说到："如果时间允许，又有一位合适的对手作陪练，那么打乒乓球是提高手、眼配合的最好途径。该运动可使你获益匪浅，它需要敏捷、复杂的行动与当机立断的反应；它还有许多微妙之处，技术、整体配合、节奏感、计谋，对头脑及体能均有很高的要求。在期待和压力并存时，竞赛将充分反应出你非凡的自我完善及自律精神，打乒乓球是开动脑筋的好办法。"而日本顺天堂的一位教授则认为："打乒乓才是对头脑的最佳运动。乒乓球的速度及复杂性是任何运动无法比拟的。"

（3）可以改善心血管系统和呼吸系统的功能。经常参加乒乓球运动，可以使心血管系统的结构和机能得到改善，心肌变得发达有力，心容量加大，每搏输出量增多。心搏徐缓和血压降低，提高心脏工作效率，有利于身体的新陈代谢，提高整个身体机能水平。

（4）可以提高心理素质。乒乓球运动是竞技项目，对抗激烈，比分更改速度快，运动员情绪状态非常复杂。经常经受这些变幻莫测、胜负难料的激烈竞争的锻炼，同时在比赛中要对对方战术意图进行揣摩，因此使练习者的心理素质得到了很好的锻炼。

（5）可以起到预防近视作用。在打乒乓的整个过程中，乒乓运动员双眼必须紧紧盯着穿梭往来，忽远忽近，旋转多变的乒乓球，使双眼不停地远近、上下调节和运动，眼球内部不断运转，必然不断使睫状肌放松与收缩，大大促进了眼球组织的血液供应和代谢，使血液循环增强，眼神经机能提高，因而能使眼睛疲劳消除或减轻，在一定程度内起到预防近视作用。

（6）可以促进交流，增进友谊。通过参加乒乓球运动，可以相互交流经验，切磋球技，达到相互学习，共同提高的目的。

三、乒乓球运动的分类

随着乒乓球技术及器材进步，乒乓球打法也在不断地出新，现阶段乒乓球的打法类型主要有以下几类。

（一）快攻型

本类打法可分为左推右攻型和两面攻型，本类打发起源于中国，特点是快、准、狠、变。

1. 左推右攻型打法

此类打法可以是直拍也可以是横拍，正手位以各种快攻技术抢站先

机，压制对手以制造得分机会，正手扣杀作为主要得分手段，反手位则用以推挡（直拍）或（快拨）过渡。此类打法的缺点是反手位进攻往往需要正手侧身攻来解决，对步法要求较高。此类打法在我国有广泛的群众基础，代表人物有容国团、李富容、徐寅生、张德英（女）、江加良、陈龙灿等。

2. 两面攻型打法

此类打法基本与左推右攻类似，但这类打法，反手位也可以进攻，威胁较左推右攻打法大。缺点是反手位对付弧圈时，拍型不易下压，容易将球打飞。在弧圈球盛行的今天，此类打发不易练好，但练好后也是对弧圈球威胁最大的一种打法。中国连续三届男子单打世界冠军庄则栋是其杰出的代表，自庄则栋以后两面攻打法才逐渐流行开。

（二）弧圈球

此类打法可以分为快攻结合弧圈类和弧圈结合快攻类，本类打法，特点是以强烈的上旋弧圈球作为过渡，以扣杀或前冲弧圈球作为主要得分手段。

1. 快攻结合弧圈类

此类打法可以是直拍也可以是横拍，起源与日本，日本人发明了弧圈球以后结合自己的远台长抽技术，便形成了快攻结合弧圈打法的雏形，欧洲人借鉴日本技术利用横握球拍，将此技术发扬光大。

2. 弧圈结合快攻类

此类打法和快攻结合弧圈很难分开，其实这两种打法还是有区别的，快攻结合弧圈以速度为主，弧圈结合快攻则是以旋转为主，通常用前冲弧圈来代替扣杀。例如我国名将王楠是快攻结合弧圈而李菊则是弧圈结合快攻。此类打法起源于欧洲，站位中近台，对付削球打法有较大的优势。中国运动员采用直握球拍弧圈结合快攻形成了自己的独特打法，在历届大赛上均有上乘表现。

（三）削球

此种打法是乒乓球第一打法，近年来此种打法人才凋零。自从出现弧圈球以后，削球便越来越难打。此类打法讲究后法制人，让对方失误送分。代表人物有韩国朱世赫，中国的丁松、张燮林。

以上是基本的打法类型，各种打法的互相交流，互相取长补短又形成许多新的打法，现在流行的打法大概有如下几种：①直拍左推右攻类；②直、横拍两面攻类；③直、横拍快攻结合弧圈类；④直、横拍弧圈结合快攻类；⑤横拍削、攻结合类。

第二节　乒乓球运动的基本技术

乒乓球技术主要由握拍法、基本站位、基本姿势、基本步法、发球、接发球以及推挡、攻球和搓球等各种击球方法所组成。

一、握拍和基本站位

（一）握拍

当前世界上流行的握拍法有两种：一是直握拍；二是横握拍。

1．直拍握法

此握法正反手都用球拍的同一拍面击球，一般情况下不需要两面转换，出手较快；正手攻球快速有力，攻斜、直线球时拍形变化不大，对手不易判断，便于从速度、球路和力量上取得主动；手腕动作灵活，发球可作较多变化；但反手攻球时，因受身体阻碍较难掌握，不易起重板；攻削交替时手法变化大，影响击球速度和准确性；防守时照顾面积较小。

图 6-1　直拍握法

基本握法：如图 6-1 所示，用拇指和食指握住球拍拍柄与拍面的结合部位。拍柄右侧贴在食指的第三关节内侧。食指的第二关节压住球拍的右肩，其第一关节自然向内弯曲，拇指的第一关节压住球拍的左肩，其他三指自然弯曲斜形重叠，以中指第一关节贴于球拍的 1/3 上端。

2．横拍握法

此握法照顾面比直拍大，攻球和削球时握拍的手法变化不大；反手攻球不受身体阻碍，便于发力；削球时用力方便，易于发挥手臂的力量和掌握旋转变化。但在还击左右两面来球时，需变换击球拍面；攻斜、直线球时调节拍形的幅度大、动作明显，易被对方识破；台内正手攻球也较难掌握。

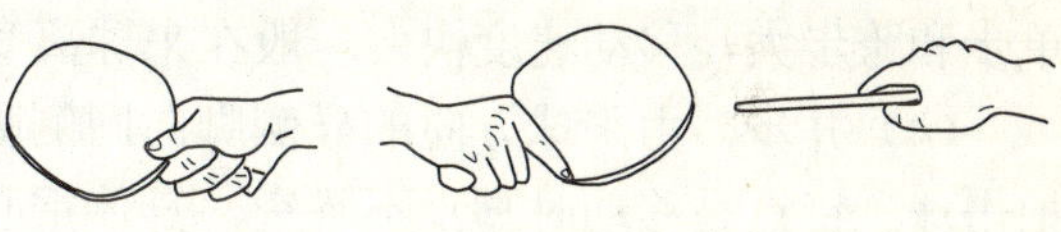

图 6-2　横拍握法

基本握法：如图 6-2 所示，以中指、无名指、小指自然地握住拍柄，拇指在球拍正面轻贴在中指旁边，食指自然伸直斜于球拍的背面，虎口轻微贴拍。

在准备击球时或将球击出后，握拍都不宜过紧或过松。过紧会使手腕僵硬，影响球的飞行弧线；过松会因拍面不稳，影响发力和击球的准确性。

（二）基本站位

乒乓球运动员的基本站位应根据不同类型的打法、个人技术特点和身体特点来选定。一般情形如下（以右手持拍为例）。

（1）左推右攻打法的运动员，其站位在近台偏左，距球台 30～40 厘米。

（2）两面攻打法的运动员，基本站位也在近台中间偏左，距球台 40～50 厘米。

（3）弧圈球打法的运动员，基本站位在中台偏左，距球台约 50 厘米。两面拉弧圈球的运动员，其站位中间略偏左。

（4）横板攻削结合打法的运动员，基本站位在中台附近；削球打法的运动员，基本站位则在中远台附近。

二、基本姿势和基本步法

（一）基本姿势

击球前身体的基本姿势应做到：①两脚平行站立，距离略比肩宽，保持身体平稳，重心置于两脚之间。②两脚稍微提踵，前掌内侧着地，两膝微屈内扣，上体含胸略前倾。③右手握拍腹前，手臂自然弯曲，持拍手腕放松，左手协调平衡。④下颌稍向下收，两眼注视来球；形如箭在弦上，视球以外无物。如图 6-3 所示。

关键是要做到重心低，起动快。两脚略比肩宽和屈膝内扣是为了保持身体重心的稳定性；脚掌内侧着地和稍微提踵是为了保证快速的起动。横握球拍时肘部向下，前臂自然平举即可，其余与直握拍相同。

图 6-3　基本姿势

（二）基本步法

乒乓球运动常用的基本步法有单步、跨步、跳步、并步、交叉步等。

（1）单步。以一脚为轴心，另一脚向前或向后、左、右移动一步，身体重心随之落到移动脚上，挥拍击球。其特点是移动简单，范围小，身体重心平稳。当来球离身体较近时采用。

（2）跨步。从来球方向的异侧脚蹬地，同侧脚向来球方向跨出一大步，身体重心随即移到同侧脚，异侧脚迅速跟上。特点是移动范围比单步大。当来球离身体较远时采用。移动速度快，多用于借力回击。

（3）跳步。以来球方向的异侧脚蹬地为主，两脚发力同时离地，异侧脚先落地，另一脚随即着地即挥拍击球。跳移过程中，身体重心起伏不宜过大，落地要稳。特点是移动范围比单步和跨步大，移动速度快，一般在来球离身体较远较急时采用。

（4）并步。由来球方向的异侧脚向同侧脚并一步，然后同侧脚再向来球方向迈一步，挥拍击球。特点是移动时脚步不腾空，身体重心平稳，移动范围不如跳步大。

（5）交叉步。来球方向的同侧脚发力，异侧脚迅速从体前做平行交叉横跨一大步，同侧脚迅速跟上落地还原，挥拍击球。特点是移动范围比其他步法大，适用于主动发力进攻，一般在来球距身体较远时采用。

三、发球和接发球

（一）发球

乒乓球比赛是从发球开始的，其技术的好坏将直接影响到得分和失分，发球是力争主动、先发制人的第一个环节。现介绍几种常用的发球技术。

1. 平击发球

平击发球速度慢，力量轻，几乎不带旋转，易掌握，是初学者的入门技术，也是掌握其他发球技术的基础。它分为正手平击发球和反手平击发球两种。

正、反手平击发球时，站位近台，抛球的同时，向右（左）侧后方引拍。当球下降至稍高于网时，上臂带动前臂向前平行挥动，拍形稍前倾，或接近垂直，击球的中上部。击球后，手臂继续向左（右）前上方顺势挥动，并迅速还原。

2. 正手发转和不转球

正手发转与不转球是用相似的动作迷惑对方，发出旋转差异较大的球，往往能够取得主动。它是中国队 1959 年发明的一种技术。

其准备姿势与正手平击发球相似。发加转球时，拍面后仰，用球拍下半部靠左的一侧去摩擦球的底部。发不转球时，拍面的后仰角度小一些，用球拍上半部偏右的一侧碰击球的中下部。

3. 发短球

发短球指发至对方距球网约 40 厘米范围内的球，且第二跳不出台。具有动作小、出手快、落点短的特点。正反手均可发短球。

在抛球时，向身体右后方引拍，手腕放松。当球从高点下降至稍高于网时，前臂向前下方稍用力，拍面后仰，击球瞬间主要以手腕发力为主，触球中上部并向底部摩擦。

4. 正手发左侧上、下旋球

用近似的发球方法发出两种旋转方向完全不同的球，极易迷惑对方，并具有较大的威胁性，是极常用的发球技术。所发出的球均具有较强烈的左侧旋。

方法：如图 6-4 所示，右脚在后，抛球时，持拍手向右上方引拍，手腕略向外展。当球下落时，手臂迅速向左下方挥动，在与网同高时触球，触球瞬间手腕快速向左上方挥动，使球拍从球的中部略偏下向左上方摩擦。发左侧下旋球时，手腕快速向左下方转动，使球拍从球的中下部向左下方摩擦。

图 6-4　正手发左侧上、下旋球

5. 侧身正、反手发高抛球

如图 6-5 所示，由于将球高抛至 2～3 米，故下降的球获得加速度，从而增大球与拍的合力，增强了发球的旋转；也因高抛球下落时间长，改变了击球节奏，可影响对手的注意力和心理状态，从而增大发球的威胁性。

图 6-5　侧身正、反手发高抛球

（二）接发球

接发球的基本方法由点、拨、带、拉、攻、推、搓、削、摆短等技术综合组成。运用这些方法接发球时，存在着一般的规律，即用某单一接发球方法可以接稳对方某种性能的发球。下面介绍一般接发球的规律和最基本的接发球方法。

（1）接上旋球。一般采用推、拨、攻、拉等技术回接。

（2）接下旋球。发过来的球速度较慢，触拍后向下反弹，用搓球回接时，注意拍面后仰以增加向前上方的发力。用拉攻或弧圈球回接时，一定要增加向上提拉的力量。

（3）接左侧上、下旋球。接左侧上旋球一般采用推、攻为宜。回接时，拍面角度要稍前倾，拍面向左偏斜以抵消来球的左侧旋，向前下方用力要相对加大，防止球触拍时向自己右上方反弹。接左侧下旋球一般采用搓、削为宜。回接时，拍面角度要稍后仰，拍面所朝方向向左偏斜以抵消来球的左侧旋，稍向上用力，防止球触拍时向自己左下方反弹。

（4）接旋转不明发球。如图 6-6 所示，当旋转判断不明时，站位应稍远，运用慢搓，击球下降中期，这样有利于增加判断时间，降低来球旋转强度和赢得接球的技术选择时间。

图 6-6　接旋转不明发球

（5）接短球。由于对方发来的球是台内近网短球，回接时最主要的是注意及时上前，以获得最适合的击球位置。同时要控制好身体的前冲力量。接发球后要迅速还原，准备下一拍来球。无论采用搓、削、挑、带哪一种方法回接短球，都应特别注意，来球是在台内，台面会影响引拍，因此要充分依靠前臂和手腕发力，同时要根据来球的旋转性能调节拍面角度、击球部位、击球时间和用力方向。

四、推挡和攻球

（一）推挡

推挡顾名思义具有推和挡的两种功能。“挡”着重防守，强调借力，如在接重板或速度较快的球时，多采用“挡”，其主要有平挡、减力挡、侧挡等技术；“推”力主进攻，强调主动加力，加快球速，主要技术有快推、加力推、推挤、下旋推挡等。这里着重介绍平挡、快推和加力推 3 种技术。

（1）平挡（挡球）。两脚平行站位，身体靠近球台。击球前，上臂贴近身体，前臂约与台面平行，球拍置于腹前，略高于台面呈半横状，拍面近乎垂直。击球时，调整好拍形，在来球上升前期触球中部或中上部，借来球的反弹力将球挡回。平挡具有速度慢、发力均匀柔和，力量小等特点。

（2）快推。近台中偏左站位，右脚稍前，上臂和肘关节靠近右侧身旁。拍面垂直，当球弹起至上升前或中期时，拍面略前倾，大臂带动前臂向前或前上方加速推出，击球中上部。

（3）加力推。动作较大，回球力量重，球速快，主要用于对付反手位速度较慢、反弹偏高的球。当来球弹至上升后期或高点期时，拍面前倾，大臂带动前臂，前臂带动手腕向前或前下方加速发力推出，击球中上部或上中部。加力推时，可以配合髋、腰以及身体前移共同发力。

（二）攻球

攻球可分为正手攻球和反手攻球两种。每种又可包括许多不同的攻球方法。下面我们主要介绍几种常用的攻球技术。

（1）正手快攻。正手快攻具有站位近、动作小、速度快、攻击性强的特点。动作时左脚稍前，身体离球台 40～50 厘米，呈基本姿势站立。以前臂为主引拍至身体右侧方。球拍呈半横状。击球时，在上臂带动下前臂和手腕由右侧方向左前上方挥动，拇指压拍，食指放松，拍面稍前倾，在来球弹起上升期，击球的中上部。击球后，手臂随势向前挥摆，迅速还原成击球前的准备姿势。

（2）正手台内攻。正手台内攻具有站位近、动作小、速度快、突然性强等特点，动作时站位近台，右方大角度来球时右脚上步，中间或偏左方向来球时左脚上步。上步同时上臂和肘部前移，前臂伸进台内迎球。当来球跳至高点期，下旋强时，拍面稍后仰，前臂和手腕向前上方发力，击球的中下部；下旋弱时，拍面接近垂直，前臂和手腕以向前发力为主击球的中部；上旋球时，拍面稍前倾，前臂和手腕向前发力击球的中上部。

（3）正手中远台攻。正手中远台攻具有站位远、动作大、力量重的特点。动作时，左脚稍前，身体离球台 1 米左右。持拍手臂较大幅度向右后方引拍，拍面接近垂直。击球时，右脚蹬地、向左转体的同时，上臂带动前臂由右后方加速向左前上方发力挥动，手腕边挥边转使拍形逐渐前倾，在来球弹起至下降前期，击球中部或中上部。

（4）正手扣杀。正手扣杀具有力量重、速度快、攻击性强的特点。动作时前臂内旋使拍面稍前倾，随着身体向右转动的同时，持拍手臂引拍于身体右后方。随着右脚蹬地，身体左转的同时，持拍手上臂带动前臂加速向左前上方发力挥动，拍面稍前倾，在来球弹起至高点期，击球的中上部。一般击球点在胸前 50 厘米为宜。

（5）反手快攻。左脚稍后，身体离球台 40～50 厘米。持拍手臂自然弯曲并外旋使拍面前倾，上臂与肘关节自然靠近身体，引拍至腹前偏左的位置。击球时，在上臂带动下前臂和手腕向右前上方挥动，同时配合外旋转腕动作，使拍面稍前倾，在来球弹起上升期，击球中上部。

（6）反手中远台攻。右脚稍前，身体离球台 0.7～1 米。身体左转的同时，持拍手的上臂和肘关节靠近身体，前臂向左下方移动，引拍至身体左侧下方，拍面稍前倾。击球时，身体右转的同时，手臂由左后向前挥动，前臂在上臂带动下，向前上方用力，并配合向外转腕，使拍面稍倾，在来球弹起下降期，击球中下部。

五、搓球

对初学者来说，首先应学反手搓球，再学正手搓球。先练习慢搓，再练习快搓。在基本熟悉以上技术之后，再练习搓转与不转的球。

（一）快搓

动作幅度较小，回球速度较快，能借助来球的前进力去回击。它是对付削球和搓球的一种方法。右脚稍前，身体靠近球台。来球在身体左侧时，可运用反手搓球。击球时，上臂迅速前伸，前臂跟随向前，拍形稍后仰，利用上臂前送力量，在上升期击球中下部。来球在身体右侧，可以运用正手搓球。搓球时，身体稍向右转，手臂向右前上引拍，然后前臂和手腕向前下方用力，在上升期击球中下部。

（二）慢搓

慢搓的动作幅度较大，回球速度较慢，靠主动发力回击，回球有一定旋转强度。反手搓球时，向左上方引拍，前臂以肘关节为轴，快速向前下方用力挥摆，伸手腕辅助用力，手指配合使拍面后仰，在球的下降前期切击球的中下部。反手搓球如图 6-7 所示，

正手搓球时，手臂外旋使拍面后仰，前臂提起，向右上方引拍至右肩高度。当来球至下降前期，手臂快速向左前下方挥摆，屈手腕辅助用力，切击球的中下部。正手搓球如图 6-8 所示。

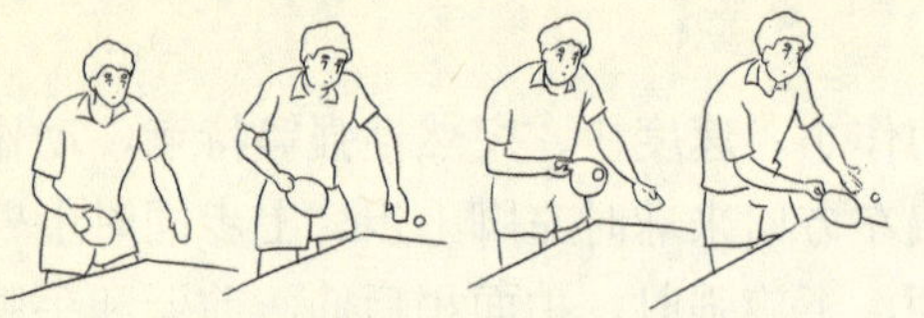

图 6-7 反手搓球

图 6-8 正手搓球

（三）搓转与搓不转

其特点是用近似手法搓出转与不转两种性质不同的球，使对方难以判断，增加其回球难度或直接导致接球失误。

动作方法：搓转与不转球的动作方法与快搓技术的动作相同。决定转与不转要看击球作用力是偏离球心还是通过球心。搓转球时，除击球速度、击球力量和拍面后仰角度要加大以外，还要在球拍切击球时切薄一些，使其作用力远离球心，形成较旋转的下旋球。而搓不转球时，减小拍面后仰角度，击球中下部并向前上推，使击球力量接近或通过球心，这样就形成相对的不转球。搓转与不转球时，一定要在相似的动作上下工夫，如若搓不转球的动作意图很明显，则会弄巧成拙，送给对方进攻机会。搓转球与搓不转球如图 6-9 所示。

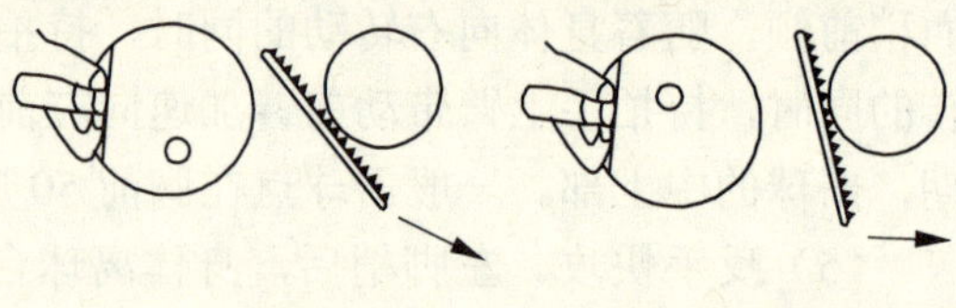

搓转球　　搓不转球

图 6-9 搓转球与搓不转球

第三节 乒乓球运动的基本战术

在乒乓球竞赛中，无论是一个队或一名运动员，经常会遇到各种各样的对手。比赛时，战术运用的目的，主要是通过有效的战略和战术，压倒对方，赢得主动和胜利，为了达到这个目的，运动员在比赛时就必须认真贯彻“积极快速，灵活多变”的指导思想，因为只有积极而又快速地去运用各种战术，才易控制对方，使自己处于主动的地位。然而在竞赛过程中，进攻与防守，主动与被动，控制和反控制，常会在全局中出现许多变化，甚至在一分的争夺中，比赛的主动权也会经历多次的易手，因此，战术又必须灵活多样，只有及时地和正确地解决比赛中所出现的各种变化，才能取得更多的主动权。

乒乓球的基本战术包括发球抢攻战术、接发球战术、对攻战术、推攻战术、搓攻战术、削攻战术等。

一、发球抢攻战术

发球抢攻战术是乒乓球所有打法特别是进攻型打法的主要战术和得分手段。发球抢攻战术以发球的旋转、速度、落点灵活变化为主要技术特征。

（一）常用的发球抢攻战术

（1）发下旋转与“不转”球抢攻。

（2）发正、反手奔球抢攻。

（3）发正、反手侧上、下旋球抢攻。

（二）发球抢攻的注意事项

（1）发球要有线路和落点变化，以便使对方在前、后、左、右走动中接发球。

（2）发球后要有抢攻准备，以便不失抢攻的机会。

（3）自己发什么球，对方可能以什么技术回击，这些要在发球前做到心中有数。这样，才能较好地做好抢攻的准备。

二、接发球战术

接发球战术是发球抢攻战术的直接对立面。接发球战术一方面要抑制、扰乱或破坏对方运用发球抢攻的战术，降低发球抢攻的质量，形成相持状态；另一方面要从被动中求主动，通过过渡性接发球技术力争在第四板抢先上手，转入对己方有利的战局，同时抓住机会采用接发球抢攻直接得分或设法取得明显的战术优势。接发球战术是各类型打法的选手都必须掌握的战术，主要有主动法、稳健法和相持法。

三、对攻战术

对攻战术是进攻型选手经常采用的战术。运用正、反手攻球、反手推挡等技术，采用攻击对方两角、追身攻、轻重结合来达到目的。常用的有以下几种：压反手，伺机正手侧身攻；调右压左，转攻两角或追身；连压中路，突变攻两角。

四、推攻战术

推攻战术主要运用正手攻球和反手推挡的速度和力量、并结合落点变化和节奏变化来压制和调动对方，以争取主动或得分。推攻战术是用左推右攻打法对付攻击型打法的主要战术，具有反手推挡能力的两面攻的运动员和攻削结合的运动员也时常使用它。其方法如下：①左推右攻。②推挡侧身攻。③推挡、侧身攻后，扑正手。④左推结合反手攻。⑤左推、反手攻后，侧身攻。⑥左推、反手攻、侧身攻后，扑正手。

五、搓攻战术

搓攻战术主要运用“转、低、快、变”的搓球控制对方，以寻找战机，然后采用低突、快点或快拉等技术展开攻势并进入连续攻；在搓球中遇到机会球时进行扣杀，常常带有突然性，往往可以直接得分。搓攻战术是乒乓球各种打法都不可缺少的辅助战术。其方法如下：①正、反手搓球结合正手快拉、快点、突击或扣杀。②正、反手搓球结合反手快拉、快点、突击或扣杀。

六、削攻战术

削攻是利用削球的旋转、节奏、落点变化来控制对方的攻势，并为进攻创造机会，达到反击对方目的的一种手段。削攻战术是削攻型打法对付进攻型、弧圈型打法的重要战术，常用的有以下几种：削转与不转球，伺机反攻；削长、短球反攻，削逼两角，伺机反攻；逢直变斜，逢斜变直，伺机反攻。

第四节　乒乓球的文化传承

一、永不言输的奥运乒乓球冠军——邓亚萍

邓亚萍（1973 年出生）：我国著名运动员，河南郑州人。1988 年进入国家乒乓球队，先

后获得 18 次世界冠军，乒乓球女子单打世界排名连续 8 年第一，共获得 4 枚奥运会金牌，被誉为“乒乓皇后”，是乒乓球坛里名副其实的“小个子巨人”。邓亚萍与前国际奥委会主席萨马兰奇忘年之交的故事曾被传为佳话！2001 年北京申奥团成员之一，北京申奥形象大使；2007 年初，出任北京奥组委奥运村部副部长。2009 年 4 月 16 日，就任共青团北京市委副书记。2010 年 9 月 26 日，邓亚萍任人民日报社副秘书长兼人民搜索网络股份公司总经理。

作为一名享誉盛名的国际运动员，邓亚萍的成功不仅在于她的体育事业的各种奖杯，更在于她成长过程中一次次突破自我的完美转型。从奥运冠军到奥运官员，她用自己的努力去完成了人生中两件完全不同的事情。

童年的邓亚萍，因为受当时体育教练父亲的影响，立志要做一名优秀的运动员。但是她个子矮，手脚粗短，根本不符合体校的要求，体校的大门没能向她敞开。于是，年幼的邓亚萍跟父亲学起了乒乓球，父亲规定她每天在练完体能课后，必须还要做 100 个发球接球的动作。邓亚萍虽然只有七八岁，但为了能使自己的球技更加熟练，基本功更加扎实，便在自己的腿上绑上了沙袋，而且把木牌换成了铁牌。对一个孩子来说，这是多么难能可贵！这不但要使身体备受煎熬，心里方面也要承受巨大的压力。小小的她，每闪、展、腾、挪一步，都可以用举步维艰来形容！腿肿了！手掌磨破了！——这是家常便饭！但她从不叫苦，不喊累。平日里负责训练的父亲，有时心疼得都直掉眼泪！

付出总有回报，由于邓亚萍的执着，10 岁的她便在全国少年乒乓球比赛中获得团体和单打两项冠军。进入国家队后，邓亚萍都是超额完成自己的训练任务，对里规定上午练到 11 时，她就给自己延长到 11 时 45 分，下午训练到 6 时，她就练到 6 时 45 分或 7 时 45 分，封闭训练规定练到晚上 9 时，她练到 11 点多。邓亚萍为了训练经常误了时间，她就自己泡面吃。长时间从事大运动量、高强度的训练，从颈到脚，邓亚萍身体很多部位都是伤病。为对付腰肌劳损，她不得不系上宽宽的护腰，膝关节脂肪垫肿、踝关节几乎长满了骨刺，平时只好忍着，实在痛得利害了就打一针封闭，脚底磨出了血泡，就挑破它再裹上一层纱布接着练。就算是伤口感染，挤出脓血也要接着练。正是在这种忘我的拼搏精神鼓舞下，邓亚萍最终取得了“乒乓皇后”的称号。正当所有人以为她回就此停下自己前进步伐时，邓亚萍又做了件让所有人都震惊的事情。她决定到高校深造，学习过去一无所知的英语。由此她开始了自己的第二次华丽转身。

刚到清华大学外语系报到时，指导老师让邓亚萍一次写完 26 个英文字母。当时在别人眼中看来最简单不过的事，她却费尽心思后才把它们写出来（似乎没有写全）。于是邓亚萍把自己的睡眠时间压缩到最低限度，经常学习到很晚才肯休息，早上 5 点起床，几乎苛刻地学习 14 个小时。有时，一边走路一边看书，就连吃饭的时间都用上了。更重要的是在打球时候一直保持的 1.5 的好视力也退到 0.6。邓亚萍不断要求自己，做作业也要和完成训练课一样，绝对是今日事今日毕，毫不含糊。邓亚萍这种刻苦学习的精神，让辅导老师和学友都深表叹服。

1998 年 2 月，邓亚萍前往英国剑桥大学读书，邓亚萍在剑桥大学的语言学校开始学习英语，短短 3 个月的时间，邓亚萍坚持每天 8 点多从自己的住所赶往学校上课。下午 3 点半下课后，她还到学院的学习中心去学习，听磁带，练自己的口语，直到晚上 8 点学习中心关门后才赶回住所。回到住所，邓亚萍也从不浪费时间，她坚持和房东用英语交流，坚持按时完成作业和预习功课。在她终于获得硕士学位后，邓亚萍又动身前往剑桥大学攻读博士学位。

长时间固定坐姿诱发了邓亚萍的颈椎病，头不能移动，一动就疼得钻心。但是，疼痛并没有把邓亚萍征服，她咬紧牙关，以一种固定的姿势坚持查阅资料和写作。最终 2008 年，她如愿以偿地获得了英国剑桥大学的经济学博士学位。

有人曾说，邓亚萍在乒乓球可以说是一个奇迹，但在有些人眼里，选择退役完成华丽转身的她更是一个奇迹。邓亚萍自己说道："我经常来总结我自己，就是我走了两次人生，用一个人生做了两件完全不同的事情，我很幸运，也很受益。我通过了艰苦的这种竞技体育的磨炼，有了这样的一种磨炼，我觉得是我一生来讲，最宝贵的一笔财富。"

二、乒乓球比赛的场地和器材的规定

比赛场地：正规比赛场地要求不小于长 14 米，宽 7 米，高 5 米。赛区用 75 厘米高的深色挡板围起，与相邻的比赛场地及观众隔开。

球台：标准的乒乓球台由两块组成，每块长 1.37 米，总长 2.74 米，台面宽为 1.525 米，球台与地面距离是 0.76 米，台面四边涂上 0.02 米宽的白线，台面中间有一条 0.003 米宽与球台长边平行的中线。

球网：网高 0.152 5 米，网与网柱、台面紧贴，网面柔软，呈暗绿色，网柱为单一颜色，其表面无光泽。

球拍：球拍的大小、形状和重量不限，但底板平整、坚硬，底板至少有 85%的天然木材，对胶皮、海绵及胶粒的密度有严格要求，球拍两面必须是两种颜色，即一面是鲜红色，另一面是黑色。

乒乓球：球为圆球体，直径为 40 毫米，质量为 2.7 克。

三、乒乓球的竞赛规则

（一）发球

（1）发球开始时，球自然地置于不持拍手的手掌上，手掌张开，保持静止。

（2）球时，发球员须用手将球几乎垂直地向上抛起，不得使球旋转，并使球在离开不执拍手的手掌之后上升不少于 16 厘米，球下降到被击出前不能碰到任何物体。

（3）球从抛起的最高点下降时，发球员方可击球，使球首先触及本方台区，然后越过或绕过球网装置，再触及接发球员的台区。双打中，球应先后触及发球员和接发球员的右半区。

（4）发球开始，到球被击出，球要始终在台面以上和发球员的端线以外，而且不能被发球员或其双打同伴的身体或衣服的任何部分挡住。

（5）运动员发球时，球与球拍接触的一瞬间，球与网柱连线所形成的虚拟三角形之内和一定高度的上方不能有任何遮挡物，并且其中一名裁判员要能看清运动员的击球点。

（二）击球

对方发球或还击后，本方运动员必须击球，使球直接越过或绕过球网，或触及球网后，再触及对方台区。

（三）失分

- 合法发球。
- 合法还击。
- 击球后，该球没有触及对方台区而越过对方端线。
- 阻挡。
- 连击。
- 用不符合规则条款的拍面击球。

- 运动员或运动员穿戴的任何物件使球台移动。
- 运动员或运动员穿戴的任何物件触及球网装置。
- 不执拍手触及比赛台面。
- 双打运动员击球次序错误。
- 执行轮换发球法时，发球一方被接发球一方或其双打同伴，包括接发球一击，完成了 13 次合法还击。

（四）计分方法

在一局比赛中，先得 11 分的一方为胜方；10 平后，先多得 2 分的一方为胜方。一场单打比赛的淘汰赛采用七局四胜制，团体赛中的一场单打或双打采用五局三胜制。

（五）接发球次序和方位

（1）在获得 2 分后，接发球方变为发球方，依此类推，直到该局比赛结束，或直至双方比分为 10 平，或采用轮换发球法时，发球和接发球次序不变，但每人只轮发 1 分球。

（2）在双打中，每次换发球时，前面的接发球员应成为发球员，前面的发球员的同伴应成为接发球员。

（3）在一局比赛中首先发球的一方，在该场比赛的下一局中应首先接发球，在双打比赛的决胜局中，当一方先得 5 分后，接发球一方必须交换接发球次序。

（4）一局中，在某一方位比赛的一方，在该场比赛的下一局应换到另一方位。在决胜局中，一方先得 5 分时，双方应交换方位。

（六）间歇

（1）在局与局之间，有不超过 1 分钟的休息。

（2）在一场比赛中，双方各有一次不超过 1 分钟的暂停。

（3）每局比赛中，每得 6 分球后，或决胜局交换方位时，有短暂的时间擦汗。

（七）竞赛方法

已经举办过的 5 届奥运会乒乓球比赛，竞赛方法大同小异，但均不完全相同，主要是采用分组预选和单淘汰加附加赛或排名淘汰赛加附加赛的方式。

思 考 题

1. 乒乓球比赛的基本方法有哪些？
2. 简述乒乓球运动的握拍方法？
3. 乒乓球运动有哪几种步法？

第七章 网球运动

网球运动是与高尔夫、保龄球、台球并称的世界四大绅士运动，其魅力在于能把激烈竞争与平心交流完美地结合在一起，对于参加运动双方的身体和心理来说都能达到一种和谐、完美的锻炼和净化，深受人们喜爱。学习网球运动的知识、技能和相关的文化，有助于参加和鉴赏网球运动。

第一节　网球运动基本知识概述

《中国大百科全书》将网球运动定义为“2 人或 4 人在中间隔一网的场地上，用球拍往返拍击一个有弹性的橡胶小球的球类运动”。了解网球运动的起源和发展，理解网球分类、特点和锻炼价值，对于提高我们对网球运动的认知水平和锻炼兴趣具有积极的意义。

一、网球运动的起源与发展

（一）网球运动的起源

网球运动的起源及演变可以用四句话来概括：网球孕育在法国、诞生在英国、开始普及和形成高潮在美国，现盛行全世界，被称为世界第二大球类运动。

早在 12～13 世纪，法国的传教士常常在教堂的回廊里，用手掌击打一种类似小球的物体，以此来调剂刻板的教堂生活，渐渐地这种活动传入法国宫庭，并很快成为王室贵族的一种娱乐游戏，开始，他们把这种游戏叫“掌球戏”，并由室内移向室外，在一块开阔的空地上，将一条绳子架在中间，两边各站一人，双方用手来回击打一种裹着头发的布球，14 世纪中期，法国王储将这种游戏使用的球赠给英皇亨利五世，于是这种游戏便传入英国，15 世纪，这种游戏由手掌击球改用板拍打球，并很快发现了一种用羊皮纸做拍面的椭圆球拍；同时，场地中央的绳子也改成了网子。16、17 世纪是这种活动的兴旺时期，逐渐形成一种比赛，因为这种运动只是在法国和英国的宫廷中流行，平民百姓无缘涉足，所以网球运动又称为“宫廷网球”、“皇家网球”和“贵族运动”等。

现代网球运动的历史一般是从 1873 年开始的，英国少校温菲尔德，在羽毛球运动的启示下，改进了早期网球的打法，并将场地移向草坪，同年出版了《草地网球》一书，提出了一套接近于现代网球的打法，1874 年，又规定了球网的大小和高低，在英国创办了简易的草地网球比赛，1875 年，英国板球俱乐部修订了网球比赛规则，于 1877 年 7 月举办了第一届温布尔登草地网球锦标赛，后来这个组织把网球场地定为长 23.77 米，宽 8.23 米的长方形，发球线距网 7.92 米，球网中央的高度为 99 厘米（在这之前，球网中央的高度是 1.42 米），并确定了每局采用 15、30、40，平分的记分方法，1884 年英国伦敦玛丽博恩板球俱乐部又把球网中央的高度定为 91.4 厘米，至此，现代网球正式形成，并很快在欧美盛行起来，成为一项深受欢迎的球类运动。关于网球运动的英语名称来源主要有两种说法，一种说法是英语中的“tennis”是从法语“tenez”（运动员发球时提醒对方注意的感叹词）演变而来的；另一种说法是裹球的布是用埃及坦尼斯镇所产的最为著名的斜纹兰绒布制作的，故而英国人将这种球称为“tennis”。

网球传入美国大约是在 1874 年，最初在美国东部各学校中开展，不久传遍全美，此时网球运动已由草地改成可以在沙土上、水泥地上、柏油路上举行比赛，1881 年世界上第一个全国性网球协会——美国全国草地网球协会正式成立，该协会当年 8 月 31 日至 9 月 3 日，在罗得岛纽波特港举行第一届美国草地网球的男子单打和男子双打锦标赛，采用了温布尔登的比赛规则。

当时的美国总统西奥多. 罗斯福非常喜爱网球运动，他不仅积极支持修建网球场，举行网球比赛，而且还经常邀请陪同他骑马、散步的朋友们在白宫球场上打网球，所以人们称他为“网球内阁”。因此，美国的网球运动得到了空前的发展，在两次世界大战中，全世界的网球都停赛了，唯独美国没有停下来，相反美国的网球运动还出现了令人惊异的高峰，极盛时期，竟有 4 000 万人参加网球运动，所以直到今天，美国的网球运动始终处于世界领先地位，优秀的网球明星层出不穷。

（二）网球运动的发展

起源于法国教会的网球运动，经过欧洲皇室的推动，逐步走向社会和平民，并在世界各地传播开来，1913 年 3 月 1 日，澳大利亚、比利时、法国等 12 个国家的网球协会代表在巴黎成立了国际网球联合会（I nternational Tennis Federation，ITF）。国际网球联合会的成立，标志着网球运动由游戏、娱乐阶段过渡到竞技、职业网球阶段。1980 年，中国网球协会被接纳为该协会正式会员，1972 年，60 名男子职业网球运动员组成了世界男子职业网球协会，即 ATP（A ssociation Tennis Professional）参加的会员是名列世界前 200 名的男子运动员，该协会的目的是维护职业网球运动员的利益，为他们提供就职比赛的机会和高额的奖金，并发行《国际网球周刊》。1973 年，女子职业网球协会宣布成立，即 WTA（Woman’s Tennis Association）。其宗旨也是为女子网球运动员提供比赛条件和奖金，帮助她们获得健康和伤残保险。在奥林匹克大家庭中，网球运动占有重要一席之地，1896 年在雅典举行的第一届奥运会上，网球的男子单打和双打被列为正式比赛项目，后来由于国际奥委会和国际网球联合会在“业余运动员”的定义上有分歧，已连续 7 届奥运会都进行的网球比赛被取消，直至 1992 年巴赛罗那奥运会上网球又被重列为正式比赛项目。

当前网球运动在世界各地得到了广泛的开展，但是水平较高的国家大多数在欧洲和美洲，如美国约有 2000 万人参加网球运动，是目前参加网球运动人数最多的国家，瑞典全国共有 800 多万人口，其中就有 100 多万人参加网球运动，是世界上网球运动人口占全国总人口比例最高的国家。可以说，网球是仅次于足球的世界第二大运动项目。随着网球器材的高科技发展，网球场地日新月异，以主动进攻为主、过渡防守为辅的战术指导思想逐渐占据了当今的世界网坛。

（三）我国网球运动概况

网球运动是在 19 世纪后期由英、美、法等国商人及传教士和士兵作为娱乐活动传入我国的，随之在上海、广州、北京等大城市出现网球活动，后来在教会学校也开展起来。

中国于 1910 年第一届全国运动会就设立了网球项目，从第三届开始设女子项目。新中国成立后，网球运动在起点低、基础差的情况下逐渐发展起来，到了20世纪80年代，随着改革开放的深入，越来越多的人喜爱网球运动，我国的网球运动水平提高得较快，1986年第十届汉城亚运会上，我国选手李心意获得女子单打冠军，目前我国女子网球的水平上升很快，尤其是在2004年成绩喜人，其中郑洁历史性地进入了2004年法网第四轮，闯入16强，而李婷、孙甜甜更是勇夺雅典奥运会的女子双打桂冠，女子双打是中国网球的突破口，郑洁、晏紫在2006年1月27日墨尔本举行的澳网公开赛上历史性地获得了中国第一个大满贯赛事冠军。同年又获得法国网球公开赛冠军。

随着我国网球运动水平的进一步提高，有很多人进入过世界排名前50位，如易景茜、李芳、郑洁、李娜、彭帅等，由于网球运动整体水平与欧美国家还有一定的差距，可以说，中国选手的每一次进步和突破都将具有历史意义，并且极大地推动着我国网球运动的发展。

二、现代网球运动的特点和锻炼价值

（一）现代网球运动的特点

1. 比赛的商业化、职业化刺激网球运动高速发展

网球的重大比赛一律不允许职业球员参加。到1968年国际网联取消了这一禁令，世界各大赛事便充满了商业色彩。当今澳大利亚、温布尔顿、法国和美国四大网球公开赛和不同级别的大奖赛、巡回赛、大满贯杯赛和独家赞助的大赛奖金额都高得惊人。在高额奖金刺激下，优秀网球选手的职业化、早期专项训练、早期参赛……推动了网球训练的变革和技术水平的提高。

2. 比赛场地的多样化促进运动员的技术更加全面

沥青混凝土涂塑硬场地球速快，适于进攻型打法，它广泛使用于各大网球比赛。英国的温布尔顿公开赛场地是草地球场，法国公开赛仍用土地，还有人造草地、合成材料制成的地毯等新型场地。多种不同性能的场地的球速和弹跳规律不同，跑动步法和调整方式也不同，要求运动员具有广泛的适应能力，从而促进运动员的技术更加全面。

3. 各项攻防技术、战术不断创新和发展

在技术上，双手反拍大大加强了反拍的攻击力，攻击性上旋高球现已发展为反拍攻击性上旋高球，提高了防范能力。鱼跃截击球技术、双打中的扑抢网技术、用快速起跳高压来对付攻击性上旋高球等高难技术不断出现。发球上网战术在快速场地上的运用，推动看接发球破网技术、战术的发展。双打接发球方的抢网战术不仅在男双而且在女双和混双中使用。这使各项攻防技术、战术已达到空前的高水平。

4. 更多的青少年选手跨入了世界水平行列，运动员有早期成熟的趋势

1985年，17岁的德国小将贝克尔夺得温布尔顿男子单打冠军，德国姑娘拉芙16岁就跻身世界前列，1987年积分超过老将纳芙纳蒂洛娃成为新的“网球女皇”；1989年，美籍华人17岁小将张德培夺得法国公开赛男单冠军，震动了世界网坛；接着南斯拉夫16岁姑娘塞莱斯脱颖而出击败各国对手，荣获1990年法国公开赛冠军，1991年又获澳大利亚公开赛和美国公开赛冠军，并蝉联法国公开赛冠军，跃居世界女子排名第一位；1997年，瑞士选手辛吉斯在她17岁时得了澳网、美网的冠军及法网的亚军。

（二）网球运动的锻炼价值

1. 网球具有良好的健身价值

有人曾经作过统计，在一场有相当水平的网球比赛中，运动员所跑的路程约在5000米左右，有的甚至达到1万米，不亚于一场激烈的足球比赛。运动员在比赛过程中，还要作出及时的判断，

不时前进或后退，左移或右转跃起，急停或猛扣等。一个网球运动员无论在力量、速度、耐力、柔韧性和灵敏性方面，都必须具备良好的素质。此外，网球运动常被人形容为“挥拍上阵”，曾有人统计过网球比赛中运动员的挥拍情况，一场比赛总的挥拍次数不少于千次，如果没有强壮有力的手臂是不能胜任的。可见，只有具备了良好的全面的身体素质，才能保证网球技术、战术的正常发挥。

2. 网球具有独特的欣赏价值

与其他体育项目相比较，网球独特的欣赏价值首先表现在它是一种技巧性很强的对抗，如发球，就有发上旋球、下旋球、侧旋、前冲，以及大力重球等等。许多运动员的超水平发挥，常常使发球技术达到炉火纯青的地步，令人叫绝。网球中的击球技术似乎很简单，无非是击空中球和落地球，然而，那些网球场上的高手，谁都有自己的一手绝活。其次，网球比赛中战术运用的巧妙也是很令人回味无穷的。网球的战术是随着网球技术的改进以及场地条件的变化而不断发展的。当然，网球战术无论怎样多变，不外是缩前吊后，抽打两边。然而，正是在网球高手拍下的这前后左右、真真假假的变化中，导演出多少令人眼花缭乱的场面，使人乐而忘返。网球独特的欣赏价值还体现在它特有的美的艺术氛围上。从场地设施到器材使用，以至比赛环境的布置，可以说网球除了讲究实用之外，无处不注意美的氛围的营造。网球运动是一项把力量美和艺术美、形体美、服饰美与环境美，比赛中竞争的激烈性与观众的文明性有机结合在一起，即把竞争性、文化性、观赏性和参与性有机结合在一起的极具魅力的体育项目，既有悠久历史，又不断得到普及发展深受群众喜爱的时尚健身运动。网球离艺术并不遥远，她典雅雍容、清新脱俗，有着遮挡不住的风韵和魅力。网球运动具有古典美。有人把网球运动赞誉为“运动芭蕾”是很贴切的，网球运动员的步伐和芭蕾演员一样轻盈优美。当然，网球之所以有其独特的欣赏价值，还因为它特有的“网球精神”。网球比赛跑动场面大，对抗激烈，且又在露天进行，运动员的体力消耗很大。规则规定要连胜两分才算取胜一局；要连胜两局才算取胜一盘。否则便要无休止地战斗下去。可见，网球比赛中不但要勇敢拼搏，而且还要能够坚韧不拔。因此，网球比赛是力量的较量，是技术、战术的较量，也是心理素质的较量。总之，人们在欣赏网球运动时，会有一种力的感受、雅的体验、美的熏陶，而这些正是网球运动所特有的魅力。

三、网球运动的分类

（一）网球比赛分类

网球比赛按比赛项目可分为团体赛和单项比赛，共有男子团体、女子团体、男子单打、女子单打、男子双打、女子双打和混合双打 7 项。

（二）网球比赛赛事分类

1. 大满贯

由 ITF（国际网球联合会）主办的四大网球赛事，级别最高，奖金总额超过 2 000 万美金，冠军可以获得 1 000 的排名积分。

赛事：澳大利亚网球公开赛、法国网球公开赛、温布尔顿网球公开赛、美国网球公开赛。

2. 大师赛（包括年终大师杯/总决赛）

由 ATP 主办的最高水平的 10 项网球大师赛，级别仅次于大满贯，每项赛事奖金总额约为 300 万美元，冠军可获得 500 的排名积分。

赛事：印第安维尔斯、迈阿密、蒙特卡洛、罗马、汉堡、加拿大、辛辛那提、马德里、巴黎。

3. 黄金巡回赛

由 ATP 主办的较高水平的网球赛事，级别次于大满贯和大师赛，自身按奖金和排名积分分为两个级别。

（1）百万级别：总奖金额超过 100 万美金，冠军可获得 300 排名积分。

赛事：迪拜、巴塞罗那。

（2）低于百万级别：总奖金额小于 100 万美金，冠军可获得 250 排名积分。

赛事：鹿特丹、孟菲斯、阿卡普尔科、斯图加特、基茨布赫、东京、维也纳。

4. 国际巡回赛

由 ATP 主办的普通级别的网球赛事，级别低于大满贯、大师赛和黄金赛，自身按奖金和排名积分分为四个级别。

（1）百万级别：总奖金额约 100 万美元左右，冠军可获得 250 排名积分。

赛事：多哈、维也纳、莫斯科、巴塞尔、圣彼得堡。

（2）80 万级别：总奖金额约 80 万～100 万美元，冠军可获得 225 排名积分。

赛事：伦敦女王杯、哈勒、斯德哥尔摩、里昂。

（3）60 万级别：总奖金额约 60 万～80 万美元之间，冠军可获得 200 排名积分。

赛事：马赛、埃斯托利尔、华盛顿、纽黑文。

（4）40 万级别：总奖金额约 40 万美元，冠军可获得 175 排名积分。

赛事：阿德莱德、清奈、奥克兰、悉尼、维纳德马尔、德尔雷海滩、巴西、圣何塞、布宜诺斯艾利斯、萨格勒布、拉斯维加斯、瓦伦西亚、休斯敦、慕尼黑、波特查赫、卡萨布兰卡、索波特、赫特根伯什、诺丁汉、格斯塔德、纽波特、巴斯塔德、阿默斯福特、印第安纳波利斯、乌马格、洛杉矶、布加勒斯特、孟买、北京、曼谷、梅斯。

第二节　网球运动的基本技能训练与基本战术

网球运动的基本技能包括握拍和基本步法、发球和接发球、底线正手击球和底线反手击球、截击球等内容，每项技能都有相应的训练方法，网球运动的基本战术包括单打战术和双打战术。认识网球运动的基本技能和基本战术，掌握其训练方法对于学好网球运动至关重要。

一、网球运动的基本技能训练

（一）握拍

目前，网球基本的握拍法可分为三种：东方式握拍法、西方式握拍法和大陆式握拍法。

1. 东方式握拍法

东方式握拍法分为正手握拍法和反手握拍法。

（1）正手握拍法。如图 7-1 所示，握拍手的虎口对正拍柄右上侧棱，手掌根与拍柄右上斜面紧贴，拇指垫握住拍柄的左垂直面，食指稍离中指，食指下关节压住拍柄右垂直面，五指紧握拍柄。拍面与地面垂直，手握拍柄好像与人握手一样。亦称“握手式”握拍法。

（2）反手握拍法。正手握拍法的基础上把手向左转动 1/4（即转动 90°）或拍柄向右转动 1/4（即转动 90°），虎口对正拍柄左侧棱面。即用手掌根压住拍柄的左上斜面，拇指直贴在拍柄的左垂直面上，食指下关节压住右上斜面。

2. 西方式握拍法

如图 7-2 所示，握拍时，球拍面与地面平行，拇指与食指几乎成直角，拇指直伸压住拍上平面，食指下关节握住右上斜面，与拍底平面对齐，手掌从上面握住拍柄。这是底线上旋攻击型打法的首选握拍方法。这种握拍法的优点在于能击出强有力的上旋球，且稳定性强。但是其技术难度相对较大，初学者在开始学习时较难掌握。

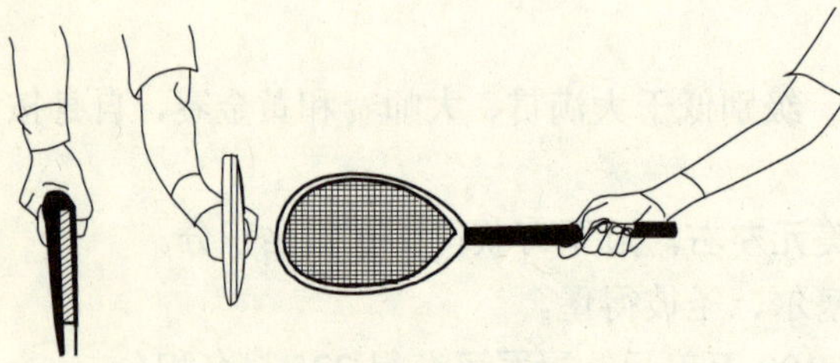
图 7-1 东方式握拍法

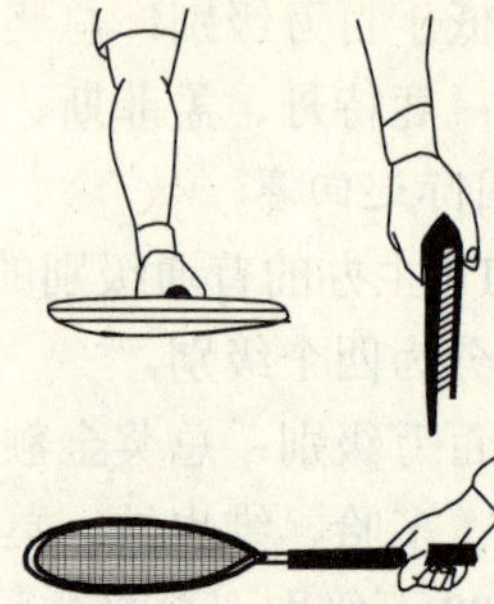
图 7-2 西方式握拍法

3. 大陆式握拍法

大陆式握拍法。如图 7-3 所示，由于其形状像握着锤子的样子，所以又称为握锤式握拍法。由拇指与食指形成的“V”字形虎口放在拍柄的上平面与左上斜面的交界线上，手掌根部贴住上平面，与拍柄底部平齐，大拇指与食指不分开，食指与其余三个手指稍分开，食指下关节紧贴在右上斜面上。这种握拍法的优点在于无论是正、反手击球时都不需要转换握拍、简单灵活。

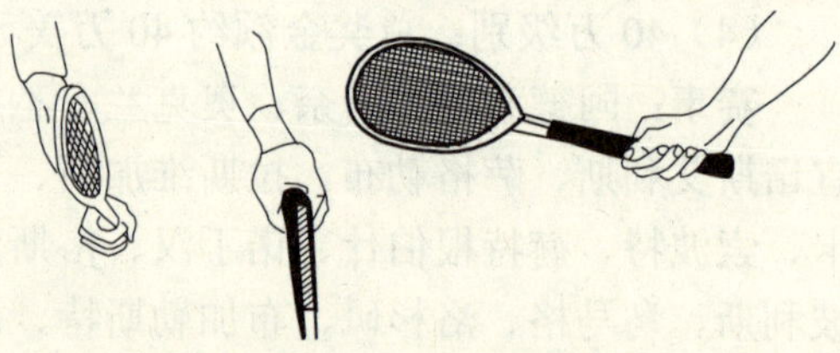
图 7-3 大陆式握拍法

但是底线击球时不容易发力，因此是底线的攻击性打法所不适宜采用的握拍方法。

（二）基本步法

网球击球时，其脚步主要采用“开放式”和“关闭式”两种方法。

1.“关闭式”步法

如图 7-4 所示，左脚向来球的方向迈出一步，两脚的假想连线与来球的方向平行。这种步法在底线正反手击球和网前截击中大量运用。初学者应首先学习这种步法。

2.“开放式”步法

如图 7-5 所示，击球时，两脚平行站立，以前脚掌为轴，转胯转体形成击球步法。通常在有一定技术基础的前提下运用这种步法。

图 7-4 “关闭式”步法

图 7-5 “开放式”步法

（三）发球

发球动作由准备姿势和站位、抛球与后摆动作、挥拍击球和随挥动作四个技术环节组成。下面介绍几种常见的几种发球方法。

1. 平击发球（见图 7-6）

平击发球的击球点应在身体的右前上方，击球的后上部，挥拍时“鞭击”动作发力要集中，充分向上伸展身体以获得最高的击球点来提高命中率。这种发球几乎没有旋转，球差不多笔直地下去，力量大，往往贴着网才能进入场内，在绝大多数场地上球反弹较低，一般用于第一发球，发球成功时有时能直接得分，但平击发球失误率较高。

图 7-6　平击发球

2. 切削发球

这种发球实用且易掌握，对初学者最适宜。它是一种以右侧旋转（稍带上旋）为主的发球法，球抛在右侧前上方，球拍击球部位在球的右侧偏上方，整个挥拍动作是从右侧上方至左下方，使球产生右侧旋转。球的飞行路线是一条从右向左的弧线，可以提高命中率，并把对方拉出场外回击，尤其在右区发球。削击发球的准确率高，常用于第二发球。

3. 上旋发球

如图 7-7 所示，上旋发球时，抛出球的位置在头后偏左的头上方；拍面的触球点在球的中部偏下方；击球时身体成弓形，利用杠杆力量对球施加旋转，球拍快速从左向右上方挥动，并从下向上擦击球的背面，使球产生右侧上旋。球的过网点较高，落地急速，球落地后反弹很高，但这种发球难度较大。

图 7-7　上旋发球

（四）接发球

接发球在态势上是被动的，受发球方的制约，并且发球在瞬间千变万化，多数发球都指向接球方软弱的地方，因此，接发球技术是最难掌握的技术之一。

重要提示　接发球的指导思想：摆脱被动，力争主动，敢于迎接强有力的发球挑战。

接发球的站位，一般位于端线附近，力求在接发球时向前移动击球。同时，保持着两脚平行站位，比肩略宽，右手持拍者一般右脚稍前，两膝微屈，上体稍前倾，脚跟提起，将球拍置于体前。

在接发球的全过程中眼睛始终要注视来球，一直到完成还击动作。要观察对手的抛球，这样有利于判断发球的方向和旋转。对方第一次发球时多采用大力发球，站位应偏后一些；如果对方是第二次发球，站位可略向前移，这样有利于采取攻击性的还击。

接大力发球时不要做大幅度的后摆动作，主要是控制好拍面角度，并握紧球拍，以免拍面被震转动。还击来球之前要观察对方行动，对自己的回球路线和落点要有所考虑。选择好接发球落点，对控制对手发球后抢攻有重要意义。

（五）底线正手击球

1. 正手平击球

如图 7-8 所示，后摆引拍时，手腕稍上翘使拍头高于手腕，并引拍至头部同高。挥拍时手腕相对固定握拍，以减少拍面挥动过程中的变化。击球时拍面与地面保持垂直并以同样拍面继续前挥。击球后，球拍向前挥动于左肩上方自然收拍。这种击球方法简单易学，适合初学者使用。

2. 正手上旋击球（见图 7-9）

正手上旋击球是从网球的后下方向前上方挥拍，整个球体受摩擦，产生一种从后下方朝前上方的旋转。其特点是飞行弧线高，落地迅速，落地后弹起的反射角度较小，产生较大的前冲力。这种击球方法适合于有一定技术基础，能发力击球的人使用。

图 7-8　正手平击球

图 7-9　正手上旋击球

3. 正手削球

如图 7-10 所示，是指以底线正手切削方法击出下旋球的技术动作。后摆引拍时，直线将球拍引至身体后侧，动作较小。挥拍时手腕固定握拍，使拍面斜向地面稳定前挥。击球时用斜向地面的拍面以切削动作在身体侧前方击球。击球后球拍随球前送，并在身体前方以左手扶拍结束动作。正手削球的底线正手击球是主要技术方法的补充，在比赛中较少使用。

图 7-10　正手削球

（六）底线反手击球

1. 反手平击球

特点是球速快，球的飞行路线比较平直，球落地后的前冲力量大。其动作方法：后摆引拍时右脚向左侧前方跨出并用力踏地，屈膝降低重心。击球时手腕绷紧，使球拍与地面垂直。挥拍击球的路线是从后向前上方比较平缓的挥击，同时左臂自然展开留在身后，保持身体的平衡。击球后，球拍应随着惯性挥至右肩上方，持拍手臂挥直。

2. 反手下旋球（见图 7-11）

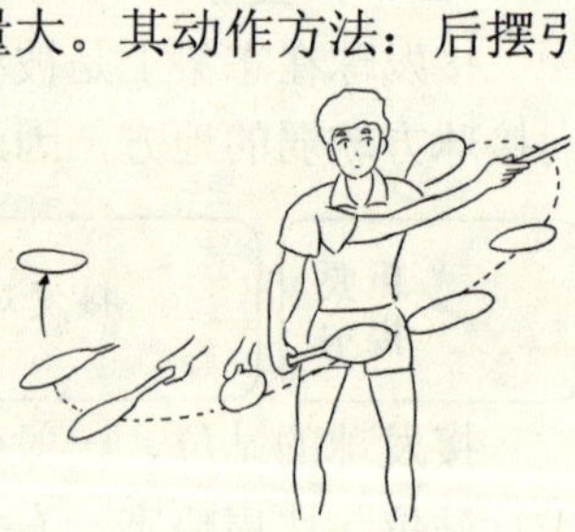

图 7-11　反手下旋球

反手下旋球一般是防御性的，反手下旋球又称为反手削球。削球时挥拍不要过于用力，击球后拍面向上做托盘状运动。击球后，不要急于把球拍提拉起来，应该让球拍平稳向前运动一段距离。下旋球的好处是击出的球向下旋转，飘向对方场区后回弹高度较低，落地后还可向前滑行。这种击球方法较为简单易学，且比较安全，适合于初学者使用。

3. 双手反手击球

这种击球方法由于双手握拍，拍面容易稳定，初学者易于学习和掌握。如图 7-12 所示，双手反手击球的准备姿势与单手反手击球相同，左手在转肩引拍的同时，顺着拍柄下滑至双手相接成双手反手握拍，引拍尽量向后，转动上体，使右肩前探侧身对网，手腕固定球拍稍稍低于击球点，右脚向左前方跨一步，重心落在左脚上，球拍从低向高向前挥出，击球点同腰高，比单手反手击球点略靠后，重心前移，随上体移动将球拍充分挥向右前上方，拍头朝上。然后迅速回到准备姿势。

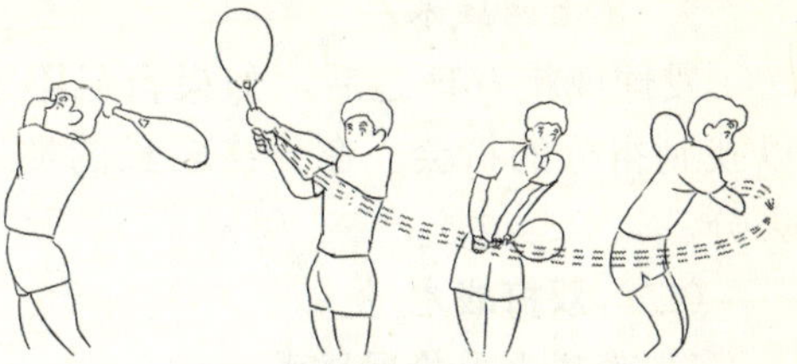

图 7-12　双手反手击球

（七）截击球

截击球是指凌空击对方来球的技术动作，即当球在落地之前将来球击回对方场区，可以在网前截击，也可以在场内任何地方截击空中球。截击球以网前截击为主。截击球的特点是缩短击球距离，扩大击球的角度，加快回球速度，在网球比赛中成为一种主要打法和进攻手段。

1. 正手截击球

图 7-13　正手截击球

如图 7-13 所示，后摆引拍时，左脚立即向右前方跨出，同时转肩，带动球拍向后引，拍头要高于握拍手，绷紧手腕，握紧球拍。截击球的动作有点像挡击或撞击，在拍面短促向前撞击的同时微微向下做切削球的动作，击球时保持拍头上翘，拍面稍向后仰。击球后有一个小幅度向前的随挥动作，随挥过程仍紧握拍。

2. 反手截击球

图 7-14　反手截击球

对大多数人来说，反拍截击比正拍截击更容易，因为它更符合人体解剖学肌肉用力结构特点。其技术要点是：如图 7-14 所示，后摆引拍时，右脚立即向左前方跨出，左手扶拍手向后拉拍，同时转肩，做短距离后摆引拍动作，拍头高于握拍手，眼睛注视来球。挥拍击球时，左手松开稍后伸，右手握紧球拍前挥并在身体前方切削来球。向前挥拍时，两只手的动作好像在拉长一根橡皮筋，以保持身体平衡。

二、网球运动的基本战术

（一）单打战术

1. 变换发球的位置

一个聪明的队员要知道通过改变发球的位置来取得优势。因为这种战术迫使对手必须从不同角度来判断不同旋转的球，回球的难度会大很多。

2. 发球上网战术

发球上网是利用发球的力量进行主动进攻，先发制人，然后上网抢攻的一项主要战术。它是上网型选手在比赛中的主要得分手段。

3. 接发球破网战术

对付发球后直接冲到网前的对手，挑出有深度的高球是相当有效的破网方法。

4. 攻击对方反手

众所周知，绝大部分球员的反手是比较弱的，只要加大力量攻击对方反手，迫使对方逐步离开场区的位置，就可掌握主动权。

5. 不上网战术

发球或接发球之后，如果自己不上网，应该把对方也控制在端线后面，使对手也难以找到得分的机会。在一次较长的端线来回球中，谁耐不住性子，谁就有可能因失误而失分。

（二）双打战术

1. 发球上网抢网战术

运用抢网战术首先是网前同伴可以在背后做手势，告诉发球员应发什么落点，抢与不抢；采取此战术可以干扰对方接发球，为发上网前得分及抢网得分创造条件。其次要强调发球员的发球质量、成功率和落点的变化。

2. 澳大利亚网前战术

澳大利亚网前战术的特别之处是发球方的一名同伴以低姿势在网前的中央准备截击。这样能给接发方造成很大的压力，起到破坏对方接发球节奏，为发球上网截击和抢网创造有利条件。运用这一战术时，要求同伴告知发球落点和抢与不抢，另外第一发球成功率要高，这样才能有良好的战术效果。

第三节 网球运动的文化传承

在网球运动长期的发展过程中，形成了网球运动员礼仪、网球比赛规则、比赛场地和设备规则，涌现了一批网球明星。我们学习并弘扬网球运动的精神文化、制度文化和物态文化，对于发展网球运动具有积极意义。

一、网球运动员礼仪

表 7-1 网球运动员礼仪

序号	运动员礼仪
01	尊重是最高准则。“尊重网球场上的一切人与物”，这是网球运动员最起码的行为准则，它包括尊重对手、观众、工作人员、服务人员，包括尊重球网、网柱、球拍、球等
02	球员参加比赛时，在赛前练球热身过程中有义务为对方的练习提供帮助，任何有意妨碍对方练习的做法都是有失风度的
03	球场上不要踢球，网球是用拍子打的，不是用脚踢的
04	网球场上应该听从裁判的判决。裁判员与球员之间有时会因界内界外的问题发生分歧，这时候球员应尽量保持情绪上的稳定，如有球印可向裁判指出，没有则服从裁判，而裁判所要做的是尊重球员的汗水和努力，最大限度认真地裁决每一个球，避免错判、漏判的发生。
05	如果打出一记幸运球（luck ball-球擦网后，改变方向和速度，落在对方场内，一般对手接不住），要举拍示意表示承认这是运气所导致的而并非说对不起
06	对方就位后再发球，发球时最好先看一看对方是否已做好了接球的准备，不要连看都不看一眼就把球发出去

二、网球比赛规则

网球比赛分为单打和双打两种形式。球员用网球拍将球击过网，落入对方的场地上。每位球员的目的都是尽力将球打到对方的场地上去。就这样一来一回，直到有一方将球打出界或没接到球为止。在正式比赛前，需要确定比赛由谁先发球。整个比赛中，双方球员轮流发球。发球员在发球前应先站在端线后，中点和边线的假定延长线之间的区域。发出的球应从网上越过，落在对角的对方发球区内。每局第一分球记为 15，第二分球为 30，接下来为 40。每局比赛中，至少要比对手多 2 分球才能结束该局比赛。

（一）发球规则

1. 发球前的规定

发球员在发球前应先站在端线后、中点和边线的假定延长线之间的区域，用手将球向空中任何方向抛起，在球接触地面以前，用球拍击球（仅能用一只手的运动员，可用球拍将球抛起）。球拍与球接触时，即算完成球的发送。

2. 发球时的规定

发球员在整个发球动作中，不得通过行走或跑动改变原站的位置，两脚只准站在规定位置，不得触及其他区域。

3. 发球员的位置

（1）每局开始，先从右区端线后发球，得或失一分后，应换到左区发球。

（2）发出的球应从网上越过，落到对角的对方发球区前的方格内，或其周围的线上。

4. 发球失误

未击中球；发出的球，在落地前触及固定物（球网、中心带和网边白布除外）；违反发球站位规定。发球员第一次发球失误后，应在原发位置上进行第二次发球。

5. 发球无效

发球触网后，仍然落到我方发球区内；或对方接球员未作好接球准备。

6. 交换发球

第一局比赛终了，接球员成为发球员，发球员成为接球员。以后每局终了，均依次互相交换，直至比赛结束。

（二）通则

1. 交换场地

（1）双方应在每盘的第 1、3、5 等单数局结束后，以及每局结束双方局数之和为单数时，交换场地。

（2）在抢 7 分比赛中，双方分数相加每 6 分更换一次场地。

2. 失分

发生下列任何一种情况，均判失分。

（1）在球第二次着地前，未能还击过网。

（2）还击的球触及对方场区界线以外的地面、固定物或其他物件。

（3）还击空中球失败。

（4）故意用球拍触球超过一次。

（5）运动员的身体、球拍，在发球期间触及球网。

（6）过网击球。

（7）抛拍击球。

（8）发球双失误。

（9）击球时人的身体触网。

3. 压线球

落在线上的球都算界内球。

4. 休息时间

（1）分与分之间，捡到球后直至发出，最大间隔 25 秒。

（2）单数局结束交换场地时可休息 90 秒。

（3）每盘结束可休息 120 秒。

（4）每盘的第一局结束后，交换场地时不能休息。

（5）在抢 7 分比赛中，双方分数相加 6 分，更换场地时不能休息。

（三）双打规则

1. 双打发球次序

每盘第一局开始时，由发球方决定由何人首先发球，对方则同样地在第 2 局开始时，决定由何人首先发球。第 3 局由第 1 局发球方的另一球员发球。第 4 局由第 2 局发球主的另一球员发球。以下各局均按此顺序发球。

2. 双打接球次序

先接球的一方，应在第 1 局开始时，决定何人先接发球，并在这盘单数局，继续先接发球。双方同样应在第 2 局开始时，决定何人接发球，并在这盘双数局继续先接发球。他们的同伴应在每局中轮流接发球。

3. 双打还击

接发球后，双方应轮流由其中任何一名队员还击。如运动员在其同队队员击球后，再以球拍触球，则判对方得分。

（四）计分方法

1. 胜一分

遇到下列情况时，判对方胜 1 分：

（1）发球员连续两次发球失误或脚误时。

（2）接球员在发来的球没有着地前用球拍击球，或球触及自己的身体及所穿戴的衣物时。

（3）在球第二次落地前未能还击过网时。

（4）还击球触及对方场区界线以外的地面、固定物或其他物件时。

（5）还击空中球失败时。

（6）在比赛中，击球员故意用球拍拖带或接住球，或故意用球拍触球超过一次时。

（7）“活球”期间运动员的身体、球拍（不论是否握在手中）或穿戴的其他物件触及球网、网柱、单打支柱、绳或钢丝绳、中心带、网边白布或对方场区以内的场地地面。

（8）还击尚未过网的空中球（过网击球）。

（9）除握在手中（不论单手或双手）的球拍外，运动员的身体或穿戴的物体触球。

（10）抛拍击球时。

（11）比赛进行中，运动员故意改变其球拍形状。

（12）对方发球或回球时出界。（注意：出界的判法为球的第一个落点是否过第二白线）

2. 一局

（1）每胜 1 球得 1 分，先胜 4 分者胜 1 局。

（2）双方各得 3 分时为“平分”，平分后，净胜两分为胜 1 局。

3. 一盘

（1）一方先胜 6 局为胜 1 盘。

（2）双方各胜 5 局时，一方净胜两局为胜 1 盘

4. 决胜局计分制

在每盘的局数为 6 平时，有以下两种计分制。

（1）长盘制：一方净胜两局为胜 1 盘。

（2）短盘制（抢七）：决胜盘除外，除非赛前另有规定，一般应按以下办法执行。

A. 先得 7 分者为胜该局及该盘（若分数为 6 平时，一方须净两分）。

B. 首先发球员发第 1 分球，对方发第 2、3 分球，然后轮流发两分球，直到比赛结束。

C. 第 1 分球在右区发，第 2 分球在左区发，第 3 分球在右区发。

D. 每 6 分球和决胜局结束都要交换场地。

5. 短盘制的计分

（1）第 1 个球（0:0），发球员 A 发 1 分球，1 分球之后换发球。

（2）第 2、3 个球（报 1:0 或 0:1，不报 15:0 或 0:15），由 B 发球，B 连发两分球后换发球，先从左区发球。

（3）第 4、5 个球（报 3:0 或 1:2，2:1，不报 40:0 或 15:30，30:15），由 A 发球，A 连发两球后换发球后换发球，先从左区发球。

（4）第 6、7 个球（报 3:3 或 2:4，4:2 或 1:5，5:1 或 6:0，0:6），由 B 发 1 分球之后交换场地，若比赛未结束，B 继续发第 7 个球。

（5）比分打到 5:5，6:6，7:7，8:8……时，需连胜两分才能决定谁为胜方。但在记分表上则统一写为 7:6。

（6）决胜局打完之后，双方队员交换场地。

6. 赛制

实行淘汰赛。一场比赛中，男子单打比赛除大满贯赛事和 ATP 1000 大师系列赛决赛采用五盘三胜制以外，均使用三盘两胜制。女子比赛全部采用三盘两胜制。

三、比赛场地和设备规则

（一）比赛场地规则

1. 球场

球场应为长 23.77 米，宽 8.23 米的矩形，如图 7-15 及图 7-16 所示。

中间由一条挂在最大直径为 0.8 厘米粗的绳索或钢丝绳上的球网分开。

2. 球网

球网。球网（见图 7-17）粗绳索或钢丝绳最大直径为 0.8 厘米，网的两端应附着或挂在两个网柱顶端，网柱应为边长不超过 15 厘米的正方形方柱或直径为 15 厘米的圆柱。网柱不能超过网绳顶端 2.5 厘米。每侧网柱的中点应距场地 0.914 米，网柱的高度应使网绳或钢丝绳顶端距地面的垂直距离为 1.07 米。

在单双打两用场地上悬挂双打球网进行单打比赛时，球网应该由两根高度为 1.07 米的“单打支杆”支撑，该支杆截面应是边长小于 7.5 厘米的正方形方柱或直径小于 7.5 厘米的圆

柱。每侧单打支杆的中点应距单打边线 0.914 米。

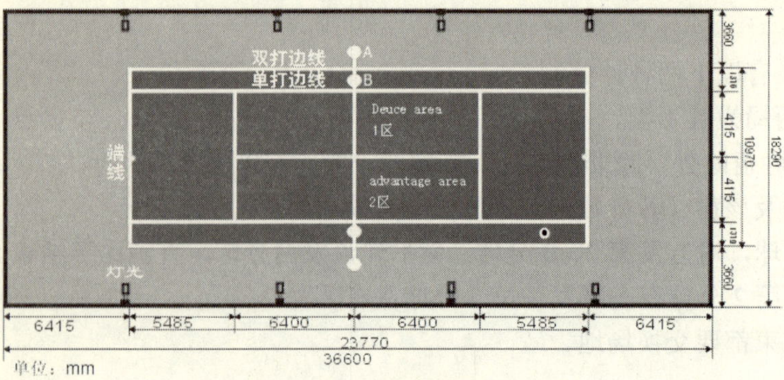

双打网柱中心点 A 距离双打边线外沿为 1'(30.4cm)
单打网柱或支架中心点 B 距离单打边线外沿为 1'(30.4cm)
通常硬地端线宽度为 10cm，其他线均为 5cm 宽

图 7-15　网球场地尺寸

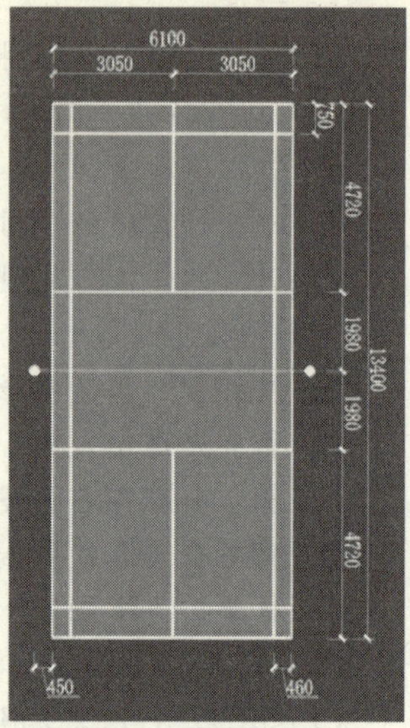

图 7-16　网球场地规格

图 7-17　球网

图 7-18　网球

网球。球网（见图 7-18）需要充分拉开，以便能够有效填补两根支柱之间的空间，并有效打开所有网孔，网孔大小以能防止球从球网中间穿过两侧。球网中点的高度应该是 0.914 米，并且用不超过 5 厘米宽的完全是白色的网带向下绷紧固定。球网上端的网绳或钢丝绳要用一条白色的网带包裹住，每一面的宽度介于 5 厘米到 6.35 厘米。在球网、网带及单打支杆上都不能有广告。

3. 球场线

球场两端的界线叫底线，两边的界线叫边线。在距离球网两侧 6.4 米的地方各画一条与球网平行的线，为发球线。

球网与每一边的发球线和边线组成的场地再被发球中线分为两个相等的区域，为发球区，发球中线是一条连接两条发球线中点并与边线平行的线，线宽须为 5 厘米。每一条底线都被一条长 10 厘米、宽 5 厘米的发球中线的假定延长线分为相等的两个部分，由一条短线分隔，该短线为“中点”，它与所处的底线呈直角相连，自底线向场内画。除了底线的最大宽度可以不超过 10 厘米以外，所有其他线的宽度均应在 2 厘米到 5 厘米之间。所有的测量都应以线的外沿为准。

4. 永久固定物

网球场地上的永久固定物不只包括球网、网柱、单打支杆、网绳、钢丝绳、中心带及网带，以下情况也算永久固定物，如球场四侧的挡板、看台、环绕球场固定或可移动的椅子、观众，以及所有场地周围和上方的配套设施，还有出于各自预定位置的裁判、司网裁判、脚误裁判、司线员和球童。

ITF 说明：为使本规则充分执行，“裁判员”的含义为，坐在球场裁判席的裁判，以及所有在比赛中协助裁判执法的工作人员。

如果广告位于球场后侧司线的椅子后面，则广告中不能包括白色或黄色。浅色只有在不干扰球员视线的情况下才允许使用。

ITF 说明 1：在戴维斯杯、联合会杯和国际网联主办的巡回赛中，对于底线后侧和边线两侧区域大小的具体要求分别包括在各项赛事的相关条款中。

ITF 说明 2：对于俱乐部和业余选手，底线后侧场地距离至少为 5.5 米，边线侧面距离至少 3.05 米。

（二）比赛设备规则

1. 网球

网球上用球外部需要由纺织材料统一包裹，颜色为白色或黄色，接缝处需无缝线痕迹。用球的尺寸需要符合附录一第四条中的要求（球的检测在规则三中有具体说明），重量要介于 56.7 克和 58.5 克之间。在从 254 厘米的高度向混凝土地面作自由落体运动时，反弹的高度应该介于 134.62 厘米和 147.32 厘米之间。当在球上施加 8.165 千克的压力时，向内发生弹性形变应该介于 0.559 厘米和 0.737 厘米之间，压缩后反弹形变的范围应该介于 0.8 厘米和 1.08 厘米之间。这两种形变数据应该是以球的三个轴测试后得到的平均值。在每一种情况下任何两个数据之间的差异不能大于 0.076 厘米。网球样式如图 7-19 及图 7-20 所示。

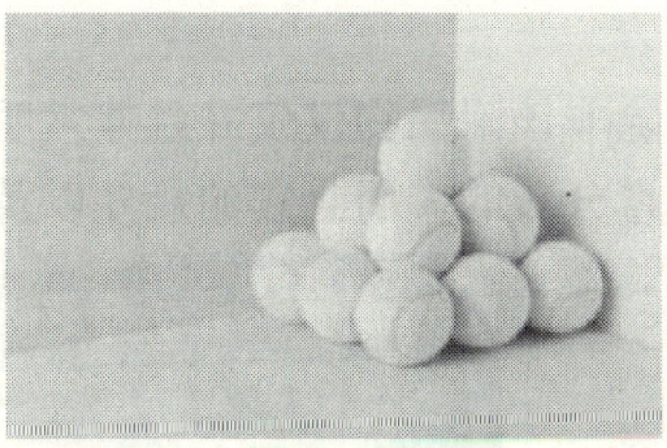

图 7-19 网球

图 7-20 网球和网球拍

如果在海拔 1219 米的高度进行比赛，就需要采用另外两种特殊用球。第一种是除弹跳高度要介于 121.92 厘米和 134.62 厘米以外，还要使球的内压大于外部气压，其他方面则与上面的描述完全相同，这种球通常被称为增压球；第二种球除弹跳高度要在 134.62 厘米和 147.32 厘米之间外，还要使球的内压大约等于外部的气压，并且能在指定的比赛场地的海拔高度保持 60 天以上，其他方面则与上面的描述完全相同，这种球通常被称为零压球或无压球。

国际网球联合会将对任何关于某种球或样品是否符合上述标准，或是否可以被批准用于比赛的问题进行裁决。这种裁决有可能是国际网联本身主动进行的行为，也可以依据所有真正感兴趣的人或包括任何选手、器材生产厂商或国家网球协会，以及他们的会员的申请来进行。这类申请与裁决应该按照国际网联的审查与听证程序来进行。

ITF 说明：所有按照本网球规则进行的比赛中所使用的网球，必须列在由国际网联颁布的 ITF 官方批准用球的名单上。

2. 球拍

网球拍（见图 7-21 及图 7-22）不符合下列要求的球拍不允许在按照本规则进行的比赛中被使用。

图 7-21 球拍 1

图 7-22 球拍 2

（1）球拍的击球面应该是平坦的，由连接在球拍框上的拍弦组成统一规则，拍弦在交叉的地方应该是相互交织或相互结合的；拍弦所组成的试样应该大体一致，中央的密度特别不能小于其它区域的密度。球拍的设计和穿弦应使球拍正反两侧在击球时性质大体保持一致。

拍线上不应有附属物或突出物，除非该附属物仅仅并且非常明确的是用来限制和防止拍弦磨损、撕拉或振动的，而且它的尺寸以及位置也必须是合理的。

（2）从 1997 年 1 月 1 日起，在职业比赛中使用的球拍拍框的总长度（包括拍柄）不能超过 73.66 厘米。从 2000 年 1 月 1 日起，在非职业比赛中使用的球拍拍框的总长度（包括拍柄）不能超过 73.66 厘米。在此之前，非职业比赛所使用的球拍的最大长度为 81.28 厘米。拍框的总宽度不能超过 31.75 厘米。穿弦平面的总长度不能超过 39.37 厘米，总宽度不能超过 29.21 厘米。

（3）拍框、包括拍柄都不能有附属物和装置，除非该附属物仅仅并且非常明确的是用来限制和防止球拍磨损、破裂、振动或是用来调整重量分布的，而且它的尺寸以及位置也必须是合理的。

3. 球场种类

网球场可分为室外和室内，且有各种不同的球场表面。其将由经济因素所决定。例如草地网球是最基本的户外场地，但是其建立和保养费用太昂贵，所以现在已由人造球场取代，它较便宜容易保养。另外有一种在欧洲盛行的红土球场，法国公开赛即为此种球场。

图 7-23 温网场地

（1）温网场地（草地）。草地球场（见图 7-23）是历史最悠久、最具传统意味的一种场地。其特点是球落地时与地面的摩擦小，球的反弹速度快，对球员的反应、灵敏、奔跑的速度和技巧等要求非常高。因此，草地往往被看成是“攻势网球”的天下，发球上网、随球上网等各种上网强攻战术几乎被视为在草地网球场上制胜的法宝，底线型选手则在草地网球场上难有成就。但是，由于草地球场对草的特质、规格要求极高，加之气候的限制以及保养与维护费用昂贵，很难被推广到世界各地。目前每年的寥寥几个草地职业网球赛事几乎都是在英伦三岛上举行的，且时间集中在六、七月份，温布尔登锦标赛是其中最古老也最负盛名的一项。

（2）红土场。更确切的说法是“软性球场”，其最典型的代表就是红土场地（见图 7-24）的法国网球公开赛。另外，常见的各种沙地、泥地等都可称为软性场地。此种场地特点是球落地时与地面有较大的摩擦，球速较慢，球员在跑动中特别是在急停急回时会有很大的滑动余地，这就决定了球员必须具备比在其他场地上更出色的体能、奔跑和移动能力，以及更顽强的意志品质。在这种场地上比赛对球员的底线相持功夫是一个极大的考验，球员一般要付出数倍的汗水及耐心在底线与对手周旋，获胜的往往不是打法凶悍的发球上网型选手，而是在底线艰苦奋斗的一方。

（3）硬地场。现代大部分的比赛都是在硬地网球球场上进行的，也是最普通、最常见的一种场地。硬地网球场（见图 7-25）一般由水泥和沥青铺垫而成，其上涂有红、绿色塑胶面层，其表面平整、硬度高，球的弹跳非常有规律，但球的反弹速度很快。许多优秀的网球选手认为，硬地网球更具“爆发力”，而且网球比赛中硬地球场占主导地位，必须格外重视。需注意的是硬地不如其他质地的场地弹性好，地表的反作用强而僵硬，所以容易对球员造成伤害，而且这种损害已使许多优秀的网球选手付出了很大代价。

图 7-24 法网 场地（红土）

图 7-25 澳网 场地（硬地）

（4）地毯场。顾名思义，这是一种“便携式”可卷起的网球场，其表面是塑胶面层、尼龙编织面层等，一般用专门的胶水粘接于具有一定强度和硬度的沥青、水泥、混凝土底基的地面上即可，有的甚至可以直接铺展或粘接于任何有支持力的地面上，其铺卷方便、适于运输且有非常强的适应性，室内室外甚至屋顶都可采用。球的速度需视场地表面的平整度及地毯表面的粗糙程度而定。在保养上此种场地也是非常简单的，只要保持地面清洁，不破损、不积水（对与相应的排水设施配套）就可以了。

思 考 题

1．网球运动有哪些基本战术？
2．网球运动有哪些基本技能，如何训练？
3．网球运动的比赛规则是什么？

第八章 啦啦操运动

啦啦操是美国的一项时尚运动，托举、人塔、空翻、抛接等动作缤纷闪亮，充满青春气息。不仅多元化的表演让人目不暇接，啦啦操更集团队协作、奋发向上、自信热情于一身，代表着张扬热烈、朝气蓬勃的精神力量。啦啦操也是健美操的一种，但是相对于健美操又比较容易，一直以来是作为球赛或其他一些比赛中场休息时候作为啦啦队的表演，后来就开始形成一种项目进行比赛。我们了解啦啦操的基本知识和文化、掌握啦啦操的基本技能和训练方法，有利于啦啦操运动的普及和推广。

第一节 啦啦操运动的基本知识

啦啦操是一项深受广大群众喜爱的、普及性极强，集体操、舞蹈、音乐、健身、娱乐于一体的体育项目。以多人的集体项目。学习了解啦啦操运动的起源与发展，啦啦操运动的意义、特征等基本知识，有利于提高对啦啦操的认知水平和参加啦啦操运动的积极性自觉性。

一、啦啦操运动及其特征

（一）啦啦操运动的定义和分类

1. 啦啦操的定义

啦啦操：英文 cheerleading，起源于美国。是指在音乐伴奏下，通过运动员集体完成复杂、高难的项目特有的难度、过渡配合、基本手位与舞蹈动作，充分展示团队高超的运动技能技巧，体现青春活力、积极向上的团队精神，并努力追求最高团队荣誉感的一项体育运动。

啦啦操是一项深受广大群众喜爱的、普及性极强，集体操、舞蹈、音乐、健身、娱乐于一体的体育项目。“世界啦啦操锦标赛”，是全球啦啦队界的一项重要赛事。2010 年 4 月 21 日～26 日，在美国奥兰多迪斯尼乐园赛场里，迎来全球 60 多个组织、20 多个国家的上万名顶尖高手参加，其中包括了代表中国首次出征的 8 支队伍。

2. 啦啦操运动的分类

啦啦操是以团体操的形式出现的，分为技巧啦啦操和舞蹈啦啦操。

（1）技巧啦啦操是指以翻腾、托举、抛接、金字塔组合、舞蹈动作、过渡连接及口号等形式为基本内容的团队竞赛项目，包括集体技巧啦啦操、五人配合技巧啦啦操、混双配合技巧啦啦操。其中技巧啦啦操包括 Mixed（男女混合组）、All Female（全女子组）和 Partner stunts（舞伴特技）。

（2）舞蹈啦啦操是指以舞蹈动作为主，通过展示各种舞蹈技巧和元素并结合道具为基本内容的团队竞赛项目，包括花球、街舞舞蹈啦啦操（Hip Hop）、爵士舞蹈啦啦操（Jazz）和自由舞蹈啦啦操。

目前，我国啦啦操比赛有规定套路、舞蹈自编套路和技巧自编套路。规定套路是指中国大学生健美操艺术体操协会啦啦操专项委员会审定的运动员等级规定动作，成套动作时间为 1 分 30 秒，前后有 10 秒的宽容度。舞蹈自编套路自编成套时间为 2 分 30 秒，前后有 10 秒的宽容度。从第一个声音响起开始计时，到最后一个声音结束完成计时。比赛人数 6～30 人（性别不限）。

（二）啦啦操运动的特征

啦啦操运动满足了社会、学校背景下多种角色的需求，多样化地适应于校园的竞赛以及职业体育的娱乐功能。从啦啦操运动的诞生到如今发展为具有国际影响力的竞技赛事，校园啦啦操运动得到了社会的普遍认可，针对校园啦啦操队员的积极评价占据了主导地位。

1．啦啦操运动的外显性特征

（1）啦啦操表演形象的动感活力性。啦啦操运动充分体现着一种朝气蓬勃、健康向上的精神，因此，啦啦操队员必须拥有一个青春的形象、健康的体魄和健美的体形。男运动员要有明显的肌肉线条，体形匀称成倒三角，女运动员要具有明快的肌肉曲线美，上下肢比例匀称，皮肤色泽光亮健康。所有的啦啦操队员要求五官端正、仪态端庄、青春靓丽，具有当代青少年的青春美和健康美。

（2）啦啦操表演技术的风格突出性。技术特点是指啦啦操运动所特有的技术风格。啦啦操运动的技术特点不同于健美操和舞蹈，它更加体现所有肢体类动作在过程中通过短暂加速和定位制动来实现其特有的力度感，适当的慢板动作是允许的，但只作为过渡动作出现。要求运用啦啦操基本手位、步伐、跳跃并结合多种舞蹈元素、口号等，通过多种空间、方向、队形、节奏的变化展示出啦啦操运动的项目特征。

（3）啦啦操表演组织的团结协作性。啦啦操运动是以集体形式展开活动的。国际全明星啦啦操协会规定：参赛人员性别不限，参赛人数为 6～30 人。只有在人数上达到一定要求时，才能编排更多的具有创造性、复杂技巧的动作及更多层次的动作，完成更多的空间转换及队形变换，才能真正体现啦啦操运动的无限魅力。啦啦操运动在技能上，需要队员间的技术、经验交流以达到技能的实施和配合的默契。啦啦操运动在拖举、抛接、金子塔组合中彰显队员的团结协作，为了队伍的整体机能得到最大限度的发挥，强调成员之间的相互激励、相互配合，以争取团队目标的实现。

2．啦啦操运动的内隐性特征

（1）集中体现健康快乐、积极向上的精神。啦啦操运动从最初体育赛事的附属品逐渐发展为一项竞技赛事。作为一个独立的运动项目，有世界杯、锦标赛等。在啦啦操队员身上蕴含着无限的热情和魅力。无论啦啦操队员的外部形象还是他们的表演都会折射出一种青春美丽、蓬勃向上的气息。这种健康和快乐是由内而外，发自内心的。比赛时啦啦操队员都会按照规定身穿专业服装，适当着妆，仪表整洁、大方、健康、美丽。生活中，啦啦操队员都会展现出清新、时尚的仪表，体现健康、阳光的时代感，展现良好的风貌，引领健康活力的新风尚。啦啦操运动代表着健康快乐、积极向上的精神，向社会昭示着青春一代的风采。

（2）强调通力合作、集体至上的团队精神。协作精神、服务精神和大局意识三者集中体现着“团队精神”。团队精神的核心是协同合作，基础是尊重个人的兴趣和成就，最高境界是全体成员的凝聚力、向心力。在啦啦操运动中，抛接等一系列动作时没有队员之间的密切配合就没有可能完成。啦啦操运动最重要的因素是“安全”，“安全”意识贯穿于啦啦操运动的始终。

（3）凸显奋斗进取、顽强拼搏的竞争精神。在啦啦操运动中，很多不同的手势分别代表着团结、力量、胜利、自信张扬、勇往直前等含义。奋斗与进取的精神也体现在各种不同风格的标语和口号中，这些代表着奋斗、进取精神的元素鼓励队员顽强拼搏，越战越勇。啦啦操运动能够培养啦啦操队员自身奋斗拼搏、积极进取的精神，同时他们的这种精神也会激励体育比赛中的每一个队员不畏困难、勇往直前，最终取得比赛的胜利。

（4）培养个人综合能力、提升领导能力。啦啦操队员的英文名称为 cheerleader，直译为“欢呼的领导者”，他们在观众面前欢呼雀跃，激起观众的热情，赢得观众的尊敬并领导他们，成为团队的领导者和指挥者。可以说，啦啦操队员是天然的领导者和指挥家，美国学校里的啦啦操队员有 83%在学校的组织中保持领导地位，成为学校主要的学生干部。在啦啦操运动发展早期，啦啦操队员的职责是在赛场外带领人群呐喊。能够成为一名勇敢的“啦啦操队员”，是学生在大学生活中最有价值的经历之一。作为职业或者是公众生活的头衔，它仅次于橄榄球四分卫的角色。此荣誉等同于高校体育运动中的英雄以及其他学生中的领导者。欢呼引领者具有超凡魅力，是高大的领导者，他们由于良好的声望与品性、有目共睹的领导能力被选中。橄榄球四分卫和啦啦操队员都是大学生活中领导阶层的象征，这也将有助于转换为日后的职业成功。美国许多企业都乐意雇佣有啦啦操运动经历的员工，因为他们懂得顾客心理、善于运用肢体语言，有坚守目标和迎接挑战的勇气。当今美国社会的许多名流，都有过参加啦啦操运动的经历。

二、啦啦操运动的起源与发展

啦啦操是体育运动中的一个新兴项目，起源于美国，遍布美国的 NBA、橄榄球、棒球、游泳、田径、摔跤等比赛现场，至今已经有 100 多年的历史，最初是作为美式足球呐喊助威的活动发展，到现在已发展成为世界范围内的一项体育运动，受到全世界人民的喜爱。

啦啦操的历史可以追溯到原始部落时代，啦啦操原名 cheerleading，其中 cheer 有振奋精神、提振士气的意思，在早期的部落社会里，为激励外出打仗或者打猎的战士们，通常会举行仪式，仪式中有族人的欢呼、手舞足蹈的表演来鼓励战士，希望能凯旋而归。现代啦啦操运动的历史可以追溯到 19 世纪 80 年代，当时美国正风行着美式足球，在普林斯顿大学的校园里的一场美式足球赛场上，为了帮他们加油、呐喊助威、烘托赛场气氛，第一次出现了自发的、有组织的团队表演形式，这就是现代啦啦操的雏形。1884 年，普林斯顿大学的一个毕业生 Thomas Peebles 把这种有组织的呐喊、欢呼连同足球运动一起带到了明尼苏达大学，从此有组织的啦啦操欢呼在明尼苏达产生。我们今天所熟知的啦啦操创始于 1898 年。明尼苏达大学的学生 Johnny Cambell 在一次足球比赛时非常激动，从人群中跳出来站在观众前面带领他们一起为比赛呐喊助威，这次对啦啦操发展有着重要转折意义的呐喊被记载在明尼苏达大学由学生发行的“Ariel”的刊物上。因为那是最后一场比赛，他们要把明尼苏达大学的热情展现给人们，提名六位男生带领人群呐喊助威。因此，1898 年 11 月 12 日才是啦啦操正式诞生的时间。

1998 年国际全明星啦啦操联盟（Internationol All-Star Federation，IASF）成立，是啦啦

操发展史上的一个重要的转折点。它是一个以推动啦啦操向世界范围发展、通过传播啦啦操知识提高世界青少年的健康水平以及促进国家、地区之间啦啦操协会之间的友谊和世界和平为目标的非盈利组织，总部设在美国。

在我国啦啦操运动开展得越来越火热，在各个高校迅速传播，成为各个高校体育文化的一部分，部分学校已经成为中国啦啦操推广示范基地，广泛推动着啦啦操运动，一批又一批的啦啦操团队不断创造着新的精彩。

三、啦啦操运动的功能

（一）健身、塑造形体

啦啦操与其他运动项目一样，它最基本的功能就是健身。啦啦操练习的动作要求和身体姿态要求与我们日常生活中的状态要求基本一致，通过长期的啦啦操练习，可改善不良的身体状态，形成优美的体态，从而在日常生活中表现出一种良好的气质与修养，给人以朝气蓬勃、健康向上的感觉。因此啦啦操运动在塑造练习者自身形体的同时还能让练习者自身的形象气质得到大幅度的提高。

（二）缓解压力、娱乐身心

随着时代的发展和社会的进步，人们在享受科学技术所带来的舒适生活和各种便利的同时，也受到了来自方方面面的精神压力。研究证明，长期的精神压力不仅会引起各种心理疾患，而且许多躯体疾病也与精神压力有关，如高血压、心脏病、癌症等。体育运动可缓解精神压力，预防各种疾病的产生，这是科学研究已证实的事实。而啦啦操作为一项体育运动，以其动作优美、协调，同时有节奏强烈的音乐伴奏，是缓解精神压力的一剂良方。在轻松优美的健美操锻炼中，练习者的注意力从烦恼的事情上转移开，忘掉失意与压抑，尽情享受健美操运动所带来的欢乐，得到内心的安宁，从而缓解精神压力，使人具有更强的活力和最佳的心态。

（三）增强团队意识

啦啦操跟大多数运动一样可以增强团队意识，但它之于其他运动却有其特别之处，更能体现团队意识。啦啦操是一个团队项目，在啦啦操运动中有很多配合完成的动作，它需要队员共同去完成，例如技巧啦啦操里面的抛接动作，必须配合非常完美才能顺利完成，因此啦啦操可培养学生们的团队意识，增强大家相互协作的能力，提高学生之间的责任心和责任感，增进队员之间的信任感，以及队员们的服从能力和克服一切困难、完成任务的坚强的毅力等。

第二节 啦啦操运动的基本技能与训练方法

啦啦操运动有 32 个基本手位，最能体现啦啦操的风格特点。我们学习啦啦操运动的基本技术，掌握主要的训练方法，才能更好地展示啦啦操的魅力，体现啦啦操的锻炼价值。

一、啦啦操的 32 个基本手位

啦啦操手位由 32 个基本手位动作组成（如表 8-1 所示）。手位动作都要求在肩位之前完成，走最短路线，瞬间制动。在所有啦啦操比赛的成套动作中必须出现 4×8 拍啦啦操基本手位组合，并且提倡 32 位基本手位运用的多样性、方向的多样性、节奏变化的多样性，提倡在不改变 32 位基本手位的前提下，多运用身体其他部位的配合。

表 8-1　　　　啦啦操的 32 个基本手位

类别	1	2	3	4
对称类	上 M  up M	下 M  hands on hip	平举 W  muscle man	高举 V 字  high V
	5	6	7	8
	下举 V 字  low V	T  T	斜举 T  diagonal	小 T  half T

类别	9	10	11	12	13
对称类	直臂平举 X  front X	高举 X  high X	下举 X  low X	屈臂 X  bend X	X  X
	14	15	16	17	18
	上举 A  up A	下举 A  down A	屈臂 A  applauding	上举 H  touch down	下举 H  low touch down

续表

类别	19	20	21	22	23	24	25
不对称类	小 H  little H	L  L	倒 L  low L	K  K	Side K  Side K	R  R	大弓箭  bow and arrow
	26	27	28	29	30	31	32
	小弓箭  bow	旗兵 1  high punch	旗兵 2  low side punch	旗兵 3  low cross punch	旗兵 4  up cross punch	旗兵 5  half dagger	旗兵 6  high side punch

二、舞蹈啦啦操的难度动作及其训练方法

（一）舞蹈啦啦队一级难度动作及其训练方法

1. 舞蹈啦啦队一级难度动作（见表 8-2）

表 8-2 舞蹈啦啦队一级难度动作

类别/分值	此级别每个难度动作分值均为 0.5 分				
平衡转体类	DB001 前屈腿抬腿平衡 2 秒  符号：	DB002 侧屈腿抬腿平衡 2 秒  符号：	DB003 前屈腿搬腿平衡 2 秒  符号：	DB004 侧屈腿搬腿平衡 2 秒  符号：	DB005 后屈腿搬腿平衡 2 秒  符号：
跳跃类	DJ001 分腿小跳  符号：	DJ002 团身跳  符号：	DJ003 C 跳  符号：	DJ004 纵跨跳  符号：	DJ005 横跨跳  符号：

注：此难度表是按 2006 年—2009 年版规则制定的，在 2009 年世锦赛的选拔赛中以及之后的比赛中均有新的难度动作出现，因此，还有待完善。

2. 训练方法

（1）柔韧练习：踢腿，即一种腿功柔韧性训练的动作，其特点是上体保持直立，发力要快，落地要稳。

（2）平衡练习。

（3）跳步练习：跳跃不包括空翻的跳跃，包括分腿跳、团身跳、屈体跳、跨跳等。其特点是发力速度快、腾空高、空中姿态美、落地稳。

（4）转体练习：平衡转体，即在空中的时候身体绕人体垂直轴的转体或身体平行与地面的转体。其特点是转体过程中，脚尖支撑转体轴应垂直，结束时稳定。

（二）舞蹈啦啦操的特殊规定内容

（1）2×8 拍的对比组合。

（2）每个 8 拍出现一次方向变化。

（3）每 4×8 拍出现一次空间变化。

（4）成套中队形变化不得少于 8 次，其中流动队形不得少于 3 次。

三、技巧啦啦操的难度动作

（一）托举和抛接的基本手法

（1）髋位双腿托举（见图 8-1）。双底座弓步站立，屈膝腿大腿面要平。上面的人双脚站在底座的筋位，底座人一手抓住上面人的脚掌，另一手从内侧挽住上面人的膝关节。

（2）肩位双脚托举（见图 8-2～图 8-5）。两底座面对面，双脚分开同肩宽，屈双膝站立；上面的人站在两底座之间，双手撑在两底座的肩上；后点保护人站在上面人的后面，双手卡住上面人的腰。上面的人在后点保护人的帮助下跳上，在底座的肩上形成支撑，底座主动托上面人的脚。底座腰部挺直，用腿部的力量把上面的人托起至肩位；后点保护人紧握上面人的小腿或脚跟；上面的人直立，含胸收腹紧腰，双肩略上提。底座将上面人抛起后四臂交错上举，五指并拢伸直，主动接上面的人下来。上面的人并腿紧腰，落下后屈腰缓冲，两臂用力扣住底座的双肩。

（3）高臂双手单腿吸腿托举（见图 8-6、图 8-7）。两底座弓步或屈双膝开立，一手抓上面人的脚底，一手抓跟关节；后方保护人下蹲，一手抓上面人的踝关节，一手抓小腿；上面的人双手扶底座的肩吸腹站立。将上面的人托起后，底座托上面人脚的手要给上面人的脚一个平面；上面人站立腿肌肉上提，紧腰提肩。

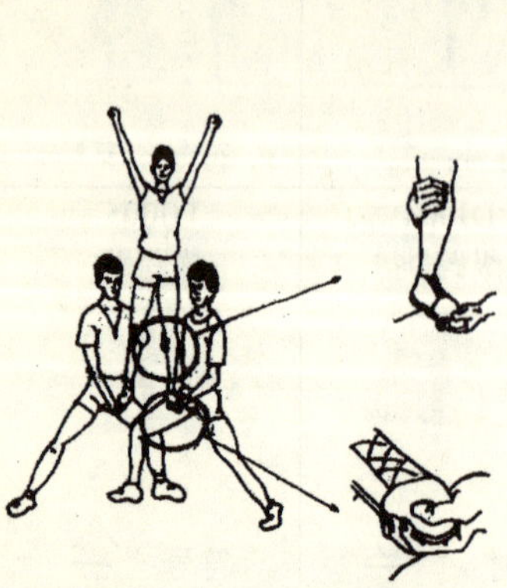

图 8-1　髂位双腿挺举

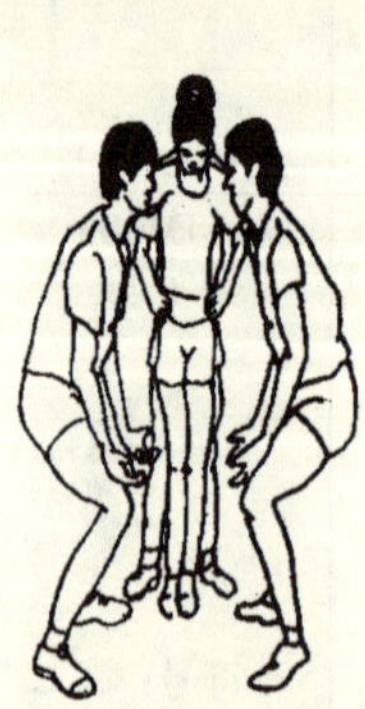

图 8-2　肩位双脚托举（1）

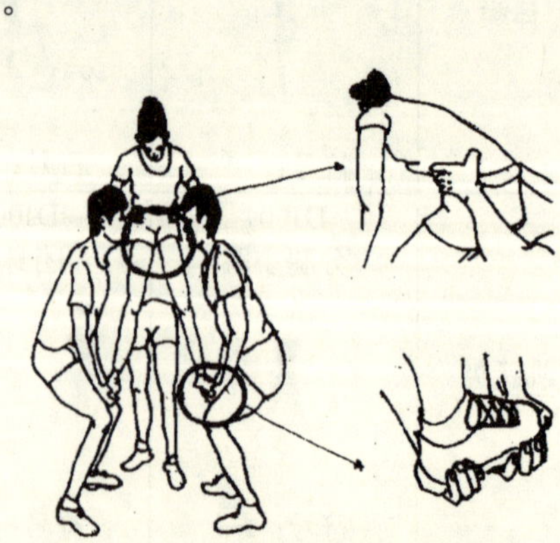

图 8-3　肩位双脚托举（2）

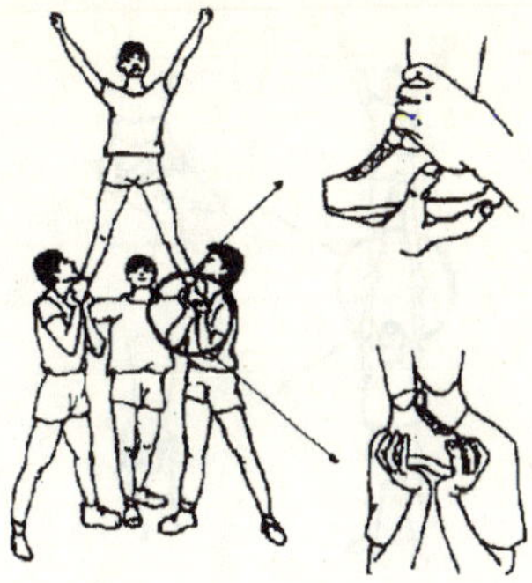

图 8-4　肩位双脚托举（3）

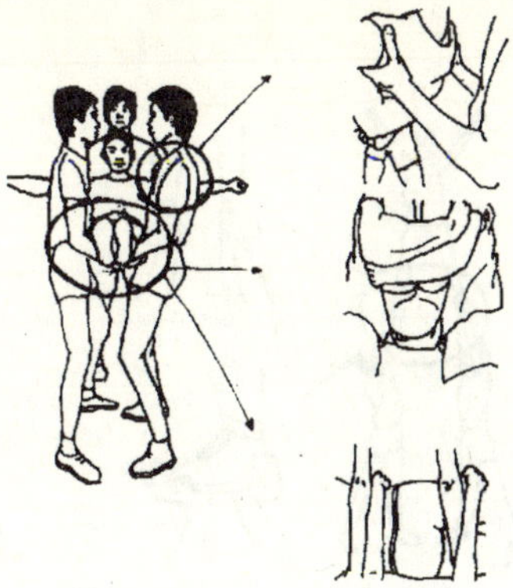

图 8-5　肩位双脚托举（4）

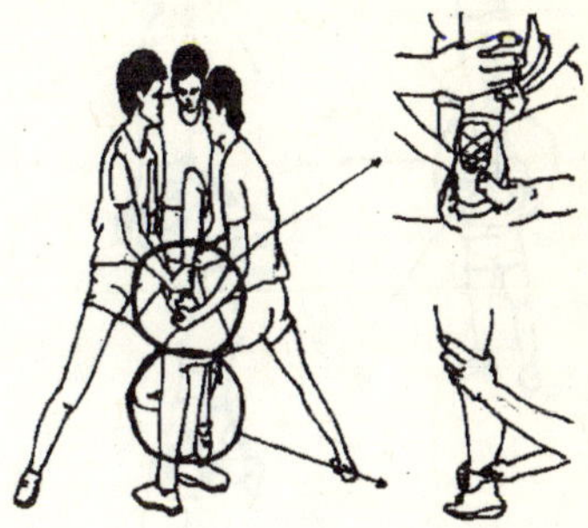

图 8-6　高臂双手单腿吸腿托举（1）

（4）肩位站肩双脚托举（见图 8-8、图 8-9）。

底座梗头，紧靠上面人的小腿，双手紧握上面人的小腿向前扣；上面的人全脚掌站肩向前靠，紧贴底座的头部。

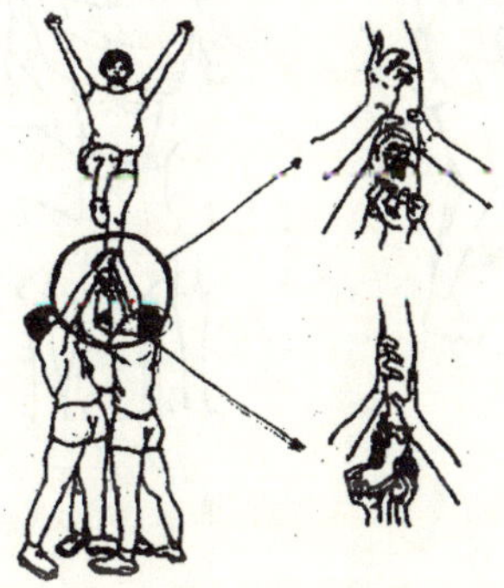

图 8-7　高臂双手单腿吸腿托举（2）

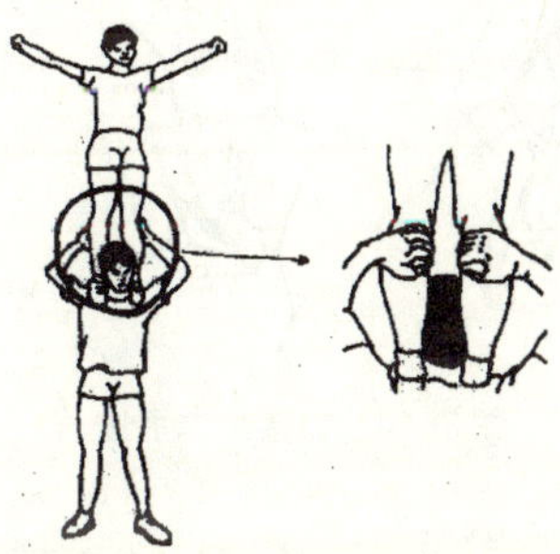

图 8-8　肩位站肩双脚托举（1）

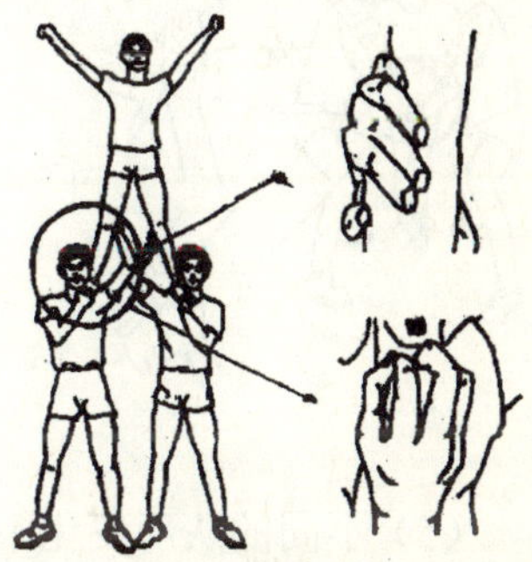

图 8-9　肩位站肩双脚托举（2）

（5）肩位双手双脚托举（见图 8-10）。底座双脚开立同肩宽，紧腰合阴，双肘内收，托举手尽量给出平面。

（6）肩位双手单脚吸腮托举（见图 8-11）。底座双手可同向抓上面人的双脚，也可以一前一后抓握。

（7）双人高臂双手双脚托举（见图 8-12）。

（8）单人高臂双手双脚托举（见图 8-13）。底座将上面的人托起后，双臂要向中间夹，将力量向中间集中。上面的人紧腰含胸略提肩。

（9）抛接基本手法（见图 8-14）。底座四手相握后，中间的缝隙越小越好，并且手臂要放松，但是腰背必须挺直。

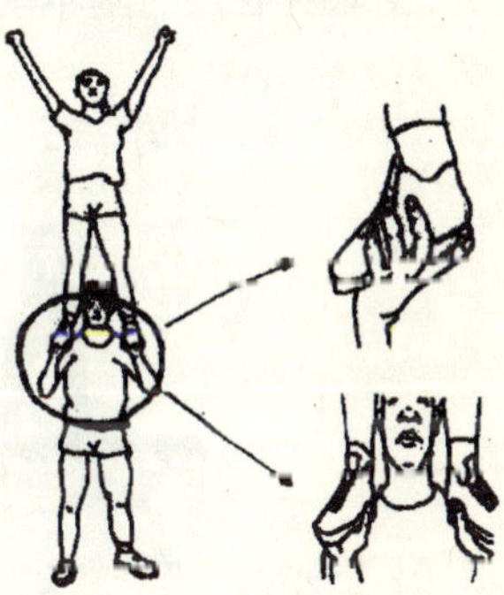

图 8-10　肩位双手双脚托举

（二）技巧啦啦操的特殊规定内容

（1）2×8 拍的对比组合。

（2）2×8 拍的基本手位组合。

（3）4×8 拍的个性舞蹈组合。

（4）一组原地跳跃动作组合（莲花跳、跨栏跳、屈体跳、屈体分腿跳）。

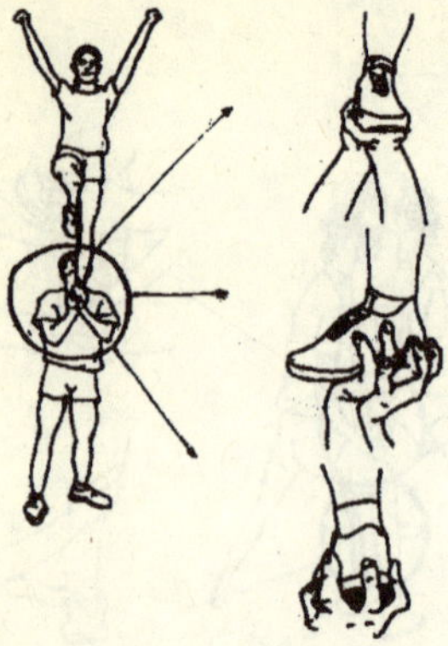

图 8-11 肩位双手单脚吸腮托举

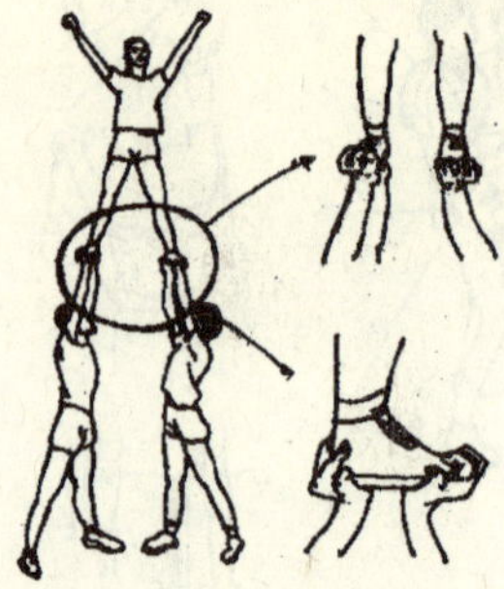

图 8-12 双人高臂双手双脚托举

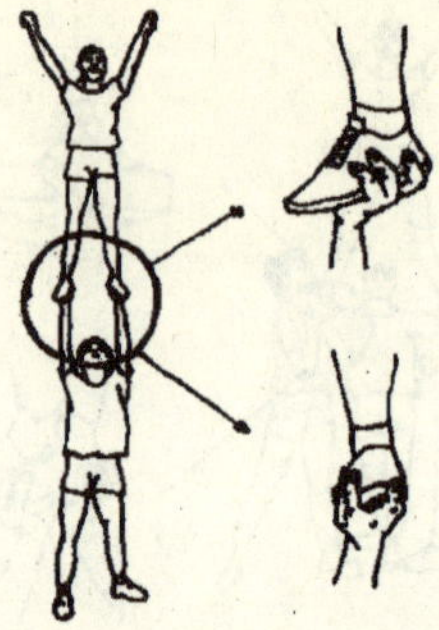

图 8-13 单人高臂双手双脚托举

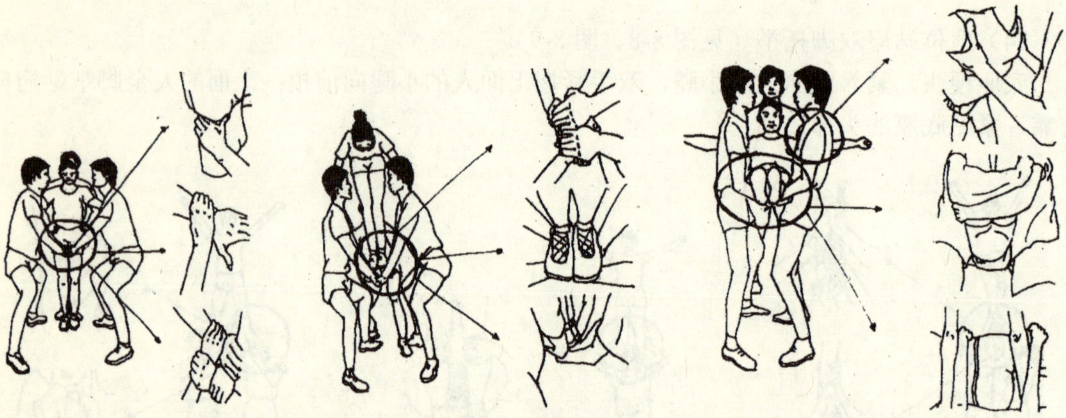

图 8-14 抛接基本手法

（5）不同的队形变化不得少于 5 次。

四、花球啦啦操的基本动作

花球啦啦操的基本动作，有统一的动作规格，要求动作的速度及力度，如图 8-15 所示。

图 8-15 花球啦啦操的基本动作

图 8–15　花球啦啦操的基本动作（续）

（一）拍手（见图 8-15 图 1）

（1）两手臂胸前击掌，双手位置略低于脸。拍手时应注意稳、准、狠，集体练习时节奏应高度一致。

（2）高 V 字动作（见图 8-15 图 2）。手臂侧上举（略前倾）举成 V 字，手臂伸直用力，注意手腕平直，是手臂的延长线。

（3）倒 V 字动作（见图 8-15 图 3）。同高 V 字动作，但方向向下。

（4）T 字动作（见图 8-15 图 4）。两臂侧平举（略前倾），手臂伸直、手腕平直，大拇指向前。

（5）断 T 字动作（见图 8-15 图 5）。由 T 字动作屈肘，大小手臂在一个水平面上。

（6）冲举动作（见图 8-15 图 6）。一只手臂上举（小拇指向前），伸直并靠向头，另一只手臂放于腰间。

（7）短剑动作（见图 8-15 图 7）。大臂贴紧身体，小臂竖直屈肘，注意手臂及手腕平直。

（8）底线得分动作（见图 8-15 图 8）。两只手臂上举（小拇指向前），伸直并靠向头，手腕平直。

（9）烛台动作（见图 8-15 图 9）。两手臂前举，保持手腕的平直，拳心向里，拳面向前。注意两手臂应朝正前方不能有夹角。

（10）正 L 动作、反 L 动作（见图 8-15 图 10）。一个冲举动作，半 T 字动作，开口朝左为正 L 动作，反之则为反 L 动作。

（11）左斜线动作、右斜线动作（见图 8-15 图 11）。一只手臂是高 V 字动作的一部分，另一只手臂是倒 V 字动作的一部分。举起右臂、放下左臂为右斜线动作，反之则为左斜线动作。

（12）K 字动作（见图 8-15 图 12）。腿为侧弓步，弓腿一侧手臂做高 V 字动作，另一侧手臂朝屈腿方向做斜下冲拳，与身体组成 K 字图形，注意脸朝向前方。

（二）花球啦啦操组合动作

花球啦啦操组合动作如图 8-16 所示。

1. 花球啦啦操组合动作 1（见图 8-16）

图 8–16　花球啦啦操组合动作 1

准备姿势：两脚并拢，双手握拳，手臂自然下垂。

1——右脚向右迈一步，同时左臂做 T 字动作，右臂做断 T 字动作。

2——右脚并拢左脚，手臂动作同 1 但方向相反。

3——左脚向左迈一步，同时左臂做高 V 字动作，右臂断 T 字动作。

4——左脚并拢右脚，手臂动作同 3 但方向相反。

5、6——右脚向后迈步，左腿前弓步，两臂后举，拳心相对。

7、8——右脚并拢左脚，两臂胸前击掌 2 次。

2. 花球啦啦操组合动作 2（见图 8-17）

图 8-17 花球啦啦操组合动作 2

1——踢左腿同时右臂胸前平屈，左臂垂直于右臂竖直屈肘。

2——同 1，方向相反。

3——右脚向左迈一步，双臂伸直由下经上做大绕环。

4——短剑动作。

5——T 字动作。

6——右腿侧弓步，左臂做 K 字动作，右臂放于腰间。

7——提左膝，同时两手臂上举，两手掌重叠。

8——两脚开立，两手臂放于腰间。

3. 花球啦啦操组合动作 3（见图 8-18）

图 8-18 花球啦啦操组合动作 3

1——右脚并拢左脚，两手臂大臂做 T 字动作，左臂前臂向上竖直屈肘，右臂前臂向下屈肘，立即做。

2——同 1 方向相反，立即还原成 1 的动作。

3——右脚向右脚尖点地、微屈，身体稍向左转，同时右臂侧平举。

4——烛台动作。

5——保持烛台动作，同时依次耸左、右肩。

6——提右膝，两臂自然下垂。

7——右腿前弓步，断 T 动作。

8——左腿向前一步前弓步，做高 V 字动作。

4. 花球啦啦操组合动作 4（见图 8-19）

图 8-19　花球啦啦操组合动作 4

1——踢右腿，两臂平直交叉于腹前。

2——向左转体 90°，同时提右膝，两手臂做断 T 动作，随后右脚向左脚并拢，左腿向前弓步，两手臂自然下垂。

3、4——K 字动作。

5——两脚开立，右臂做断 T 字动作，左臂自然下垂。

6——高 V 字动作。

7——右腿前弓步，两手臂竖直屈肘于胸前，两小臂交叉晃动两次，五指分开，掌心向内。

8——还原成准备姿势。

（三）花球啦啦操教学提示

1. 热身

因为啦啦操的项目特点，在进行学习或者练习之前一定要作 5～10 分钟的热身练习。首先是慢跑和原地的慢跑以及各种配合着伸展（回转）手臂的跑跳运动。接下来的伸展运动也是极其重要的环节，身体各部位的伸展，注意幅度不要超过自身能力的极限，以防止损伤的发生。

2. 基本动作练习

基本动作练习，应采用不同的练习形式。

（1）单个动作练习：主要掌握基本动作的具体要求，培养良好的本体感觉。

（2）基本动作的组合练习：主要熟悉各基本动作之间的转换，了解正确的动作路线，采用递进的方式加入各个动作。

（3）基本动作的复合练习：在动作组合的基础上，可以加入如屈膝、转体、侧身、步法、口号、表情等元素，使练习内容更加适合啦啦操的实际功能，同时集体练习时动作的一致性也是要花功夫重点练习的。

3. 啦啦操的套路练习

连续快节奏的徒手动作或跑跳动作构成了啦啦操套路的主体部分，整套动作速度快、幅度大、节奏强、活动强度大，所以教师要根据练习者的掌握情况，酌情选择练习形式。若是掌握不熟练，节奏把握不准确，教师就应放慢速度采用带做或者语言提示。随着学习环节的不断深入，教师则应选择适宜的啦啦操音乐来组织练习，并且强调集体练习时的动作统一、激情投入，力求从“形一致”到“神一致”，更好地体现啦啦操积极向上、勇于拼搏的精神。

第三节　啦啦操运动的文化传承

啦啦操的文化主要从三方面来体现，一是精神文化，表现为团队精神、拉拉队的口号、现场鼓励等方面；二是物态文化，表现为拉拉队的吉祥物、啦啦队队旗、徽标等方面；三是制度文化，主要表现为竞赛规则。

一、啦啦操运动精神文化

（一）团队精神

团队精神是啦啦操运动有别于其他运动项目最显著的特征，它是通过口号、各种动作的配合，各种难度的展现，以及不同队形的转换，运动员之间的相互协调配合来共同完成团队目标，营造相互信任的组织氛围，激励运动员的高昂斗志，提高团队整体的凝聚力；在啦啦操运动中，既强调团队完成动作的高度一致性，又要重视运动员个体不同能力的展示，使每个队员在参与团队的配合中均能在不同位置扮演不同的重要角色，形成一种风险共担、利益共享的集体意识。它包括团队整体的运动能力、表演的激情、自信心、感染力、号召力、表演能力、默契配合等因素。

（二）拉拉队的口号

啦啦队的口号是技巧啦啦操项目的一种文化，是指成套动作开始前，参赛队伍全体队员集体上场，在规定的时间内通过口号、道具，配合手位等动作内容来展现自己的热情，鼓舞赛场上同伴们的斗志，带动观众，为比赛的运动员加油呐喊，渲染赛场气氛。

（三）现场鼓励

通过鼓励性语言、口号、歌声、简单的肢体动作与标志牌、队旗、吉祥物等道具来影响观众，调动观众情绪，烘托赛场气氛。现场鼓励要求：

（1）口号要使用有激励性和互动性的语言，内容必须健康、文明，积极向上；

（2）全队人员共同参与，与赛场观众互动，形成场上、场下呼应的效果；

（3）口号与动作相结合，配合队旗、吉祥物、标志牌等道具与赛场观众互动。

二、物态文化

（一）拉拉队的吉祥物

吉祥物是每一支啦啦操参赛队必须拥有的卡通人物。吉祥物一般是各支参赛队伍对能代表本队特点的动物或者当地的稀有动物进行包装设计的产物。它以其富有活力的独特形象，体现参赛队伍的运动精神和特点，传达参赛队伍的文化和人文精神，能给本队带来好运，能够调动比赛现场气氛，娱乐观众。吉祥物是构成啦啦操运动项目队伍形象特征的主要成分，是啦啦操文化传播的重要载体。

（二）啦啦队队旗、徽标

拉拉队的队旗、徽标是拉拉队文化的最好体现，是识别一支啦啦队的主要途径。每一支啦啦队都应有属于自己的队旗、徽标，能够体现出本队传承、积淀的精神、内涵和文化。

1. 队旗

啦啦对的队旗代表了一个队伍的精神、主义和信仰，它是通过一定的图案、色彩和式样反应一个队伍的特色和文化传统。各队队旗的的图案、颜色都有一定含义。队旗是啦啦队的核心，是啦啦队的自豪和骄傲，也是这只队伍精神的象征。

2. 徽标

啦啦队的徽标象征着啦啦队的团队精神，是用来佩戴在身上或箱包、物品上，用来表示背对身份、特征、荣誉的一种标志，也是团队特色文化内涵的象征。通过参赛队伍之间队徽的交换与保存，可加强啦啦队之间的文化交流，加强队员之间的情感沟通，也是建立各队友谊的桥梁与纽带。

三、中国啦啦操竞赛规则

（一）中国啦啦操竞赛性质及种类

1. 竞赛性质

本规则适用于由国家体育总局体操运动管理中心组织的正式赛事活动。

2. 竞赛种类

全国锦标赛、冠军赛、全国系列、系列赛、大奖赛、全国体育大会啦啦操比赛等各种赛事活动。

（二）竞赛项目

1. 技巧啦啦操

（1）集体技巧啦啦操自选套路。

（2）双人配合技巧啦啦操自选套路。

（3）五人配合技巧啦啦操自选套路。

2. 舞蹈啦啦操

（1）花球舞蹈啦啦操自选套路。

（2）爵士舞蹈啦啦操自选套路。

（3）街舞舞蹈啦啦操自选套路。

（4）自由舞蹈啦啦操自选。

（三）啦啦操竞赛分组及其要求

啦啦操竞赛分组及其要求如表8-3所示。

表8-3 啦啦操竞赛分组及其要求

<table>
<tr><th>组 别</th><th>竞 赛 项 目</th><th>性 别</th><th>参 赛 人 数</th><th>参 赛 组 别</th></tr>
<tr><td rowspan="2">幼儿组（3～5岁）</td><td>技巧啦啦操</td><td rowspan="2">不限</td><td rowspan="2">8～24人</td><td rowspan="2">无级别（舞蹈）、1.2级</td></tr>
<tr><td>花球舞蹈啦啦操</td></tr>
<tr><td rowspan="5">小学组（6～12岁）</td><td>混合组技巧啦啦操</td><td>男、女</td><td>8～24人</td><td rowspan="5">无级别（舞蹈）、1.2.3级</td></tr>
<tr><td>全女生组技巧啦啦操</td><td>女</td><td>8～24人</td></tr>
<tr><td>花球舞蹈啦啦操</td><td rowspan="3">不限</td><td>8～24人</td></tr>
<tr><td>爵士舞蹈啦啦操</td><td>8～24人</td></tr>
<tr><td>街舞舞蹈啦啦操</td><td>8～24人</td></tr>
<tr><td rowspan="5">初中组（13～15岁）</td><td>混合组技巧啦啦操</td><td>男、女</td><td>8～24人</td><td rowspan="5">无级别（舞蹈）、1.2.3.4.5级</td></tr>
<tr><td>全女生组技巧啦啦操</td><td>女</td><td>8～24人</td></tr>
<tr><td>混合五人配合技巧啦啦操</td><td>男、女</td><td>5人</td></tr>
<tr><td>全女生五人配合技巧啦啦操</td><td rowspan="2">女</td><td>5人</td></tr>
<tr><td>花球舞蹈啦啦操</td><td>8～24人</td></tr>
</table>

续表

组　别	竞 赛 项 目	性　别	参 赛 人 数	参 赛 组 别
高中组（16-18 岁）	混合组技巧啦啦操	不限男、女	8～24 人	无级别（舞蹈）、1.2.3.4.5 级
	全女生组技巧啦啦操	女	8～24 人	
	混合五人配合技巧啦啦操	男、女	5 人	
	全女生五人配合技巧啦啦操	女	5 人	
	花球舞蹈啦啦操	不限	8～24 人	
	爵士舞蹈啦啦操		8～24 人	
	街舞舞蹈啦啦操		8～24 人	
	自由舞蹈啦啦操		8～24 人	
大学组（16 岁以上）	混合组技巧啦啦操	男、女	8～24 人	无级别（舞蹈）、1.2.3.4.5.6.7.8.9.10 级
	全女生组技巧啦啦操	女	8～24 人	
	混合五人配合技巧啦啦操	男、女	5 人	
	全女生五人配合技巧啦啦操	女	5 人	
	双人配合技巧啦啦操	男、女	2 人	
	花球舞蹈啦啦操	不限	8～24 人	
	爵士舞蹈啦啦操		8～24 人	
	街舞舞蹈啦啦操		8～24 人	
	自由舞蹈啦啦操		8～24 人	
俱乐部组（年龄不限）	混合组技巧啦啦操	男、女	8～24 人	无级别（舞蹈）、1.2.3.4.5.6.7.8.9.10 级
	全女生组技巧啦啦操	女	8～24 人	
	混合五人配合技巧啦啦操	男、女	5 人	
	全女生五人配合技巧啦啦操	女	5 人	
	双人配合技巧啦啦操	男、女	2 人	
	花球舞蹈啦啦操	不限	8～24 人	
	爵士舞蹈啦啦操		8～24 人	
	街舞舞蹈啦啦操		8～24 人	
	自由舞蹈啦啦操		8～24 人	

备注：双人、五人配合技巧不受难度级别限制

（四）报名要求

（1）参赛运动员报名时必须持有医院出具的健康证明。

（2）参赛运动员须提前办理比赛期间“人身意外伤害”保险并在报名时提交保险单。

（3）各参赛队在报名时可报替补运动员最多四名（两女两男）。

（4）只有报名单上的参赛队员及替补队员才有资格参加比赛。

（5）赛队可在赛前 24 小时向组委会申请更换运动员，被更换的运动员禁止在该赛事活动中参赛任何比赛。

（五）竞赛程序

1. 预赛出场顺序

赛前由大会竞赛部门负责抽签决定。

2. 决赛出场顺序

由预赛成绩决定，预赛成绩排名前者后出场，排名后者先出场。

（六）竞赛场地

1. 赛台

舞蹈啦啦操比赛可使用赛台，赛台高 80～100 厘米，后面有背景遮挡，赛台不得小于 16 米×16 米；技巧啦啦操比赛禁止使用赛台。

2. 比赛场地

比赛场地选用专业比赛板，也可用体操板或地毯代替，并清楚地标识 14 米×14 米的比赛区域。标志带为 5 厘米宽的红色或白色带，标志带是场地的一部分。

3. 裁判座位区

裁判员坐在赛台正前方，高级裁判组坐在两组裁判员的后排。

（七）成套动作时间

1. 技巧啦啦操动作时间规定

（1）30 秒口号组合时间为 30～35 秒；

（2）集体技巧啦啦操成套路时间为 2 分 15 秒～2 分 30 秒；

（3）双人、五人配合技巧成套动作时间为 60～65 秒。

2. 舞蹈啦啦操

成套时间为 2 分 15 秒～2 分 30 秒。

（八）比赛的开始和结束

（1）所有参赛队员比赛开始时必须在比赛区域内，同时身体的某一部分必须接触比赛场地；

（2）计时开始从音乐第一个音符或队员的第一个动作开始；计时结束为音乐的最后一个音符或队员的最后一个动作结束；

（3）附加任何有组织的退场或在成套结束后附加的多余动作，都视为成套的一部分并将计算其时间。

（九）比赛中断

（1）在发生运动损伤或任何其他意外的情况下，高级裁判组有权停止比赛；

（2）由于音响设备或比赛设施等原因导致比赛不能继续，受影响的队伍将被允许重新开始；

（3）由于队伍自身动作的失败或道具等原因导致比赛不能继续，该参赛队将不允许继续比赛；

（4）由于队员受伤导致比赛中止，该参赛队可以继续完成成套动作或退出比赛，同时高级裁判组也有权根据受伤程度决定是否停止比赛。

（十）比赛音乐

1. 成套动作音乐

可以使用一首或多首乐曲混合的音乐，可以加入特殊音效；音乐必须录制在 CD 上（一盘只能录有一首音乐）并填写“CD 登记卡”；自备两盘比赛 CD，一盘比赛，一盘备用，并且清楚地标明参赛单位、项目及参赛顺序。

2. 音乐音质

音乐的质量应达到专业化水准，确保清晰、稳定。

3. 音乐节奏

音乐节奏清晰明快、热情、奔放、动感、兴奋，具有震撼力。

（十一）竞赛服装、发饰与化妆

1. 竞赛服装

（1）技巧啦啦操：服装以弹性面料为主，式样见规定图例。运动员必须着合适衣服，服装上禁止描绘战争、暴力、宗教信仰或性爱主题的元素。不可穿透明材质衣服及裤袜。

（2）服装可适当修饰，但不得出现悬垂物、水钻和亮片。

（3）领奖时必须穿比赛服。

（4）舞蹈啦啦操：服装以弹性面料为主，款式不限，与舞蹈啦啦操成套动作风格相吻合，允许使用部分透明材质的面料。

（5）运动员必须着合适内衣，不得过于暴露。服装上禁止描绘战争、暴力、宗教信仰或性爱主题的元素。

（6）领奖时必须穿比赛装。

2. 比赛鞋袜

（1）技巧啦啦操：比赛用鞋要求着全白色且有牢固软胶底的运动鞋以及白色运动袜。禁止穿丝袜、舞蹈鞋、靴子、体操鞋（或类似）等。

（2）舞蹈啦啦操：可穿啦啦操鞋、舞蹈鞋，颜色不限，不可赤脚。

3. 饰物

（1）技巧啦啦操：不得佩戴任何首饰，包括耳环、手链、脚链、戒指、项链、手表等，但可以使用平板夹、医用绷带；

（2）舞蹈啦啦操：可根据成套编排以及表演效果的要求，适当佩戴饰物，但饰物必须是服装的一部分。

4. 发型

（1）技巧啦啦操所有参赛运动员（除短发者）头发必须扎起，不可遮挡面部。

（2）舞蹈啦啦操为了配合成套主题可适当放宽，但不得造型怪异。

5. 化妆

运动员的外表要求整洁、适宜，妆饰不得过于夸张和浓艳；运动员身体禁止涂抹油彩，不可留长指甲。舞蹈啦啦操可根据舞蹈内容、风格需要适当夸张化妆或佩戴饰物。

6. 医学用品

严禁在表演中佩戴眼镜（隐行眼镜除外）等其他医学用品。特殊情况要求参赛者以书面形式向高级裁判组提出申请，得到批准后方可使用。

7. 道具

（1）技巧啦啦操。

① 所有道具都必须安全。允许使用的道具包括：旗、横幅、标志牌、花球、扩音器。禁止使用伞、接力棒、金属、玻璃、塑料等硬质材料制成的道具，禁止使用多棱角的道具。

② 禁止使用带有杆或类似能起支撑翻腾或托举作用的道具；禁止将坚硬的标志牌从一组托举运动员手中扔到远处的地面上。

③ 任何可以从比赛服上卸下来产生视觉效果的东西都会被认为是道具。

④ 使用的标志牌等道具可以由站在场中的运动员摆放在场外，但不可抛出场外，同时运动员必须保持始终停留在场地内。

（2）舞蹈啦啦操。

舞蹈啦啦操除花球外不允许使用其他道具，但自由舞蹈啦啦操道具使用不受限制。

（十二）裁判长减分

1. 道具减分

（1）不正确运用道具	减 5 分
（2）道具掉地后迅速捡起继续做动作	减 0.5 分/人次
（3）道具掉地后不捡起而继续做动作判为失去道具	减 2 分/人次
（4）将道具抛出场外	减 1 分/人次

2. 时间减分

（1）时间偏差：少于或超出规定时间 10 秒	减 2 分
（2）时间错误：少于或超出规定时间 20 秒	减 5 分
（3）运动队被叫 20 秒内未上场	减 2 分
（4）运动队被叫超过 60 秒未上场	取消比赛资格

3. 服饰减分

（1）不正确着装　　减 2.0 分

第一，违反竞赛服装规定要求；

第二，身体涂闪光物或油彩、技巧啦啦操服装上有亮片或水钻（闪光材料除外）等；

第三，女运动员没有身着内衣或露出内衣；

第四，运动中发型散落，医用绷带散开，服装散开，鞋及装饰物脱落；

第五，运动员出现怪异发型及身体化妆。

（2）错误着装　　减 5.0 分

第一，服装过于暴露或露出隐私部位；

第二，服装违反规则规定款式要求。

4. 警告：开幕式或领奖时没有穿比赛装。

5. 其它减分

（1）人数偏差：多于或少于规定人数	减 2 分/人
（2）非高质量音乐	减 2 分

思 考 题

1. 简述啦啦操运动的功能。
2. 总结啦啦操运动的团队精神。
3. 中国啦啦操的规则有哪些?

第九章　健美操运动

健美操是集音乐、舞蹈、体操、美学于一体的新型体育项目，它以其自身固有的价值和魅力，风靡世界，深受广大群众特别是青年学生的喜爱。健美操是我国体育教学的主要内容之一。本章将从健美操的基本知识、健美操的训练方法和健美操的文化传承三个方面进行阐述，让同学们从整体上了解健美操运动。

第一节　健美操运动的基本知识

健美操是时代的产物，是基本体操艺术化、动力化、健身化趋势的反映，也是一项具有实用锻炼价值的运动项目。长期进行健美操锻炼，能够增进健康，增强体质，改善体形体态，矫正畸形，调节心理活动，陶冶美好情操，提高神经系统机能，培养顽强的意志品质。了解健美操的含义、特征、类型和起源发展，深刻理解健美操的锻炼价值，对于我们学好健美操具有积极意义。

一、健美操运动及其特征

（一）健美操运动的含义

1. 健美操的内涵

“健美操”源于英文原名“aerobics”意为“有氧运动”。所谓健美操是在音乐的伴奏下运用各种不同类型的操化动作，融体操、舞蹈、音乐为一体的身体练习。既是健身美体，陶冶情操的大众健身方式，又是竞技运动的一个项目。

2. 健美操的类别

目前，世界健美操和我国健美操种类繁多，分类方法也各不相同。因此，根据健美操的目的和任务，可以将其分为健身健美操、竞技健美操和表演健美操三大类（见图 9-1）。

（1）健身健美操。健身健美操，也称为大众健美操，是集健身、娱乐、防病为一体的群众性普及性健身运动。健身健美操的主要目的在于健身，因此，其运动强度和动作难度相对较低，可为社会不同年龄、层次、性别、职业的人所选用。

（2）竞技健美操。竞技健美操是根据竞赛规则与规程的要求组编的一套具有较高艺术性、以比赛取得优异成绩为主要目的的健美操。竞技健美操只进行自编动作的比赛，有特定的比赛规则和评分方法，需完成一定的难度动作，对人体的心肺功能、身体素质、技术技能和艺术表现能力有较高要求。一般较适合于青年人。竞技健美操比赛共设五个项目：男子单人、女子单人、混合双人、混合三人、混合六人健美操。

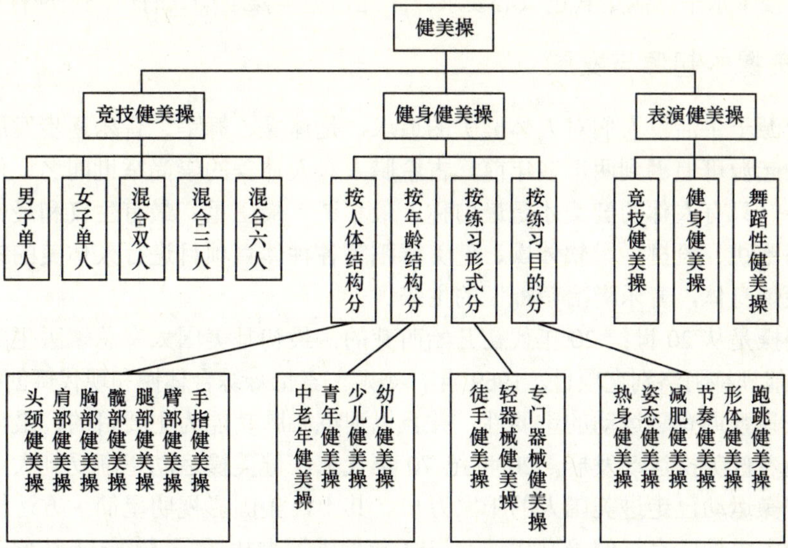

图 9-1 健美操分类

（3）表演健美操。表演健美操主要是以在表演中展示自己的价值和魅力，在观赏中陶冶情操、净化心灵、促进健美操活动的广泛开展，满足人们展开和表现自我的需要为目的，在特定的活动、场合或节日庆典中进行表演，集观赏、娱乐为一体的体育节目。一般而言，健身健美操用于表演极其普遍，竞技健美操用于表演时可不受规则的限制。

（二）健美操运动的特征

1. 高度的艺术性

健美操属健美体育的范畴，具有高度的艺术性。健美操的艺术性主要体现在其“健、力、美”的特征上。“健康、力量、美丽”是人类有史以来所追求的身体状况的最高境地。在健美操运动中，无论是健身健美操，还是竞技健美操，无不处处表现出“健、力、美”的特征，包含着高度的艺术性因素，使健美操不同于其他运动项目，这也正是人们热爱健美操运动的原因之一。

健美操动作协调、流畅、有弹性，使练习者不仅锻炼了身体、增强了体质，而且从中得到了“美”的享受，提高了审美意识和艺术修养。健美操运动员在比赛中所表现出的健美的体魄、高超的技术、流畅的编排、充沛的体力等，也无不给观众留下深刻的印象。

2. 强烈的节奏性

节奏是运动不可缺少的组成部分。健美操动作具有强烈的节奏性特点，并通过音乐充分地表现出来。健美操运动之所以深受人们喜爱，除练习本身的功效性、动作的时代感外，现代音乐给健美操带来的活力也是因素之一。健美操动作与音乐强烈的节奏性使健美操练习更具有感染力，健美操比赛和表演更具有观赏性。

3. 广泛的适应性

健美操练习形式多样，运动量可大可小、容易控制，对场地器材的要求也不高，对各个年龄层次、不同性别、不同身体素质、不同技术水平的人都适宜，各种人群都能从健美操练习中找到适合自己的方式，都能从健美操练习中得到乐趣。例如，中老年人可选择低强度的有氧练习，达到锻炼身体、娱乐身心、保持健康的目的；而对具有较好身体素质的年轻人来说，可选择难度较高、运动量较大的竞技健美操作为练习的手段，通过竞技健美操练习，不仅锻炼了身体，还可提高技术水平，满足其进取心要求。因此，健美操运动具有广泛适应性的特点。

二、健美操的起源与发展

健美操起源于生活及人们对人体健美的追求，是体操、舞蹈、音乐逐步发展和结合的产物。健美操的起源可追溯到两千多年前。古希腊人对人体美的崇尚举世闻名。他们认为，在世界万物之中，只有人体的健美才是最匀称、最和谐、最庄重、最有生气和最完美的。古希腊人喜爱采用跑跳、投掷、柔软体操、健美舞蹈等各种体育项目进行人体美的锻炼。他们提出了“体操锻炼身体，音乐陶冶精神”的主张。

现代健美操是从20世纪20年代初开始萌芽的，最初是美国太空总署医生库帕博士为太空人设计的体能训练阿洛别克项目。1969 年，杰姬·索伦森综合体操和现代舞创编了健美操。有氧运动原来只强调有氧运动的重要性，并且以训练心肺功能为主要目的，最早以有氧跑步健身为主。随着健美操运动发展，20 世纪 70 年代末，健美操运动逐渐受到大众的欢迎；80 年代初，健美操运动已走进美国人的千家万户。其中，美国影视明星简·方达根据自己的健身经验和体会大力推广有氧健美操运动。1981 年她编写并出版了《简·方达健美术》引起世界的轰动，健美操以其强大的生命力在世界范围迅猛开展起来。1985 年美国正式举办一年一度的健美操锦标赛，确定了竞技项目和规则，使健美操发展成为竞技性运动项目。

20 世纪 70 年代末，健美操运动传入我国，当时北京、上海、广州举行了健美操培训班，培训出一批健美操骨干，在这些骨干分子的带领下，逐步推动了健美操运动在我国的广泛开展。1984 年北京体育学院成立了健美操研究室，上海体育学院成立了健美操教研室，率先开设了健美操选修课和专选课。1987 年 5 月在北京举办了我国首届正式的竞技健美操比赛“长城杯”健美操电视邀请赛。1992 年 2 月在北京成立了中国大学生健美操、艺术体操协会，1992 年 9 月在北京成立了中国健美操协会，标志着健美操运动进入了一个崭新的阶段。1992 年正式举办全国锦标赛和全国冠军赛。

三、健美操运动的锻炼价值

健美操是我国全民健身运动的一个重要组成部分，随着我国人民生活水平的迅速提高，健身、休闲、娱乐逐渐成为人们的日常需要，健美操以其独特的魅力在众多的传统体育项目中脱颖而出，受到越来越多的人的喜爱。目前，以健美操为主要内容的各种健身中心遍布我国大中型城市，在大中小学健美操也被列入教学大纲，作为正规的教学内容传授。另外，各种以健美操为主要内容的电视节目的播出，也促进了健美操运动的普及与开展，使更多的人认识了健美操，并加入到健美操锻炼中来。健美操已成为全民健身运动的一个重要组成部分。

（一）增强体质增进健康

经常从事健美操锻炼，对于心血管系统机能的提高具有十分显著的效果。它可以使心肌纤维增粗，心肌收缩力增强，心输出量增加，提高机体的供血、供氧能力。

健美操锻炼对呼吸系统的机能也有良好的影响。它能使呼吸肌变得强壮有力，使人体安静时的呼吸加深、次数减少，运动时吸氧量增大，从而大大提高机体的有氧代谢能力。

健美操锻炼还能提高消化系统的机能。由于健美操中的髋部全方位活动较多，因此，能有效地刺激肠胃蠕动，增强消化机能，有助于营养物质的吸收和利用，从而提高对疾病的抵抗能力。

（二）改善体形、培养端庄体态

健美操的独到之处，是它可以对身体比例的均衡产生积极的影响，特别是能增加胸背肌肉的体积，消除腰腹部沉积的多余脂肪，使体态变得丰满，线条变得优美。此外，通过经常性正确的形体动作训练，还能矫正不正确的身体姿势，培养正确端庄的体态，使锻炼者的形体和举止风度发生良好的变化。

（三）调节心理活动、陶冶美好情操

健美操是在音乐伴奏下进行的身体练习。人们在欢乐的气氛中进行锻炼，不仅心情愉快，能很快忘却烦恼，身心得到全面调节，而且精神面貌和气质修养都会有所改善和提高。特别是健美操是一种群体运动，在集体场所进行锻炼，还能使练习者体验到个人与集体的关系，起到协调人与人之间关系的作用。通过集体配合练习，还有助于增进友谊，结交朋友，提高群体意识。

（四）提高神经系统机能、发展身体素质

健美操是一项要求力度的身体练习，经常参加健美操运动，可使肌肉的力量得到增强，肌腱、韧带、肌肉的弹性得以提高，有效地发展人体的力量和柔韧素质。另外，健美操动作的路线、方向、速度、类型、力度等的不断变化，可以加强人对动作的记忆力和再现力，提高神经系统的灵活性和均衡性，全面发展人的协调性。

（五）提高审美、丰富业余文化生活

健美操是具有较强艺术性的运动项目，经常从事该活动，可以增强节奏感、韵律感，提高认识美、鉴赏美、表现美和创造美的能力。目前，健美操不仅有正式的世界级锦标赛、全国锦标赛，还有省市比赛，甚至单位、学校内部的比赛。近年来，健美操还经常作为表演项目出现在各种场合，对宣传健美操运动起了重要作用。对观众来说，观看比赛和表演本身就是一种娱乐行为，在表演过程中，运动员精湛的技艺、强健的体魄，给予观众“美”的享受，起到了振奋精神的作用，丰富了群众的业余文化生活。

第二节 健美操基本技术与训练方法

健美操有一整套基本动作和练习方法。我们要学会健美操就得掌握健美操的下肢动作、上肢动作和基本动作组合及其自主练习法。学会选择适合自己的健美操，维持健美操的锻炼效果。

一、健美操基本动作

（一）下肢动作

健美操的基本步伐有5类：踏步类、迈步类、点地类、抬腿类和双腿类。

1. 踏步类

运动强度较低，两脚始终依次交替落地。

（1）踏步。如图9-2所示，两腿原地依次抬起，依次落地，两臂自然前后摆动。落地时，由脚尖过渡到脚跟，踝、膝、髋关节依次有弹性地缓冲。

（2）走步。如图9-3所示，迈步向前走时，脚跟先落地，过渡到全脚掌；向后走时则相反。其技术要点基本与踏步相同。

图 9-2　踏步

图 9-3　走步

（3）一字步。如图 9-4 所示，一脚向前一步，另一脚并于前脚，然后依次还原。前后均要有并脚过程，每一拍动作膝关节始终有弹性地缓冲。

（4）V 字步。如图 9-5 所示，一脚向前侧方迈一步，另一脚随之向另一侧方迈一步，成两脚开立，屈膝，然后依次退回原位。两脚间距离略比肩宽，重心落于两腿之间。

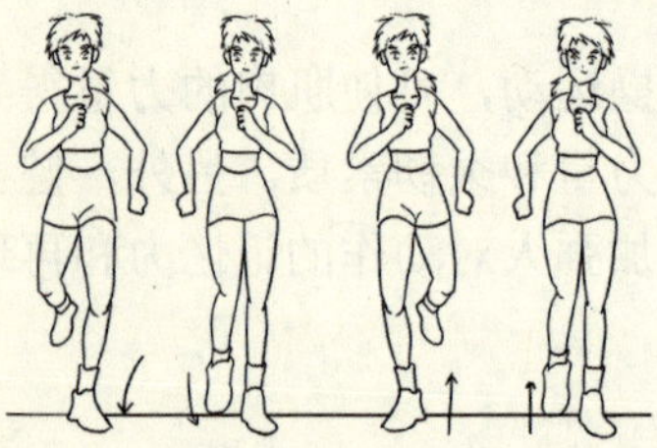

图 9-4　一字步

图 9-5　V 字步

（5）漫步。如图 9-6 所示，一脚向前迈出，屈膝，重心随之前移，另一脚稍抬起，然后原地落下；或向后撤一步，重心后移，另一脚稍抬起，然后原地落下。动作富有弹性，身体重心随之前后移动。

（6）跑步。如图 9-7 所示，两腿经过腾空，依次屈膝落地缓冲，脚跟要着地，两臂屈肘摆臂。

图 9-6　漫步

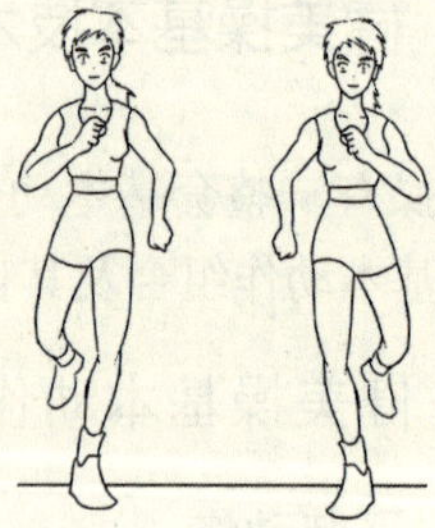

图 9-7　跑步

2. 迈步类

一腿先迈出一步，重心移至该腿，另一条腿用脚跟、脚尖点地或吸腿、屈腿、踢腿后向另一个方向迈步。

（1）并步。如图 9-8 所示，一脚迈出，另一脚随之并拢屈膝点地；再向反方向迈步。两膝保持弹动，重心随之移动，动作幅度和力度可是风格风格而定。

（2）侧交叉步。如图 9-9 所示，一脚向侧迈一步，另一脚在其后交叉，随之再向侧迈一步，另一脚并拢，屈膝点地。第一步脚跟先落地，屈膝缓冲，身体重心随脚步快速移动。

图 9-8 并步

图 9-9 侧交叉步

3. 点地类

一腿屈膝站立，另一腿伸出，用脚尖或脚跟点地后还原到并腿位置。

（1）脚尖点地。如图 9-10 所示，一腿稍屈膝站立，另一腿伸出（向前、向后、向一侧），脚尖点地，然后还原到并腿姿势。支撑腿始终保持屈膝站立，并随动作有弹性的屈伸。

（2）脚跟点地。如图 9-11 所示，一腿稍屈膝站立，另一腿伸出，脚跟点地，然后还原到并腿姿势。只可做向前和向侧的脚跟点地。

图 9-10 脚尖点地

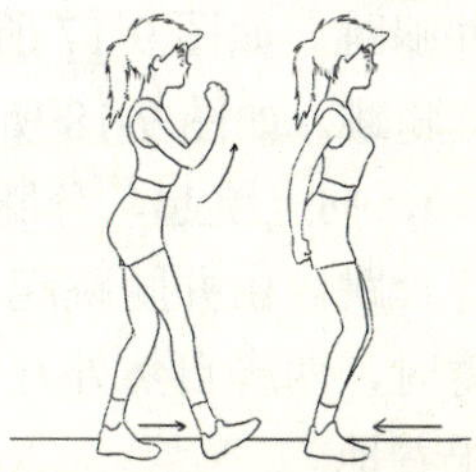

图 9-11 脚跟点地

4. 抬腿类

一腿站立，另一腿抬起。

（1）吸腿。如图 9-12 所示，一腿屈膝抬起，落地还原。上体保持正直，大腿用力上提超过水平，小腿自然下垂。

（2）摆腿。如图 9-13 所示，一腿稍屈膝站立，另一腿做摆动。摆腿时，上体顺势前倾、后倾或侧倾。

（3）踢腿。如图 9-14 所示，一腿稍屈膝站立，另一腿抬起，然后还原。踢腿时，加速用力且有控制，上体保持正直。

图 9-12 吸腿

图 9-13 摆腿

图 9-14 踢腿

（4）弹踢腿（跳）。如图 9-15 所示，一腿站立（蹬跳），另一腿先向后屈，再向前下方弹踢，还原。腿弹出时要有控制，毋需太高，上体保持正直。

（5）后屈腿（跳）。如图 9-16 所示，一腿站立（蹬跳），另一腿向后屈膝折叠，放下腿还原。后屈腿脚跟靠近臀部，支撑腿有弹性地缓冲落地，两膝并拢。

图 9-15 弹踢腿（跳）

图 9-16 后屈腿（跳）

5. 双腿类

双腿站立或跳跃，身体重心在两腿之间。

（1）并腿跳。如图 9-17 所示，两腿并拢跳起，落地缓冲且有控制。

（2）分腿跳。如图 9-18 所示，分腿分立，屈膝半蹲（大、小腿夹角不小于 90°），向上跳起，分腿落地屈膝缓冲。

（3）开合跳。由并腿跳起，分腿落地，再由分腿跳起，并腿落地。分腿屈膝蹲时，两脚自然外开，膝关节沿脚尖方向弯屈。落地时，屈膝缓冲，脚跟着地。

（4）半蹲。分为并腿半蹲和分腿半蹲，两腿有控制的同时屈和伸。如图 9-19 所示，分腿半蹲时，两腿左右分开稍大于肩，脚尖稍外展，膝关节角度不小于 90°，与脚尖方向一致，上体保持直立。

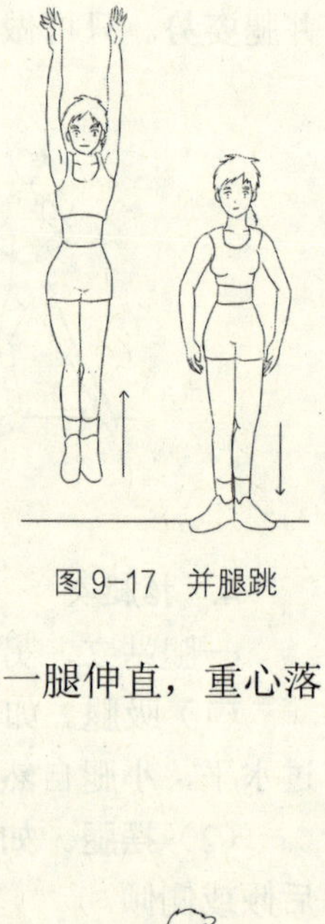

图 9-17 并腿跳

（5）弓步。两脚前后分开，平行站立，一腿屈膝，脚尖与膝垂直，另一腿伸直，重心落于两脚之间。亦可两膝皆屈，后腿的大腿垂直于地面（见图 9-20）。

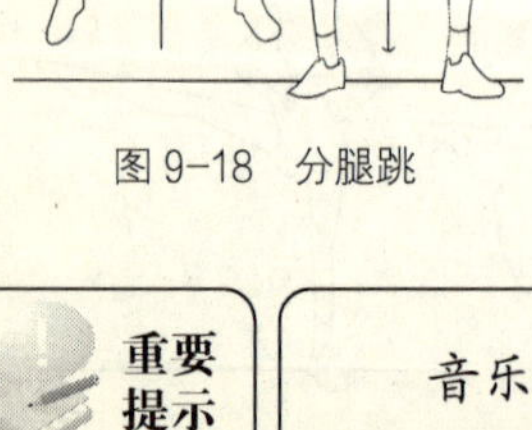

图 9-18 分腿跳

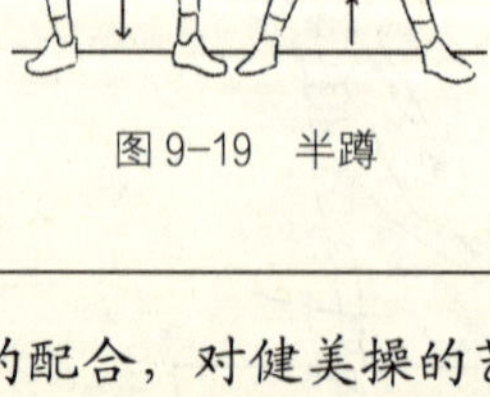

图 9-19 半蹲

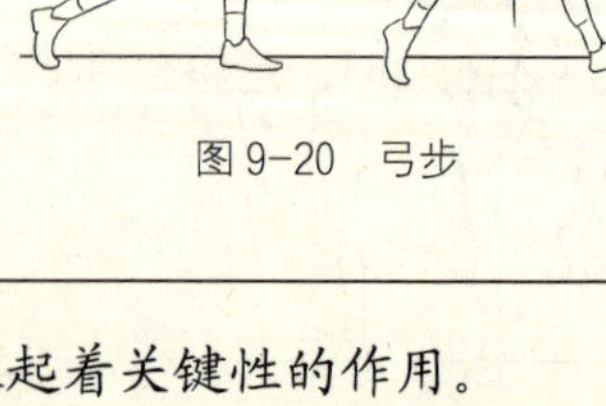

图 9-20 弓步

重要提示

音乐和动作的配合，对健美操的艺术效果起着关键性的作用。

（二）上肢动作

1. 手形

健美操中，手掌随臂的姿态而灵活变化，一般而言，手臂伸展时，手指和手腕随之伸展，手背呈反弓形；手臂弯曲时，手指、手腕放松，从肩至手指成一柔和弧线。恰当地运用各种手形，能使手臂动作更加丰富多彩、生动活泼。健美操常见手形如下所述。

（1）并拢式——五指伸直并拢，大拇指微屈，指关节贴于食指旁。

（2）分开式——五指用力伸直，充分张开，手腕保持一定的紧张程度。

（3）一指式——握拳，食指或拇指伸直。

（4）芭蕾手式——五指微屈，后三指并拢、稍内收，拇指内扣。

（5）拳式——握拳，拇指在外，指关节弯曲，紧贴于食指和中指。

（6）立掌式——五指伸直，手掌用力上翘。

（7）西班牙舞手式——五指用力，小指、无名指、中指自掌指关节处依次屈，拇指稍内扣。

（8）花式——在分开式的基础上小指伸直向掌心回弯到最大限度，无名指会随小指回弯。

（9）剑指——拇指与无名指、小指相叠，中指、食指并拢伸直。

2. 臂部动作

健美操的手臂动作包括举、屈、伸、摆、绕、绕环等（见表 9-1）。

表 9-1　健美操手臂基本动作

动作分类	动作界定	动作变化
举（摆/提/拉）	以肩为轴，臂伸直向某方向抬起并停止在某一部位，活动范围不超过 180°	单或双臂的前、后、侧举。其中双臂既可以做相同的动作，也可以做不同的动作；既可同时，又可依次，还可交叉
屈	肘关节产生一定的弯曲角度	包括胸前平屈、肩侧屈、肩上侧屈、肩下侧屈、肩上前屈、腰间屈、头后屈。既可一臂做动作，又可以两臂同时做相同动作，亦可两臂依次做相同动作
绕（绕环）	以肩关节为轴，手臂在 180°～360°的运动为绕；大于 360°以上的圆周运动为绕环	单臂或双臂的前、后、内、外绕（环绕），小绕、中绕、大绕。两臂动作既可以同时，又可以依次

3. 肩部动作

单肩或双肩提肩、沉肩、收肩、展肩、绕肩、振肩等。

4. 躯干动作

躯干的波浪动作可向前、后、左、右，依靠身体各部位依次完成，动作要协调、连贯。例如，前波浪是从下而上，后波浪从上而下等。

二、健美操基本动作组合和自主练习法

（一）健美操基本动作组合

下面以有氧健美操为例，简单介绍一下健美操的基本动作组合，如表 9-2 所示。

表 9-2　　健美操的基本动作组合

	音　乐	动　作
1	2 × 8	左脚开始原地踏步，两臂体侧摆动
2	2 × 8	侧并步：双手叉腰，左脚向左迈步，右脚随之并拢点地，后右脚反方向迈步，左脚并拢
3	2 × 8	侧并 2 步：左踏右并 2 次，之后右踏左并 2 次，双手变化体前击掌
4	2 × 8	前点步：一腿微屈，另一腿直腿脚跟前点地。双手叉腰 1 × 8，双手向上 1 × 8
5	2 × 8	侧点步：一腿微屈，另一腿直腿脚跟侧点地。双手叉腰 1 × 8，双手向上 1 × 8
6	2 × 8	后点步：一腿微屈，另一腿直腿脚跟后点地。双手叉腰 1 × 8，双手向上 1 × 8
7	2 × 8	后交叉步：①左脚左侧步；②右脚左后交叉；③左脚继续左侧步；④右脚并左脚，反方向再来一次，双臂上举两次
8	2 × 8	V 字步：①左脚左上；②右脚右上；③左脚退原地；④右脚退原地。手臂 1、2 拍自然摆动，3、4 拍手两次，后面 4 拍同上。重复 2 × 8 拍
9	2 × 8	后交叉加 V 字步：一次后交叉接一次 V 字步。后交叉手臂自然打开胸前交叉，V 字步手臂体侧自然摆动，重复 2 × 8 拍
10	2 × 8	原地开合跳：①手臂侧平举；②手臂上举拍掌；③侧平举；④手臂上举拍掌，依次重复，2 × 8 拍
11	2 × 8	后踢腿跑（4 拍）+转身 90°分并腿跳，转 360°回到原点。后踢腿手臂自然摆动，分腿跳手臂叉腰

（二）健美操自主练习法

（1）找规律。找出动作的规律，如左右对称，由上至下排列顺序等，可帮助你更快地记住动作顺序。

（2）分解法。将较复杂的动作分解成上肢、下肢两部分，或将较长的套路分成几段，分别进行练习，待各部分熟练后再练习完整动作（完整——部分——完整法）。

（3）照镜子，建议经常照镜子，面对镜子练习并纠正动作。在自我欣赏的同时，提高自信心。

（4）听音乐，健美操是一种韵律操，要多听音乐找音乐的节奏感，久而久之，会随着音乐跳出成套连贯优美的动作。

三、健美操的练习常识

（一）选择适合自己的健美操

健身操的作用和功能取决于每个人锻炼的不同目的，因此，每个人应该根据自己锻炼的目的去选择适合自己的健身操，这就需要从针对性、科学性、实效性、持久性几个方面去考虑。针对性指的是为强身健体，还是为长寿，为防病治病、弥补功能等目的，这些是选择适合自己健身操的前提。实效性指动作具有实用价值，不要过分注重形式和花样，在较短时间内就能收到良好的效果。科学性是指每项运动都有其自身的规律，健身操也不例外，必须注重它的运动量大小适度，不能太激烈，强度也不能太大，注意循序渐进，持之以恒。持久性是指尽可能选择自己爱好的一些动作，或习惯的一些运动形式，并且有简便易学的特点，否则就难以持久。

（二）维持健美操的锻炼效果

做健美操要想取得理想的锻炼效果，必须科学地安排练习时间与次数，并注意运动卫生。

1. 合理安排练习时间与次数

健美操练习时，可根据自己的工作、学习情况及生活习惯，安排在早上、白天或晚上。其中以下午 3 时至晚上 8 时这段时间为最好，因为在这段时间内，体力比较旺盛，另外工作之后进行锻炼也可以起到消除疲劳的作用。每星期安排 2～3 次，每次 1～2 小时，如在饭前练习要休息半小时才能用餐，饭后练习则要休息 1 小时以上才能进行；晚上练习，要在临睡前两小时结束，以免因过度兴奋影响入睡。

2. 注意运动卫生

进行健美操运动前应先进行准备活动，使身体发热，提高神经系统的兴奋度。因为人体从安静状态进入运动状态需要克服内脏器官的生理惰性，开始运动应逐渐加强，这样，血液循环和气体交换才能逐渐得到改善；新陈代谢才能逐渐旺盛，使关节、肌肉、韧带的柔韧性和灵活性增强，既可以防止损伤，又可以使肌体作好机能上的准备。练习完毕，要做整理活动，使运动时流入肌肉中的血液慢慢流回心脏，机体逐渐恢复平静状态，紧张的肌肉得到舒展放松。运动后洗热水澡，能使全身感到舒适、精神焕发，精力更加充沛。

第三节　健美操运动文化传承

健美操运动在长期的发展过成长形成自己的运动文化。健美操运动文化主要体现在两方面：一是健美操的制度文化，一系列比赛规则反映了健美操的制度文化；二是精神文化，体现为健美操运动员创建的不朽精神。

一、用生命谱写热爱，用爱传承事业

马华（1959.11—2001.9.22）一个响亮的名字，几乎家喻户晓。1990 年马华应邀成为中央电视台“健美五分钟”的主持人。她身材匀称，体态修长，性格开朗，是中国健美操的创始人。

马华，又名马骅，马华·黄妮。后印村人，生于北京，马小先之小女。1977 年参加人民解放军，因自幼活泼好动，喜爱体育，爱好舞蹈，被送到部队文工团，不到两年，调部队医院做护士工作。1981 年转业到北京市曲艺团任报幕员。20 世纪 80 年代中期，马华喜欢上迪斯科，在体育老师的指点下，开始跳健美操。马华原来身材瘦小，弱不禁风，通过跳健美操，容光焕发了。于是劝身边的人参加，犹如滚雪球，由小到大，马华成了健身操的倡导者。从 1985 年开始做大众健身工作。在 80 年代中期，中国对大众健身操的研究还是零，马华只能通过录像带简单模仿国外健身教练的动作，然后再像录像机似地展示给学生。1988 年和 1989 年开始和国际上的同行有了相互切磋和交流，对大众健身有了理论上的了解。

80 年代末，社会上开始掀起学健身操的热潮。在外面授课每节课都有二三百人来学。并成了中央电视台"健美五分钟"的主持人。就在这时，她发现自己越健身越胖了。有些学员腰和腿比以前粗壮了，但他们不希望成为运动员的身材，还有一些学员要求改善的部分效果并不明显。90 年代初，通过社会调查和上万例的身体测试，发现中国人是典型的 A 型形体：肩窄、胸小、髋宽、臂位下垂、腿部短粗。身体结构与西方完全不同。西文健身操侧重体能的

开发，而且侧重腿部的锻炼。如果中国人按照西文的健身方法去锻炼，小“A”就会变成大“A”，中国人要有自己的健身方法。马华开始艰难地探索。

通过14年的艰辛努力，上万例的实例调查，结合东方人的心理、生理特点，借鉴欧美先进的健身成果，马华总结出中国式大众健身体系——“马华科学健身体系”，包括体能测评、体形测评、减肥测评、设计处方、训练雕塑的系统工程体系。训练方法包括：通过有氧健身操、有氧器械练习进行体能训练，静力柔软性运动加上意念的修长训练，徒手或适量重量练习，来改善围度的形体训练、减肥训练。马华归结了十个满足不同健康人士需要的“快餐”式运动处方，使锻炼达到健康和美丽——健美。

马华正在创业之际，2001年3月确诊得了白血病，离开了敞亮的健美房，她满面笑容、精神抖擞地坚持配合中央电视台拍摄录制了节目《减肥追踪纪实》。在住院卧床不起之后，她谢绝了所有学员和朋友的探望，甚至对自己的告别仪式也进行了精心设计：遗体已被火化，会场中央将摆放着她的骨灰，遗像是她生前最钟爱的照片——一身黑色健美服，手举哑铃，侧头微笑，照片上没有黑纱。2001年9月22日凌晨，在北京一家医院去世，年仅41岁。

从马华的身上我们可以看出，一个人对于自己所钟爱的事业并不是简简单单的用语言可以表达的，它不仅体现在对于事业的奉献，更要用心去传承和发展。不论做什么只要用心去做，就能在自己的事业上取得别人不能达到的高度。

二、大众健美操比赛规则

健身健美操是在音乐伴奏下，以身体练习为基本手段，以有氧运动为基础，达到增进健康、塑造形体、改善气质、娱乐休闲为目的的一项运动。制定本规则的目标是保证全国大众健美操比赛评分的客观性、规范性和公正性。

（一）比赛内容

（1）规定动作比赛（全国健美操大众锻炼标准）。

（2）自选动作比赛。

（二）年龄与分组

（1）儿童组（小学生）12岁以下；

（2）少年组（中学生）13～17岁；

（3）青年组18～34岁；

（4）中年组35～49岁；

（5）老年组50岁以上。

（三）参赛人数

（1）规定动作：每队5人，性别不限，或按比赛规程执行。

（2）自选动作：可分为个人、双人和集体项目，性别按规程执行。

（四）出场顺序

比赛的出场顺序在赛前由组委会竞赛部指定中间人抽签确定。

（五）比赛场地与设备

（1）赛台高80～100cm，比赛场地为12m × 12m的地板或地毯，有背景遮挡。

（2）有专业的放音设备和舞台灯光。

（3）裁判席设在比赛场地的正前方。

（六）成套动作时间

（1）规定动作：成套动作时间按《全国健美操大众锻炼标准》规定时间执行。

（2）自选动作：成套动作时间为 2 分～2 分 15 秒，计时从动作开始到动作结束。

（七）音乐伴奏

（1）规定动作音乐由主办单位提供《全国健美操大众锻炼标准》规定动作音乐并统一播放。

（2）自选动作音乐由参赛队自备，音乐必须录在磁带 A 面或光盘的开头，须准备 2 份，其中 1 份报到后交大会放音组。

（3）自选动作音乐允许有 2 × 8 拍的前奏，音乐的速度不限，比赛音乐必须是高质量的。

（八）比赛服装

（1）着健身服或运动式休闲服和运动鞋（旅游鞋式，不可穿球鞋、体操鞋等）。

（2）服装上可有亮片等装饰物，女选手可化淡妆；比赛时选手不得佩戴首饰。

（九）裁判组组成

裁判组由 1 名裁判长、5～7 名裁判员、1 名总记录长、2～3 名记录员、1 名计时员（自选动作比赛）、1～2 名放音员、2～3 名检录员、1 名宣告员组成，也可根据比赛规模的大小适当增减裁判人员。

（十）评分方法

（1）采取公开示分的方法，成套动作满分为 10 分制，裁判员的评分精确到 0.1 分。

（2）裁判员的评分去掉 1～2 个最高分和最低分，中间 3 个分数的平均分即为得分，再减去裁判长减分即为最后得分。

（3）对比赛成绩和结果不接受申述。

（十一）比赛成绩与奖励

（1）比赛成绩按比赛规程执行。

（2）奖项设置与奖励办法按比赛规程执行。

（十二）成套动作评分

1. 规定动作评分（10 分制）

评分因素与分值：表演和团队精神 4 分，动作的完成 6 分。

（1）表演和团队精神。

（2）表现力与热情：动作要展示内心的激情，体现一种健康和向上的情绪。

（3）队形：队形变化清晰、流畅，体现集体配合的意识。

（4）一致性：集体动作整齐，每个人在完成动作的时间、空间、能力和表现力上一致。

2. 动作的完成

（1）动作的正确性。

第一，身体姿态舒展，动作技术正确，动作范围适当。

第二，动作的熟练性。

第三，动作熟练，无漏做动作：漏做个别动作，扣 0.1～0.2 分。

第四，漏做 1 × 8 拍以上动作，扣 0.3～0.4 分。

第五，漏做 2 × 8 拍以上动作，扣 0.5 分或更多。

（2）身体的协调性。

第一，全身协调运动，动作轻松、有弹性，动作清晰，无多余动作。

第二，避免过分松弛或过分紧张。

第三，连接动作的流畅性。

第四，动作之间的连接自然、流畅；动作的转换及方向的变化要干净，无多余动作。

（3）动作与音乐。

第一，动作要充分表现音乐的情绪。

第二，动作和音乐节奏配合要准确。

第三，若干动作不吻合，扣 0.1～0.2 分。

第四，半套动作不吻合，扣 0.3～0.4 分。

第五，整套动作不吻合，扣 0.5 分或更多。

规定动作扣分标准如表 9-3 所示。

表 9-3　　规定动作扣分标准

评分因素	内容	一般	较差	不可接受
表演和团队精神 4 分	表现力与热情	0.1～0.2	0.3～0.4	0.5 或更多
	队形	0.1～0.2	0.3～0.4	0.5 或更多
	一致性（每次）	0.1～0.2	0.3～0.4	0.5 或更多
动作完成 6 分	动作的正确性	0.1～0.2	0.3～0.4	0.5 或更多
	动作不熟练、漏做动作	0.1～0.2	0.3～0.4	0.5 或更多
	身体的协调性	0.1～0.2	0.3～0.4	0.5 或更多
	动作连接	0.1～0.2	0.3～0.4	0.5 或更多
	改变动作或附加动作	0.1～0.2	0.3～0.4	0.5 或更多
	动作充分表现音乐的情绪	0.1～0.2	0.3～0.4	0.5 或更多
	动作和音乐节奏配合准确	0.1～0.2	0.3～0.4	0.5 或更多

3. 自选动作评分（10 分制）

（1）评分因素与分值。

第一，集体/个人，动作设计 3 分/4 分。

第二，集体/个人，动作完成 4 分/4 分。

第三，集体/个人，表演和团队精神 3 分/2 分。

（2）动作设计。

第一，艺术性。一是主题应健康、充满活力、富有激情，表演风格和形式不限，可以是健身街舞、拉丁操、搏击操和啦啦队操等不同风格的健身操或舞，也可使用轻器械，如扇子、纱巾、健身球、哑铃、橡皮筋等；二是风格突出，富有创意；三是动作类型丰富，动作的转换自然流畅；四是音乐的选择与动作风格相一致并配合协调，录音质量高、清晰；五是充分利用场地和空间；服饰选择美观协调。

第二，安全性。在成套动作中无可能对身体造成伤害的动作（不安全动作）。动作的难度适合参赛者的身体能力和运动水平。适合参赛者的年龄特点。

（3）动作完成。

第一，动作完成轻松、准确、流畅。

第二，动作完成能体现所选择主题的风格和特点。

第三，动作与音乐须协调一致，包括风格、结构、动效等方面。

第四，基本姿态和技术正确，动作优美。

（4）表演和团队精神。

第一，表现力与热情。

第二，动作要展示内心的激情，体现一种健康和向上的情绪。

第三，队形变化清晰、流畅，体现集体配合的意识。

第四，集体动作整齐，每个人在完成动作的时间、空间、能力和表现力上一致。

4. 扣分

自选动作扣分标准如表 9-4 所示。

表 9-4 自选动作扣分标准

<table>
<tr><th colspan="2">评分因素</th><th>内 容</th><th>一 般</th><th>较 差</th><th>不可接受</th></tr>
<tr><td colspan="2" rowspan="7">动作设计
集体 3 分/
个人 4 分</td><td>主题健康、充满活力</td><td>0.1～0.2</td><td>0.3～0.4</td><td>0.5 或更多</td></tr>
<tr><td>风格突出、富有创意</td><td>0.1～0.2</td><td>0.3～0.4</td><td>0.5 或更多</td></tr>
<tr><td>动作类型丰富，动作的转换自然流畅</td><td>0.1～0.2</td><td>0.3～0.4</td><td>0.5 或更多</td></tr>
<tr><td>服饰选择美观协调</td><td>0.1～0.2</td><td>0.3～0.4</td><td>0.5 或更多</td></tr>
<tr><td>音乐的选择与动作风格相一致并配合协调，录音质量高、清晰</td><td>0.1～0.2</td><td>0.3～0.4</td><td>0.5 或更多</td></tr>
<tr><td>安全性</td><td>0.1～0.2</td><td>0.3～0.4</td><td>0.5 或更多</td></tr>
<tr><td>每出现一个不安全动作</td><td colspan="3">0.2</td></tr>
<tr><td colspan="2" rowspan="4">动作完成
集体 4 分/
个人 4 分</td><td>动作完成轻松、准确、流畅</td><td>0.1～0.2</td><td>0.3～0.4</td><td>0.5 或更多</td></tr>
<tr><td>动作完成能体现所选择主题的风格和特点</td><td>0.1～0.2</td><td>0.3～0.4</td><td>0.5 或更多</td></tr>
<tr><td>动作与音乐须协调一致</td><td>0.1～0.2</td><td>0.3～0.4</td><td>0.5 或更多</td></tr>
<tr><td>基本姿态和技术正确，动作优美</td><td>0.1～0.2</td><td>0.3～0.4</td><td>0.5 或更多</td></tr>
<tr><td rowspan="3">集体</td><td rowspan="3">表演和
团队精神
3 分</td><td>表现力与热情</td><td>0.1～0.2</td><td>0.3～0.4</td><td>0.5 或更多</td></tr>
<tr><td>队形</td><td>0.1～0.2</td><td>0.3～0.4</td><td>0.5 或更多</td></tr>
<tr><td>一致性（每次）</td><td>0.1</td><td>0.2</td><td>0.3</td></tr>
<tr><td colspan="2">个人/表演 2 分</td><td>表现力与热情</td><td>扣至 0.3</td><td>0.4～0.5</td><td>0.6 或更多</td></tr>
</table>

5. 裁判长减分

（1）裁判长对比赛的过程进行组织和监控，并对下列情况进行减分，每项均减 0.2 分。

（2）被叫到后 20 秒内未出场。

（3）参赛人数不符合规定。

（4）成套时间不足或超过。

（5）着装不符合规定。

（6）比赛时掉物或装束散落。

6. 不安全动作

（1）各种竞技体操和技巧运动的翻转和抛接动作。

（2）过度背弓。

（3）无支撑体前屈。

（4）仰卧翻臀。

（5）头绕环和过度头后仰。

（6）膝转。

（7）足尖起。

（8）仰卧直腿起坐、仰卧直腿举腿、仰卧两头起。

（9）臀部低于膝关节的深蹲。

（10）高难度的托举动作。

7．关于难度动作

在成套动作中不鼓励出现竞技健美操中的难度动作，如出现类似的动作，将不予加分，并对出现的错误动作进行减分。

（十二）纪律与处罚

1．裁判员纪律与处罚

严格按照国家体育总局关于全国体育竞赛裁判纪律有关规定执行。

2．参赛者纪律与处罚

（1）裁判示意后1分钟未出场者，取消比赛资格。

（2）拒绝领奖者取消所有成绩与名次。

（3）检录三次未到者取消该项比赛资格。

（4）对不遵守大会其他纪律、不尊重裁判员和大会工作人员、有意干扰比赛者将视情况给予以下处罚。

第一，警告。

第二，取消比赛资格。

第三，取消健美操等级指导员资格。

第四，终身取消比赛资格。

（十三）特殊情况处理

运动员在遇到以下特殊情况时，应立即停止做动作并向裁判长反映，在问题解决后重做，在成套动作结束后提出的要求将不被接受。

（1）播放错音乐。

（2）由于音响设备而出现的音乐问题。

（3）由于设备问题而出现的干扰——灯光、舞台、会场。

思 考 题

1．简述健美操的基本特点。

2．健美操有哪些基本步伐？

第十章 瑜伽

"瑜伽"（Yoga）这个词，是从印度梵语"yug"或"yuj"而来，其含意为"一致"、"结合"或"和谐"。瑜伽运用古老而易于掌握的技巧，改善人们的生理、心理、情感和精神，是一种达到身体、心灵与精神和谐统一的运动方式。通过本章的学习，了解瑜伽运动的起源与发展，掌握瑜伽的基本技术或修炼方法，懂得瑜伽运动的锻炼价值，提高学生的身心健康。

第一节 瑜伽运动的基本知识

瑜伽起源于印度，流行于世界。我们学习瑜伽运动的基本知识，了解瑜伽运动的起源与发展，理解瑜伽运动的特征和意义，对于提高对瑜伽运动认知水平，积极参加瑜伽运动具有积极意义。

一、瑜伽运动的含义和意义

（一）瑜伽的含义

1. 瑜伽的内涵

瑜伽运动是指人在安静或者舒缓音乐伴奏下通过一些身体姿势来改善人们生理、心理、情感、精神等方面的能力，使人的身体、心灵和精神达到和谐统一的一种运动方式。瑜伽是结合身体和思想的完整的练习，练习瑜伽不仅对身体骨骼有益，对内部器官同样有益，同时也作用于腺体和神经，使整个身体系统始终处于容光焕发的健康状态。

2. 瑜伽运动的分类

瑜伽运动经过了几千年的发展与完善，形成了多个不同的瑜伽体系，不同的瑜伽体系进行的瑜伽练习也各不相同，以下是一些主要的瑜伽体系。

（1）哈他瑜伽：是身体洁净、呼吸和各种休格锻炼力法的体系。

（2）王瑜伽：包括姿势锻炼、呼吸、冥想等由 8 部分组成的瑜伽体系。

（3）智瑜伽：探讨真与非真、恒常与短暂、生命力与物质等问题的哲学思辨的体系。

（4）语音冥想瑜伽：是意守瑜伽语音的体系。

（5）实践瑜伽：是无私活动或工作的瑜伽体系。

这些瑜伽体系中，有些体系会使用相同的练习方法，但不同的体系可能更强调不同的练习方法。这些体系中有一些体系是入门体系，也就是说，它们只是供人们修习其他瑜伽体系之前先行修习的初级体系。本节的内容是集中在重要的或基本的实用性较强的瑜伽练习上。无论一个人要增进身体健康或内心幸福、精神品德，或者想两者兼而得之，都会发现这些练习有极大的价值。而要想从这些健身运动和姿势中获得最大的益处，人们也必须以一种安详宁静的心情来做这些练习。

（二）瑜伽运动的意义

瑜伽是生理上的动态运动及心灵上的练习，也是每天的生活哲学。练习瑜伽的目标是达到对自身心灵较好的理解以及调控，能熟知并掌握肉身感官，通过把感官、身体与有意识的呼吸相配合来实现对身体的控制。瑜伽技巧不但对肌肉和骨骼的锻炼有益，也能强化神经系统、内分泌腺体和主要器官的功能，通过激发人体潜在能量来促进身体健康。

以下是从事瑜伽后出现的益处，要有耐性，瑜伽需要时间展现效果。坚持练习几周后，就会发现内心较以前平静，注意力较集中。几个月后，器官与腺体的回春会开始发生。

（1）活力增加，来自于瑜伽对脑部与腺体的作用。

（2）外观与心情的年轻：瑜伽可减少面部皱纹，产生天然的“拉皮”效果。这主要归功于倒立。这是因为倒立使得流向头皮内发囊的血液数量增加。这个体位使颈部弹性增加，除去了颈部血管与神经的压力，使得更多血液流向头皮肌肉，发囊得到更多营养，使头发更健康。

（3）更加长寿：瑜伽影响所有和寿命相关的器官，如脑部、腺体、脊柱与内部器官。

（4）增加疾病抵抗力：通过练习瑜伽可锻炼出健壮的体格，免疫能力也增加。这个加强的抵抗力可以对付从感冒到诸如癌症的多种病症。

（5）改善视力与听力：正常的视力与听力主要是靠眼睛与耳朵通过良好的血液循环与神经传送。供应眼睛与耳朵的神经与血管必须通过颈部。年岁增长时，颈部正如脊柱其他部分一样失去弹性，神经与血管经过颈部时就有可能遇到滞凝难行的状况。如此便妨碍神经与血液对眼睛与耳朵的供应，因而影响它们的运作。瑜伽体位与瑜伽颈部运动能改善颈部状况，进而加强视力与听力。

（6）心智情绪的改善：练习于瑜伽可以使包括脑部在内的腺体神经系统产生回春效果，心智情绪自然会呈现积极状态，使练习者更有自信，更热诚，而且比较乐观，生活也会变得更有创意。

人体的神经系统、内分泌腺体和主要器官的状况决定着一个人的健康程度，有规律的瑜伽练习有助于消除心理紧张，以及由于疏忽身体健康或提早衰老而造成的体能下降。

（三）瑜伽运动的特点

瑜伽与其他运动相比较，有非常突出的特点。

（1）安全动作柔和。瑜伽的动作柔和，可避免运动伤害，从小孩到老人，甚至孕妇、某些病患者都可以在教练指导下练习瑜伽。

（2）舒适。瑜伽体位法能够流畅、对称、柔和而又持续地让身体得到伸张和刺激，几乎每组向前弯的动作后一定会紧接一组后弯动作，而每组动作完成后一般都会有相应的放松动作，对身体起到很好的拉伸与放松作用，舒适而又流畅。

（3）不受场地、时间、经济条件的限制。瑜伽练习只需要很小的空间，能容纳双臂双腿伸展即可，并且受时间限制也较小，不需要昂贵的健身房、健身器械，一个安静的角落、一块洁净的垫子、一颗纯净的心即可。对某些学员来说，可能需要瑜伽砖、瑜伽绳等小型辅助用品。

（4）对心灵具有调节作用。这是瑜伽与其他运动最显著的区别之一，瑜伽更重视通过身体姿势的练习，达到修习心灵的目的。

（5）对身体的全方位调节和锻炼可以起到辅助医疗的作用。瑜伽对身体的锻炼是全方位的，不仅仅锻炼外在体能，还可对内分泌、血循环、内脏系统起到全方位的调节和改善作用，最难能可贵的是，平日里几乎锻炼不到的内脏、头皮、背部肌肉等“锻炼盲区”，瑜伽都有专门的体位法可以锻炼到那些盲区，所以瑜伽能对疾病的防治甚至治疗起到间接或者直接的作用。

二、瑜伽运动的起源与发展

（一）瑜伽运动的起源

瑜伽起源于印度，距今有五千多年的历史文化，被人们称为“世界的瑰宝”。在印度北部的喜玛拉雅山麓地带，古印度瑜伽修行者在大自然中修炼身心时，无意中发现各种动物与植物天生具有治疗、放松、睡眠或保持清醒的方法，患病时能不经任何治疗而自然痊愈。于是古印度瑜伽修行者根据动物的姿势观察、模仿并亲自体验，创立出一系列有益身心的锻炼系统，也就是体位法。这些姿势历经了五千多年的锤炼，让世世代代的人从中获益。在数千年前的印度，高僧们为追求进入天人合一的最高境界，经常僻居原始森林，静坐冥想。在长时间单纯生活之后，高僧们从观察生物中体悟了不少大自然法则，再从生物的生存法则，验证到人的身上，逐步地去感应身体内部的微妙变化，于是人类懂得了和自己的身体对话，从而知道探索自己的身体，开始进行健康的维护和调理，以及对疾病创痛的医治本能。几千年的钻研归纳下米，逐步衍化出一套埋论完整、确切实用的养身健身体系，这就是瑜伽。

（二）瑜伽运动的发展

现代学者将瑜伽分为 4 个时期，包括前古典时期、古典时期、后古典时期和现代发展时期。下面分别介绍各个时期的基本情况。

（1）前古典时期。由公元前 5000 年开始，直到《梨俱吠陀》的出现为止，约有 3000 多年的时期，是瑜伽原始发展，缺少文字记载。瑜伽由一个原始的哲学思想逐渐发展成为修行的法门，其中的静坐、冥想及苦行，是瑜伽修行的中心。

（2）古典时期。由公元前 1500 年《吠陀经》笼统的记载，到《奥义书》明确的记载瑜伽，到《薄伽梵歌》出现，完成了瑜伽行法与吠檀多哲学的合一，使瑜伽这一民间的灵修实践变为正统，由强调行法到行为、信仰、知识三者并行不悖。大约在公元前 300 年时，印度大圣哲帕坦伽利（Patanjali）创作了《瑜伽经》，印度瑜伽在其基础上真正成形，瑜伽行法被正式定为完整的八支体系。“帕坦伽利”被尊为瑜伽之祖。

（3）后古典时期。由《瑜伽经》以后，为后古典瑜伽，主要著作包括《瑜伽奥义书》，还产生了密教和诃陀瑜伽。《瑜伽奥义书》有 21 部，在这些“奥义书”中，纯粹认知、推理甚至冥想都不是达到解脱的唯一方法，它们都有必要通过苦行的修炼技术所导致的生理转化和精神体会，才能达到梵我合一的境地。因此，产生出了节食、禁欲、体位法、七轮等，是后古典时期瑜伽的精华。

19 世纪的“克须那摩却那”是现代瑜伽之父。其后的“爱恩加”和“第斯克住”是圣王瑜伽的领导者。另外印度锡克族的“拙火瑜伽”和“湿婆阿兰达瑜伽”也是两个重要的瑜伽派别，一个练气一个练心。

（4）瑜伽的现代发展。瑜伽发展到了今天，已经成为世界广泛传播的一项身心锻炼修习法。从印度传至欧美、亚太、非洲等，因为它对心理的减压以及对生理的保健有明显作用而备受推崇，同时还不断演变出了各种瑜伽分支方法，如热瑜伽、哈他瑜伽、高温瑜伽、养生瑜伽等，以及一些瑜伽管理科学。在现代，也产生了一些在全球具有广泛影响力的瑜伽大师，如室利·阿罗频多、辨喜、艾扬格、斯瓦米·兰德福、张蕙兰、韩俊等。

第二节 瑜伽运动的基本技能与训练方法

瑜伽主要包括呼吸术和瑜伽体位，下面针对瑜伽的呼吸术和瑜伽的体位做详细的介绍，另外还介绍瑜伽练习中常出现的错误动作以及一些注意事项。

一、瑜伽呼吸术

瑜伽最重要的是呼吸，初学者容易只做动作忘了调吸，呼吸是联系生理和心理的桥梁，是了解生理状况和心理状况的窗口。正常的呼吸是人身心健康的基础，也是瑜伽修炼的灵魂。现代人偏离正确、健康生活法则越来越远，于是生理、心理的疾病和问题也越来越多。这种偏离的表现就是呼吸的失衡和紊乱。关注呼吸是矫正、改善这种偏离的最好方法。认识呼吸的重要意义和掌握正确的呼吸方法是瑜伽修炼的当务之急。

1. 呼吸的分类

（1）从呼吸的部位来分：呼吸分为腹式呼吸、胸式呼吸、腹胸式完全呼吸。

腹式呼吸：以肺的底部进行呼吸，感觉只是腹部在鼓动，胸部相对不动。

胸式呼吸：以肺的中上部分进行呼吸，感觉是胸部在张缩鼓动，腹部相对不动。

完全呼吸：肺的上、中、下三部分都参与呼吸的运动。腹部、胸部乃至感觉全身都在起伏张缩。

（2）从呼吸的过程来分：有屏息与不屏息两种。而屏息又分为呼气后的屏息与吸气后的屏息两种。

（3）从呼吸的功用来分：有左鼻孔呼吸、右鼻孔呼吸、左右鼻孔交替呼吸 3 种。

2. 呼吸的练习方法

（1）胸式呼吸：（坐姿，用莲花坐，或者半莲花坐坐好，挺直背部，双手搭放于双膝上，打开手掌，掌心朝上食指和拇指相扣，其他三指自然放松，轻轻地闭上双眼）胸式呼吸又称为逆呼吸，吸气时有意识地将肚子向内收，打开胸腔、两肋、肩膀。呼气时放松胸腔、肩膀、两肋，气沉丹田，丹田在肚脐下方。吸气吸满，呼气呼尽，尽可能地做到呼气时间比吸气时间要长。

（2）腹式呼吸：（平躺，双腿并拢伸直，双手搭放于腹部上，闭上心灵的窗户）腹式呼吸称为顺呼吸，正好和胸式呼吸是相反的，也是我们婴儿时期的一种呼吸法。吸气时感觉气体通过鼻腔直接到达腹腔，肚子有意识地向外鼓起，就像是气球在被冲气，越鼓越大。呼气时放松肚子，肚子向着背部的方向缩去，就像气球一点一点的被放气，吸气吸满，呼气呼尽，用手掌心去感觉肚子的突起与落下。让呼吸变得均匀、缓慢、深长。

（3）完全呼吸：肺的上、中、下三部分都参与呼吸的运动。腹部、胸部乃至感觉全身都在起伏张缩。

单鼻孔呼吸术：（坐姿）伸出右手，用大拇指按住右鼻孔食指和中指放于鼻梁上方，用左鼻孔吸气和呼气，然后交换体位练习。

（4）左右鼻孔交替呼吸术：（坐姿）伸出右手，用大拇指按住右鼻孔，食指和中指放于鼻梁上方，用左鼻孔吸气，吸满后用食指和中指按住左鼻孔，放松大拇指用右鼻孔呼气，然后交换体位练习。

二、瑜伽体位法

日前可以查阅到的瑜伽体位有1300多种，常用的体位大致上可以用下列的方法去分类。

1. 依姿势分类

站姿：武士式（见图10-1）。

坐姿：半莲花坐（见图10-2）。

卧姿：眼镜蛇式（见图10-3）。

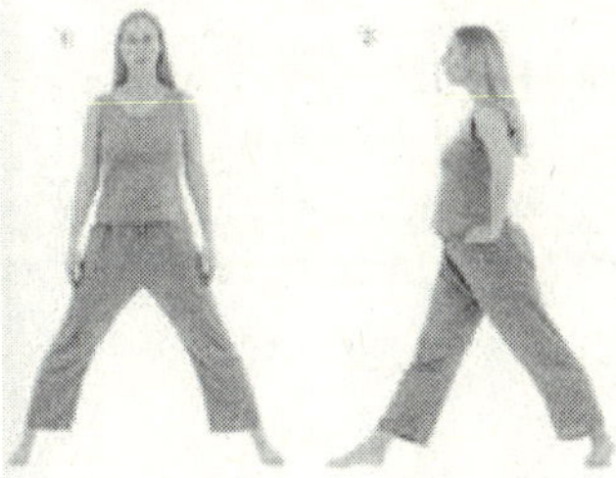

图10-1 武士式

图10 2 半莲花坐

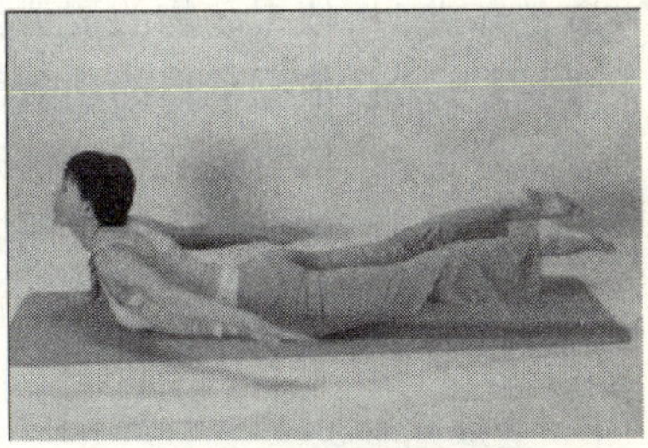

图10-3 眼镜蛇式

倒立：逆向倒立（见图10-4）。

2. 以运动方向分类

（1）前弯：如图10-5所示。

（2）后弯：如图10-6所示。

图10-4 逆向倒立

图10-5 前弯

图10-6 后弯

（3）侧弯：如图10-7所示。

（4）左右扭转：如图10-8所示。

图10-7 侧弯

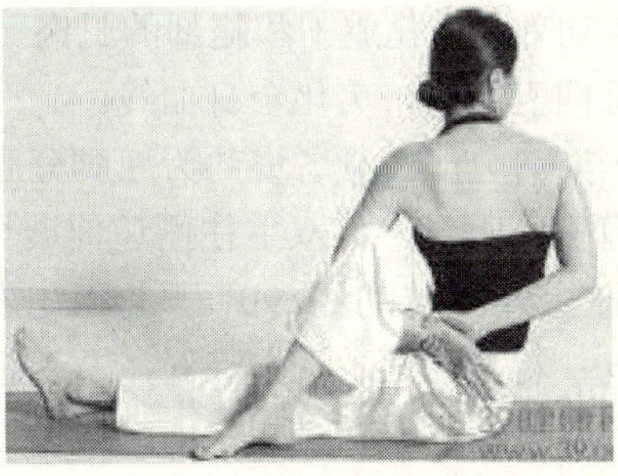

图10-8 左右扭转

分类的好处是可以帮助我们系统地逐一伸展身体的每一个部位，避免一般练习者常犯的通病。例如，只偏好做自己喜欢的或驾轻就熟的体位而刻意逃避困难的体位。记性不好，容易遗漏某个部位。

三、瑜伽体位法的命名

瑜伽体位的命名是有很多学问的，除了以仿效的动物命名还有以动作功效命名，或是以动作本身的形态为名的体位法。瑜伽体位法的命名方式主要有以下4种。

命名方式1：依据动物的姿势模仿得来的体位法，如蛇式。

命名方式2：依据动作的功效命名的体位法，如肩立式（全身式）。

命名方式3：依姿势架构特性来命名的体位法，如龟式。

命名方式4：依该动作的发明者来命名的体位法，如扭转式。

四、瑜伽常用体位

1. 手臂伸展式

（1）功效：扩展胸部，伸展颈部，伸展两手臂及整个身体前侧，减除腹部多余脂肪，并使腹肌平滑、有力，增加胸椎、脊椎的弹性，增大肺活量。

（2）姿势分解：按基本站姿站立，两手于胸前合十；吸气，两手慢慢举至头顶上方，挺胸，收腹，自然呼吸30～60秒，伸展脊柱，头尽量后仰；呼气，慢慢伸直上体，合十的双手放于胸前，低头放松。重复此姿势3次。

提示：头向后仰时，若有头晕或其他不适现象，请即刻停止向后的练习。

2. 增延脊柱伸展式

（1）功效：柔韧并增强脊柱，使脊椎充满弹性，按摩腹部内脏器官，减少妇女经期疼痛及平常腰、背疼痛等症状，脑部充满新鲜血流，使人头脑清新，消除昏沉感觉，消除人们精神抑郁或沮丧。

（2）姿势分解：按基本站姿站立，两手放于体侧，深深吸一口气后；呼气，以腰部为支点，上体向前向下延伸，两手放于脚的两旁，尽量伸直膝盖；吸气，伸展颈部前侧，抬高头部；呼气，伸展颈部后侧，低下头部，上体尽量靠近两腿前侧，将低头与抬头的姿势交替进行3次；吸气，慢慢抬起上体，回复基本站立式。

提示：高血压和低血压病人、晕眩病人、经期妇女勿做此练习，头部受过伤害的人在征得医生同意下方可做，长时间使用计算机或写作后及时练习，可有效放松身体，延长脊柱，为大脑输送新鲜血液，有助于提高大脑的敏捷和思维性。

3. 侧角伸展式

（1）功效：强化躯干和腿部的肌肉，伸展脊椎，强化肝、胆、脾、胰等脏腑和肠道功能，预防改善四五十肩，美化全身曲线。

（2）姿势分解：预备姿势为双脚分立的山式，依身高和柔软度决定双脚打开的程度，至少要比肩宽；吸气，将双手往侧边伸展至与肩同高，手心朝地；吐气，转头看右手，将右膝与右脚往外侧转动约90°，左膝与左脚朝右脚方向转动约15°；吸气，将身体略微右倾。吐气，将身体向右下方降低，右手轻放在右小腿上，左手在身体上方朝天空伸展，柔软度刚好可以将右手放在右脚掌上或地板上；吸气，将头扭转，看着上方的左手大拇指，停留5～8个呼吸。换边时先吸气，将头转正看前方，用腹部的力量慢慢将身体拉回；换边练习，身体向两侧时，尽时不要前倾；眼睛看着手指尖的方向，重心放在两脚之间，意识力放在侧腰的伸拉上，同时，感觉大腿肌的力量得到了增强。

提示：严重背痛或手腕关节、肩关节有关节炎状况的人，不要练习这个动作。

侧拉与伸展，可以很好地美好我们的手臂，减去侧腰的脂肪。

4. 武士第一式

（1）功效：减少腹部、腰两侧多余脂肪，扩张胸部，伸展颈部，延缓衰老，增强人的平衡感以及集中注意力的能力，消除下背部及肩部的肌肉紧张。

（2）姿势分解：按基本三角式站立，右脚尖指向右前方，左脚尖转向右方大约 15°，屈右膝，做成右弓步，上身躯干转向右方；吸气，两手慢慢从旁上举，两手举至头顶上方，双手合十，保持肘部伸直；呼气，抬头，眼望指尖，自然呼吸 30～60 秒；吸气，脸朝前，眼看前方，伸直右膝盖；呼气，两手分开，自然放于体侧。换左侧做同样练习。

5. 腰伸展式

（1）功效：灵活腰部，挤压腹部内脏，拉伸腰围线肌肉，有效减去多余脂肪。

（2）姿势分解：莲花坐或简易莲花坐，脊柱保持自然挺展，双手合十胸前成起始式；吸气，将合十的手掌高举过头，呼气，向两侧平展手臂；再吸气，保持臀部不要离地，将一侧手臂高举，另一侧手臂弯曲轻扶地面；身体向扶地一侧手臂方向弯曲，眼睛看向手掌根或通过大臂看向天花板方向。

提示：伸展时，尽可能保持身体不要前倾。每次呼气时，尽可能加大侧弯的幅度。

6. 换腿伸展式

（1）功效：增加脊椎弹性，充分伸展肩膀、背部、臀部与双腿，按摩腹部内脏，可提升消化、排泄与生殖机能，促进血液循环，平衡自律神经及内分泌，有助心绪平静稳定。

（2）姿势分解：挺直上身，两腿并拢向前伸直坐好，背部挺直但应放松，双手放松地放在大腿上；吸气，慢慢将双手举过头顶，手臂内侧夹在耳旁，充分拉长脊椎；慢慢吐气，将上半身往脚趾方向依腹、胸、下颚、额头循序前倾，此时膝盖尽量伸直，待上半身贴住大腿后，双手可抓住脚掌外侧，柔软度好的人可绕过脚掌交互握手，停留 5～8 个深呼吸，之后，慢慢吸气回原姿势。

提示：若受限于柔软度，双手无法抓住脚掌，手可放在小腿上，此时，背部仍应轻松伸直；避免反弹动作，更不要请他人协助推背；配合呼吸慢慢练习，自然有进步。练习过程中，背部要平直，尽量不要拱。经常这样拉伸，可以使背部变得完美起来，还可以很好地刺激腹内脏，有助于消化。

7. 半脊柱扭动式

（1）功效：消除肩、脖颈的淤血，使脊柱更加柔软，防止背痛和腰部风湿痛。在工作中感到疲乏或紧张时，可练习该动作 1～3 次，会使头脑清晰，增强工作活力；充分伸展手臂及大腿肌肉，增强肩关节、脊柱及髋关节的活动性，有效预防肌肉拉伤。

（2）姿势分解：正坐于垫上，左脚内收屈膝，左脚跟靠近右大腿外侧。将右腿屈膝，跨过左腿，放于左膝外侧，深呼吸；向右转体，左肘放于右膝外侧，左手抓住右脚，右手放于左侧腰部，呼气，上体慢慢用力向右转动，吸气，放松，转动时双臂用力，以增加转动幅度。同样方法，重复另一侧。

提示：尽量保持的时间越来越长，上半身转动时，注意眼睛尽量沿着转动的方向看出去。如手不能抓住脚的内侧时，可以屈肘，肘部用力推膝关节。

8. 伸展式

（1）功效：这个动作可以柔软脊椎骨，强化腹肌血液循环，对于腰及背痛的人特别有功效。

（2）姿势分解：跪姿，四肢着地；慢慢吐气，拱背，腹部向内缩起，下巴尽量扣住胸部。将意识停留在自己容易疼痛的部位；维持这个动作，闭气 8～16 秒后放松。

跪姿，四肢着地。吸气仰头看天花板，闭气 8～16 秒后放松。

提示：饭后 2～3 小时后可做该动作。做动作之前可以转动身体各处的关节及头颈部，做简单暖身。做完瑜伽后歇息半小时再喝水或进食。

9. 蝗虫式

（1）功效：蝗虫式对于治疗各种腹部疾病有很好的疗效，可以促使肾脏和整个腹部运动，以治疗多种的内脏和肠胃疾病。这个姿势同时可以柔韧脊柱，对眼睛、面部、肺部、胸部、颈部、肩部和上肢都有强健和滋补的作用。

（2）姿势分解：预备姿势，身体平趴地面，让一侧面颊贴地；两臂伸直放在身体两侧（靠近大腿），双手握拳，拇指与食指一侧贴地；两腿伸直，指尖靠着地面，两脚跟脚趾并拢，让整个身体保持一条直线，正常呼吸，鼻孔缓慢吸气，然后屏息；慢慢抬头，下巴支撑地面（可以在下巴处放一块软垫）；握紧拳头，两臂两手绷紧，两腿快速抬起，抬到最高处，注意两腿保持并拢与笔直状态，保持这个姿势 5～6 秒，开始慢慢呼气，把腿和头部同时回复到预备姿势，休息 5～10 秒。重复动作，每日练习不要超过 4 次。

提示：练习有困难的人，可以把双腿抬起改为单腿抬起。

10. 反弓式

（1）功效：反弓式有不少益处。它可以活动（刺激）内分泌系统所有分泌腺。由于这个姿势对胰脏能产生有益影响，使胰脏增强活力，始终处于正常状态，因此，胰腺功能得以恢复，并开始正常地分泌胰岛素。这个姿势对于肾上腺、甲状膀腺、脑下垂体及性腺都有很好的影响，促进这些分泌腺的细胞活动，并正常分泌各自激素；对于关节、脊柱、肺部、胸部和腹部疾病，也有疗效。此外练习该动作还能治疗胃病，增强消化功能，并且有减肥的作用；这个姿势对于妇女有特殊的益处，能够治疗月经不调和生殖器官的疾病。

（2）姿势分解：预备姿势，腹部贴地平躺，双臂在身体两侧伸直；一侧面颊贴地，两腿和脚踝并拢，正常呼吸。自膝盖处弯曲两腿，脚跟接近臀部；左右两手分别抓住同侧脚踝。如果两手难以碰到脚踝，可换为转抓住脚趾。然后牢牢抓住脚踝或是脚趾，两个膝盖和脚踝互相靠拢；缓慢而深长地吸气，屏住呼吸。吸气结束时，头部抬起并伸直；不需要停留很久，便开始向后拉动双腿，后拉时不要过急，做这个动作要注意缓慢、柔和；向后拉到力所能及的最大限度，这一动作可以使胸部、颈部和头部向上保持抬起；目视天空，膝盖可以分开，如果可能的话，踝骨可以并拢，屏住呼吸保持上述姿势 10 秒；呼气，与此同时，头和胸部向地面放下，头部接触地面，用一侧面颊贴地；放开脚踝，使其慢慢地还原到地面。至此，完成了一遍。休息 10 秒钟再次重复一遍这个姿势。

提示：每天适合 3～9 遍。如果有些练习者感到同时抓住脚踝非常困难，建议最初的数日只抓住一个脚踝进行练习。练习抓住单侧脚踝反弓式时，其呼吸、仰体、姿势停顿、复原等步骤，均与抓住两侧脚踝的做法相同。所不同的是，当一条腿弯曲向后牵拉时，另一条腿则应该贴着地面。

11. 桥式

（1）功效：对甲状腺、甲状旁腺、胸腺等内分泌腺体有良好的刺激，使人体的免疫功能处于高水平状态。收紧臀部肌肉，美化臀部曲线，伸展身前侧。扩张胸肺，补养和增强背部肌肉群，滋养内脏，帮助放松大脑，释放压力。

（2）姿势分解：仰卧，双臂置于体侧，调整呼吸；吸气，曲双膝、脚跟尽量接近臀部；呼气，双手抱脚踝，缓缓地把身体抬离地面，收紧臀部肌肉，保持30秒，自然地呼吸；慢慢呼气，身体落下还原到仰卧姿势，再重复做一遍。

提示：如果手触不到脚踝，可以让双手平放在地上。

12. 鱼式

（1）功效：增加全身血液循环，平稳呼吸，胸部扩张、腹部自然收紧，使腹部扁平而有力，缓解腰骶椎及背部疼痛，有益于甲状腺和甲状旁腺的功能，可减缓肩部肌肉淤血和疼痛。

（2）姿势分解：仰卧，两手放于臀部下面；吸气，用头顶顶地面，将背部抬离地面，尽量抬高；自然呼吸；呼气，缓缓将背部放下，用后脑勺贴地，放松全身。

（3）提示：患有颈椎、腰椎病的人，做俯卧的姿势时，用力不宜太大，用到健康人的50%就行了。

五、瑜伽常见错误姿势与辅助

1. 上犬式

动作分析：上犬式身体要伸直，臀部与肩、腰形成舒缓的S型，头颈向前伸，肩膀向前用力。下犬式要使身体成为倒V型，双臂前够，头颈向腿部延伸看齐（能看到双腿中间的天空），脚后跟挨住地面不要抬起（见图10-9）。

图10–9 下犬式

提醒：在练习上犬式与下犬式的时候，往往会因为力度不够而做不到位，要记住，瑜伽是在舒展筋骨，应该把自己的筋骨舒展到最大限度。

2. 骆驼式

动作分析：身体应成一个O字型，头部仰到最大限度，双肩胛向后伸展，双手扶住脚跟，大腿与臀部垂直绷紧（见图10-10）。

图11–10 骆驼式

提醒：把瑜伽和其他运动形式进行比较后发现，通常情况下，正确、用心地练习瑜伽是不会有任何副作用或者运动伤害的，但许多人尤其是初学者在练习瑜伽时由于种种原因，都不同程度地出现过如关节扭伤、肌肉拉伤或者头痛、头晕、恶心等不良感觉，我们暂且把它们统称为瑜伽运动伤害。

3. 战士式

动作分析：战士式讲究平衡感，上身一定要竖直，左腿弓步，右腿向后伸直，右脚回勾，弓步不能太靠下，臀部要绷住劲，双臂伸平，头颈摆正（见图10-11）。

4. 树式

动作分析：树式讲究的是无限的延伸感觉，头颈挺直，胳膊伸直向上，想象身体将要冲上云霄，胯部同时向上提（见图1012）。

5. 三角式

动作分析：上身与下身的弧线要顺畅，胯部不能为省力挺起，双臂伸展成一字（见图10-13）。

图 10-11　战士式

图 10-12　树式

6. *后仰式*

动作分析：后仰时的臀、胯、腰部向前挺，可以用手臂支撑出力使臀、胯、腰向前，注意逐步做后仰练习，千万不要用力过度而使身体仰过头。

提醒：懂得识别身体的受伤信号——做瑜伽姿势时，身体发出怎样的反应就是受到伤害的信号呢？一节瑜伽课后，应该有身心合一的良好感觉。如果只是身体的某一个部分感觉好——例如你出很多汗，并且紧张感没有了，但又觉得头痛或者手腕酸胀，或者心脏跳动过速，这就是受伤的信号。

图 10-13　三角式

六、练习瑜伽的基本常识

练习瑜伽的目的有两个方面，一是培养身体的自然美，并获得高水平的健康状况：二是唤醒休眠在人体内的巨大动力，并用其来开发自身独特的潜力，获得自我实现。瑜伽动作舒展优美，简单易学，无须器械，一般不会出现偏差。但对于初学者或瑜伽的爱好者而言，却因不正确的练习观念而受到伤害，以下基本常识在练习瑜伽前不可不知。

（1）时间。清晨，早饭之前是瑜伽锻炼的最佳时间。傍晚或是其他时间也可练习，但要保证空腹或完全消化以后进行练习。大体上是饭后 3～4 小时，喝入流质食物或饮料可在半个小时后练习。事实上更为具体的练习时间规定，早晨在太阳出来以前要进行练习，中午在太阳到头顶时进行练习，晚上在日落以后练习，凌晨在入夜 12 点时练习。不同时间要练习不同的内容，例如早晨多练习体位法，中午多练习庞达，晚上多练习冥想等。练习者应该选择对自己最为方便的时间，争取每天都在同一时间内练习。练习瑜伽时，身体保持正常和安静状态，如果此时身体有不适的地方或是病状尽量不要练习过于强烈的方法，也可以完全不进行练习。

（2）地点。练习瑜伽时要选择安静、清洁、空气新鲜的地方，尽量离开房间而选择露天的自然地。在房间中注意保持空气的流通这对于调息练习尤为重要，养成经常开窗透风的习惯，练习瑜伽时可以在旁边摆放绿色植物。地上需要铺上松软的毯子，柔软度控制在轻松的能保持站立，千万不能让脚下打滑；在练习关于坐式的瑜伽时可以使用蒲席，这样可以有效地防止疲劳。

（3）安静。瑜伽练习时必须保持安静，避免交谈和心理活动，可以播放轻松简单的乐曲，总之要使身心能够专心集中休息。

瑜伽休息非普通的休息，每一种的休息其实都是一种冥想，其作用不可小看，可使练习者放松身体，感受获得的能量，也可以锻炼身心意志感受自我的存在。休息有两种，一种是短时间的休息，这主要是体位法中常采取的10～30秒的休息，一般占用练习的五分之一左右；另一种是专门的休息，有时达数小时之久。

（4）练功服装。瑜伽练习时穿着尽可能简单：短裤、宽筒裤或是中国传统的练功裤；女子可以穿短裤或弹力裤，上身要宽松。

（5）洗澡。清晨练习者在练功前不必洗澡，具体何时洗澡可根据练习者的方便自行决定。如果想在练功后用热水淋浴，应在15分钟后进行。洗澡可以增加人体洁净和轻松的感觉，这样在进行某些练习时效果更好，因此许多人选择在练习前洗澡。

（6）练习方法。为取得瑜伽练习的成功，必须掌握正确的方法。瑜伽是一种完善的科学体系，所以要求练习者采用准确的方法练习。每一个人都应按照个人身体限度练习瑜伽，尽力而为不可强求。瑜伽练习的每一步骤都要谨慎，不可操之过急，练习过程中逐步增加力度和难度。

七、练习瑜伽常见的误区

误区一：只有身体柔软的人才适合练习瑜伽。因为练习瑜伽，身体才变得柔软，而非身体柔软的人才适合练习瑜伽，这是多数人对瑜伽的误区。此外瑜伽讲求适度即可，而并不追求动作完成的幅度大小，只要练习者尽力而为便可收到理想的效果。

误区二：瑜伽就是一种减肥运动。瑜伽练习的最终目的是身（身体）、心（思维、情绪等）、灵（感知事物的本能）三者的平衡，因此练习者不仅获得了身体的健康，还获得了心理的健康和本能的发展。就健身而言，瑜伽的作用还包括调节内分泌，治疗和辅助治疗疾病，减缓疲劳和压力等。因此，仅仅把瑜伽认为是一种减肥运动的观点是不完全的，减肥只是练习瑜伽的目的之一。

误区三：瑜伽是一种女性化的运动。瑜伽虽然在女性群体中受到了莫大的欢迎，但瑜伽并非女性的专利。因为，瑜伽最初的练习者（或称发明者）全是男性，这一点可从瑜伽的很多动作上得到证实。此外，当今知名的瑜伽大师有许多是男性。在欧美某些国家，男性练习瑜伽的普及程度甚至高于女性。

误区四：瑜伽需要团体练习才有氛围。团体练习固然有其氛围所在，但瑜伽本质上是一种自我修习的方式，因此，在自我练习的过程中更容易全身心投入，从而收到事半功倍的效果。

误区五：瑜伽就像柔体术或舞蹈。瑜伽同柔术、舞蹈的练习目的完全不同，柔术和舞蹈是以表演为主要目的，而瑜伽的练习目的是从身、心、灵三方面进行全面修习，过程中需要体位、呼吸、冥想、放松等多种技法的配合，其目的是完全的健康和自我修习。因此，瑜伽同柔术、舞蹈虽然形似，却神差千里。

误区六：坚持练习是一件痛苦的事。瑜伽并非是一种累人的运动，相反它可以解除疲劳，焕发精神。每天练习瑜伽就像做了一个全身由内脏、腺体到肌肉、骨骼，甚至大脑的休闲按摩，其舒适感觉非其他方式所易获得。此外，任何一种健身运动都需要长期的坚持，才能有傲人的成绩。

误区七：动作难度越高越好。很多人练习瑜伽的目的都不明确。练习瑜伽有很多体位法，其中一些对于很多人就难以做到。由于每个人的身体基础不同，如果没有锻炼的过程，一下子想要做到很难，而且会对身体造成伤害。一般来说，高难度的体位对身体各方面的要求都很高，往往需要长时间的伸展或者支撑，对于一些肌肉力量、柔韧性都不够的人来说，容易导致肌腱受伤，还会使关节变得不稳定。

一般来讲，练习瑜伽应该以“身体承受得了”为标准，如果练习过程中身体感到疼痛要马上复位、休息。

误区八：练习瑜伽可以减肥。瑜伽本身就是一项需要肌肉力量来进行的运动，对于瘦弱的女性来说，单薄的肌肉很容易拉伤。医生反而建议一些过于瘦弱的女性最好是通过一些基本的力量训练后，再去练瑜伽。

减肥主要需要消耗热量来实现，减肥最有效的手段还是需要科学控制饮食和有效运动。因此，除非是一些热力瑜伽等特殊瑜伽练习，否则想通过练习瑜伽在短期内达到瘦身的目的很难。很多人练瑜伽之后，体重并没有过多减轻，但是身体的体成分结构却比以前更好，这才是瑜伽减肥的最终目标。

第三节 瑜伽运动的文化传承

瑜伽运动历史悠久，在数千年的发展过程中，形成了一套思想体系和完整的制度文化。不少学者精心研究瑜伽运动，出版了一些经典著作。认真学习瑜伽经典，传承瑜伽文化，对于推进瑜伽运动的发展具有积极的作用。

一、瑜伽经典著作

瑜伽已有数千年的历史，唯一的经典是源自公元前三百年的著名圣哲帕坦伽利（Patanjali）所著的《瑜伽经》（瑜伽的重要理论著作）。严格来说，瑜伽是一种身心锻炼的统称，好比中国讲的返本归源、导引等，瑜伽在印度也是一个身心修炼的通泛名词。有一段时期进行各种身心修炼的人不管任何派别，都被尊称为瑜伽士（Yogi，女性为 Yogini）。

古印度的宗教哲学派别林立，不过有 3 本著作被大多数印度人尊为经典，一是为《奥义书》，二为《博伽梵歌》，三为《瑜伽经》。古印度婆罗门教提倡“梵我合一”理论，由于印度教的普及，加上另一位有名的瑜伽祖师同时也受印度教祖师商羯罗的影响，这 3 本书也被往后大多数的瑜伽士奉为经典。瑜伽术本是一种身心修持术，古印度任何宗教都采用。它的最高目的是实现人的一切可能，从精神（小我）与自然（梵，大我，最高意识）的合一（即“梵我合一”），一直到成佛成仙，或者其他教派所说的最高目的，瑜伽术都是被认可的途径之一。

二、瑜伽大赛评分标准及评分细则

（一）比赛规则

（1）选手每 10 人一组，共六组为例，一组选手规定动作共同完成。规定动作完成后，每组前 5 位展示自选动作，其他同组选手原地等候，自选动作依次全部结束后共同退场。每组比赛规定动作拜日式一遍，限 5 分钟内完成。自选动作 6 个限 8 分钟内完成。

（2）每组比赛结束后评委进行亮分，记分员收取亮分牌，计算每人得分并做记录。

（3）第二组选手进行比赛，同时公布第一组选手个人得分，结束后评委亮分，记分员收取亮分牌并做记录。

（4）六组选手全部结束后记分员统计总得分前 12 名的选手进入到最后一轮的决赛。

（5）进入决赛的选手分为 6 人一组，每人 3 个自选动作展示，动作可重复。限时 5 分钟内完成，第一组动作结束后下一组进行展示，两组共同完成后，由选手抽取理论问答题并在一分钟内做答。

（6）主持人宣布分数，记分员收取亮分牌，计算每人得分并记录。

（7）第二组选手进行比赛，结束后评委亮分记分，同时主持人公布第一组选手个人得分。

（8）全部结束后，评委综合给选手打分

（二）评分标准及评分细则

1. 规定动作（3.00 分）

（1）要求：完成瑜伽的向太阳致敬式（又称：拜日式）一遍，要求选手体位完成准确到位、呼吸正确、整体连接流畅自然

（2）评分细则。

第一，体位完成分：1.50 分。 扣分方法：呼吸错误每处扣 0.5 分； 体位细节错误每处 0.5 分；整体错误、失误或无法完成每个体位扣 0.5 分。

第二，整体连接分：1.50 分。根据选手整套动作的完成情况是否流畅自然，予以 0.5 分的加分。

2. 自选动作（6.00 分）

（1）要求：选手自行选择 6 个参赛体位，所选体位应能充分展示选手个人实力。要求体位完成的准确到位，呼吸正确。

（2）评分细则（共 6 个体位，每个体位满分 1.00 分）。

第一，体位规范分：1.2 分。扣分方法：呼吸错误每处扣 0.6 分；体位细节错误每处扣 0.6 分；整体错误、失误或无法完成每个体位扣 0.6 分。

第二，体位难度分：1.2 分，根据选手所选动作的难易程度予以评分。

第三，体位力度分：1.2 分，根据选手的肌肉肢体控制和力度予以评分。

第四，体位节奏分：1.2 分，根据选手的体位停留时间是否具有整体统一的节奏评分。

第五，选手表现分：1.2 分，要求表演顺畅，充分表现出瑜伽之美以及选手的个人风采。

3. 理论部分（1.00 分）

（1）要求：该部分考核选手个人的瑜伽理论素养、对瑜伽历史的了解程度以及对瑜伽的认识与理解。

（2）评分细则。

第一，要点阐述清晰　　0.5 分。

第二，论述说明充分　　0.5 分。

（三）备注

（1）按照动作的技巧、难度、平衡、柔软、协调、美观、力度，表演时的精神状态，呼吸与动作的配合，单个姿势的起势和收势，各个姿势连接的科学性和顺序节奏来综合打分。最高分为 10 分。评委打分后，去掉一个最高分，去掉一个最低分，然后取平均分，最后为个人得分。

（2）第一轮比赛为规定动作拜日式和 6 个自选动作，不设问答题，拜日式不要求一致，只做一遍。规定动作 5 分钟，自选动作 8 分钟，超出时间扣 0.5 分。

（3）第二轮比赛为 3 个自选动作和 1 道问答题，动作展示 5 分钟内完成，问答题 1 分钟，超出时间扣 0.5 分。

思 考 题

1. 简述瑜伽的分类。
2. 简述瑜伽的特点与意义。
3. 瑜伽的比赛规则是什么？

第十一章 武术运动

中华武术历史悠久，源远流长。她是以中国传统文化为理论基础，以内外兼修、术道并重为鲜明特点的运动。在长期生活与斗争实践中，武术摄养生之精髓，集技击之大成，玄机秘法，深邃莫测，形成了较为系统的技术体系和众多门派，而且她植根于中华传统文化之沃土，蕴涵中国传统哲理之奥妙，形成了内涵丰富、层次纷杂的庞大理论体系。了解武术知识，掌握武术技能，弘扬中华武术精神，对于强健体魄、传承中华传统文化具有积极意义。

第一节 武术运动的基本知识

武术运动具有完整的知识体系。了解武术的起源和发展，理解武术运动的内涵、外延、特征以及学习武术的意义，有助于帮助我们深化对武术的认知，提高学习武术的积极性和自觉性。

一、武术运动概述

（一）武术运动的概念

1. 武术的定义

2009 年 7 月 9 日～11 日，国家体育总局武术运动管理中心在少林武术的发源地河南登封召开的武术定义和武术礼仪研讨会，关于武术定义的研讨得出了初步答案，其具体表述为：武术是以中华文化为理论基础，以技击方法为基本内容，以套路、格斗、功法为主要运动形式的传统体育。武术新定义的诞生，是武术事业发展的新的里程碑。

2. 武术的类别。

武术按照其功能可以分为 3 类。

（1）学校武术。学校武术侧重体现武术的教育功能，其目的是使学生通过武术的锻炼达到增强体质、增进健康，并使之了解祖国传统文化，达到振奋民族精神、培养优良品质的教育目的。

新中国成立后武术成为社会主义体育事业的重要组成部分。党和政府十分重视民族传统体育的开展和推广，使武术得到蓬勃发展。在国家体育委员会和中国武术协会的领导下，各省、自治区、直辖市建立了武术协会、武术馆、社、研究会、辅导站、业余体校武术班，这些都是传授武术技能的途径。作为武术教育的重要标志是武术作为体育教学内容走进各级各类学校，特别是普通大、中、小学。目前，在大、中、小学开展的教学内容有长拳类的少年拳、青年拳、刀术、剑术、枪术、棍术还有太极拳、剑、攻防格斗技术以及各种健身功法等。另外，军事院校、公安学校、警校还练习以擒拿格斗、散打为重点的套路和攻防格斗技术。我们可将这一部分武术称为学校武术。

（2）竞技武术。竞技武术是以创造优异运动成绩为主要目的的。新中国成立以后，国家在这方面投入了大量的工作，如竞赛体制的建立、竞赛规则的制定、裁判法的研究与实施、竞赛规定套路的创编、推广和使用。特别是针对武术中流行最广、最具代表性的长拳、南拳、太极拳剑以及长拳类的刀、剑、枪、棍等项目进行改造使之成为能够进行比赛的竞赛项目，这是武术竞赛史上前所未有的创新之举。近年又有传统拳术如形意拳、八卦掌等竞赛规定套路的创编、推广以及国际武术竞赛套路的推出，这些项目与学校武术相比较是层次上的不同，存在着初级与高级之分，简单与复杂之别。竞技套路在动作数量、动作组别、技术难度、编排布局上均有特定要求，所以与学校武术存在明显的区别。同时竞技武术还包括按规则进行比赛的散打、推手、短兵等对抗性运动。

（3）健身武术。健身武术是指除学校武术、竞技武术以外的流行于广大民间的那些源流有序、拳理明晰、风格独特、自成体系的传统武术。这些传统武术的各拳种包括拳术、器械、练功方法、对练以及攻防实战技术（也包括以健身为日的的新编健身套路）。我国人民自占以来就以此作为健体强身、防身自卫、保家卫国、娱乐身心的方法和手段。在现代快节奏以及和平安定的生活环境中把武术作为健身的方法和手段已成为人们生活的一大需要。

（二）武术的特征

1. 寓技击于体育之中

武术最初作为军事训练手段，与古代军事斗争紧密相连，其技击的特性是显而易见的。在实用中，其目的在于杀伤、制限对方，它常常以最有效的技击方法，迫使对方失去反抗能力。这些技击术至今仍在军队、公安中被采用。武术作为体育运动，技术上仍不失为攻防技击的特性，而是将技击寓于搏斗与套路运动之中，而搏斗运动集中体现了武术攻防格斗的特点，在技术上与实用技击基本上是一致的。但是从体育观念出发，武术受到竞赛规则的制约以不伤害对方为原则。例如，在散手中对武术中有些传统的实用技击方法作了限制，而且严格规定了击打部位和保护护具，短兵中使用的器具也作了相应的变化，而推手则是在特殊技术规定下进行竞技对抗的。因此，可以说武术的搏斗运动具有很强的攻防技击性，但又与实用技击有所区别。

套路运动是中国武术的一个特有的表现形式，不少动作在技术规格、运动幅度等方面与技击的原形动作有所变化，但是动作方法仍然保留了技击的特性。即使因连结贯串及演练技巧上的需要，穿插了一些不一定具有攻防技击意义的动作，然而就整套技术而言，主要的动作仍然是以踢、打、摔、拿、击、刺诸法为主，是套路的技术核心。它的攻防技击特性是通过一招一式来表现的，汇集白家，它的技击方法是极其丰富的，在赤手、短兵中不宜采用的技术方法，在套路运动中仍有所体现。

2. 内外合一，形神兼备的民族风格

既究形体规范，又求精神传意。内外合一的整体观，是中国武术的一大特色。所谓内，指心、神、意等心志活动和气总的运行：所谓外，即手眼身步等形体活动。内与外、形与神是相互联系统一的整体。比如五禽操就是一种模仿虎、鹿、熊、猿、鸟 5 种动物的奇妙功夫，其精髓就是："外动内静、动中求静、动静兼备、有刚有柔、刚柔并济、练内练外、内外兼练。"

武术"内外合一，形神兼备"的特点主要通过武术功法和投法来体现。"内练精气神，外练筋骨皮"是各家各派练功的准则，如极拳主张身心合修，要求"以心行气，以气运身"。形意拳讲究"内三合，外三合"，大洪拳、少林拳也要求精、力、气、骨、神内外兼修。此外，武术套路在技术上往往要求把内在精气神与外部形体动作紧密相合，完整一气，做到"心动形随"，"形断意连"，"势断气连"。以"手眼身法步，精神气力功"八法的变化来锻炼心身。这一特点反映了中国武术作为一种文化形式在长期的历史演进中备受中国古代哲学、医学、美学等方面的渗透和影响，形成了独具民族风格的练功方法和运动形式。

3. 广泛的适应性

武术的练习形式、内容丰富多样，有竞技对抗性的散手、推手、短兵，有适合演练的各种拳术、器械的对练，还有与其适应的各种练功方法。不同的拳种和器械有不同的动作结构、技术要求、运动风格和运动量，分别适应人们不同年龄、性别、体质的需求，人们可以根据自己的条件和兴趣爱好进行选择练习，同时它对场池、器材的要求较低，俗称"拳打卧牛之地"，练习者可以根据场地的大小变化练习内容和方式，即使一时没有器械也可以徒手练参、练功。一般来说，受时间、季节限制也很小。较之不少体育运动项目，具有更为广泛的适应性，武术能在广大民间历久不衰，与这一特点不无关系。利用这一特点可为现代群众性体育活动提供方便，使武术进一步社会化。

二、武术运动的起源和发展

1. 武术的起源

武术萌生于原始人类的生产、社会和宗教活动。在狩猎、战争和祭祀过程中，以我们祖先创造锋刃工具的能动性、使用工具方法的主动性、运用格斗技术的自觉性为标志，人们将一些有效的攻防格斗技术进行总结、传授和演练，使之由本能的自卫活动转变为有意识的技击技术，便形成了武术的萌芽。在人与人的搏杀格斗中，大量磨制锋刃的生产工具逐渐演变为互相残杀的武器，使用兵器的技艺及战争所需的格斗技术也逐步从生产技术中分离出来，人们把在战争中比较成功的搏击方法加以总结，反复模仿、习练，传授给下一代。武术成形于奴隶社会时期。夏朝建立，经过连绵不断的战火，武术为了适应实战需要进一步向实用化、规范化发展，夏朝时期的武术活动主要在以下两个方面发展：一是军队的武术活动，二是以武术为主的学校教育。

2. 武术的发展

武术的称谓经历了一个漫长的发展过程，春秋时期称技击，汉代称武艺，清初称武术，民国称国术，新中国成立后正式命名为"武术"。武术发展于封建社会时期。秦汉以来，盛行角力、击剑。随着"宴乐兴舞"的习俗，手持器械的舞练时常在乐饮酒酣时出现，如《史记·项羽事纪》记载的"鸿门宴"中"项庄舞剑，意在沛公"，便是这一形式的反映。此外，还有"刀舞"、"力舞"等，虽具娱乐性，但从技术上更近于今天套路形式的运动。唐朝以来开始实行武举制，对武术的发展起了促进作用，如对有一技之长的士兵授予荣誉称号。裴民将军的剑术独冠一时，裴民的剑术、李白诗歌、张旭草书并称唐代三绝的美誉，可见武术作为一种文化形式已相当具有影响。宋元时期，以民间结社的武艺组织为主体的民间练武活动蓬勃兴起，有习枪弄棒的“英略社”，习射练习的“弓箭社”等。由于商业经济活跃，出现了浪迹江湖，以习武买艺为生的“路歧人”。不仅有单练，而且有对练。明清时期是武术大发展时期，流派林立，拳种纷显。拳术有长拳、猴拳、少林拳、内家拳等几十家之多；同时形成了太极拳、形意拳、八卦拳等主要的拳种体系。到了近代，武术适应时代的变化，逐步成为中国近代体育的有机组成部分。民国时期，民间出现了许多拳社、武士会等武术组织。1927 年，在南京成立了中央国术馆。1936 年中国武术队赴柏林奥运会参加表演。新中国成立以后，党和政府十分关怀人民的健康，重视民族体育文化遗产的继承和发展，1956 年国家体育委员会把武术列为竞赛项目，同时整理出版了《简化太极拳》、《初级长拳》、《初级剑术》、《初级刀术》、《初级枪术》、《初级棍术》等书籍和挂图，并有了全国武术统编教材。1982 年召开了全国武术会议，1985 年，在西安举行了首届国际武术邀请赛，并成立了国际武术联合会筹委会，这是武术发展中历史性的突破。1987 年在横滨举行了第一届亚洲武术锦标赛，标志着武术走进亚运会。1990 年武术首次被列入第十一届“亚运会”竞赛项目。1999 年，国际武联被吸收为国际奥委会的正式国际体育单项联合会成员，这是武术发展中的又一历史性突破，意味着在不久的将来，武术即将成为奥运项目，意味着“把武术推向世界”的雄伟目标的进一步实现。

三、武术运动的意义

中华武术是中华民族优秀文化遗产之一，它在健身和技击，磨练毅志，提高人格修养等方面都有良好的作用，颇受人们喜爱。

（一）武术具有增强体质、防身自卫的功能

武术套路动作包含着屈伸、平衡、跳跃、翻腾、跌扑等，人体各部位几乎都要参与运动。系统地进行武术训练，对人体的速度、力量、灵巧、耐力、柔韧等身体素质要求较高，人体各部位“一动无有不动”，几乎都参加运动，使人的身心都得到全面锻炼。武术运动讲究调息行气和意念活动，对调节内环境的平衡，调养气血，改善人体机能，健体强身十分有益。

（二）武术具有锻炼意志，培养道德情操的功能

练武对意志品质考验是多面的。练习基本功，要不断克服疼痛关，“冬练三九、夏练三伏”，要有坚持不懈的意志品质。套路练习，要克服枯燥关，培养刻苦耐劳，砥砺精进，永不自满。经过长期锻炼，可以培养人们勤奋、刻苦、果敢、顽强、虚心好学、勇于进取的良好习性和意志品德。

（三）武术具有竞技观赏，丰富文化生活的功能

武术具有很高的观赏价值，无论套路表演，还是散手比赛，历来为人们喜闻乐见。无论是显现武术功力与技巧的竞赛表演套路，还是斗智较勇的对抗性散手比赛，都会引人入胜，给人以美的享受，都具有很高的观赏价值。

（四）武术具有交流技艺，增进友谊的功能

武术运动蕴涵丰富，技理相通，入门之后会有“艺无止境”之感。群众性的武术活动，便成为人们切磋技艺，交流思想，增进友谊的良好手段。随着武术在世界广泛传播，还可促进与国外武术爱好者的交流。许多国家武术爱好者喜爱武术套路，也喜爱武术散手，他们通过练武了解认识中国文化，探求东方的文明。武术通过体育竞赛、文化交流等途径，在与世界各国人民友好交往中发挥着越来越大的作用。

第二节 武术运动的基本技能以及训练方法

武术的基本动作主要包括手型、步型、手法、步法、腿法、平衡、跳跃动作等，掌握武术的每一个基本动作必须学习掌握其训练方法。

一、武术基本功

武术的基本功是发展某项专门素质的基础功法。它能有效地提高关节的伸展性和灵活性，增强韧带的柔韧性和肌肉的力量，既是武术入门必不可缺的基础功夫，又是提高体能和武术技能的必要手段。武术的基本功按人体的身体部位可划分为肩臂功、腿功、腰功和桩功。

（一）肩臂功

这主要是指加大肩关节的活动范围并增进其韧带的柔韧性，发展肩臂部肌肉力量，提高上肢运动的伸展、敏捷、松长、转环等能力。练习方法主要有压肩、吊肩、转肩、绕肩等。

1. 压肩

如图 11-1 所示，开步（两脚平行，左右站立）站立，与肩同宽或稍宽，上体前俯，手握肋木，下振压肩。也可两人面对面站立，互相扶按肩部，做体前屈振动压肩动作。

要点：挺胸、塌腰、收髋，两臂、两腿伸直；振幅逐步加大，压点集中于肩部。

2. 吊肩

如图 11-2 所示，并步（两脚内侧相靠）站立，背对肋木，两手反臂抓握，然后下蹲，两臂拉直或悬空吊起。

要点：两臂伸直，肩部放松。

图 11-1 压肩

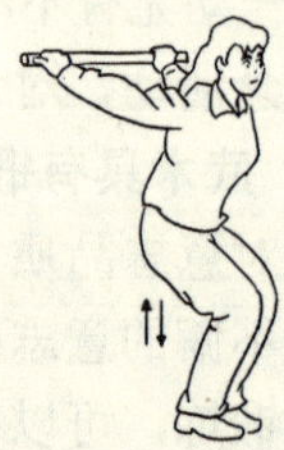

图 11-2 吊肩

3. 转肩

如图 11-3 所示，开步站立，两手正握棍于体前。以肩关节为轴，两臂伸直上举经头顶绕至体后，再从体后向上绕至体前。

要点：两臂始终伸直；两手握棍距离应由宽到窄，一般与肩同宽。

4. 绕肩

单臂绕环，成左弓步姿势，左手按于左膝上（也可两脚开立，左手叉腰），右臂上举，由上向后、向下、向前环绕，为后绕环（见图 11-4）；右臂由上向前、向下、向后环绕，为前绕环。左右臂交替练习。

要点：臂要伸直，肩应放松，贴身划立圆，逐渐加速。

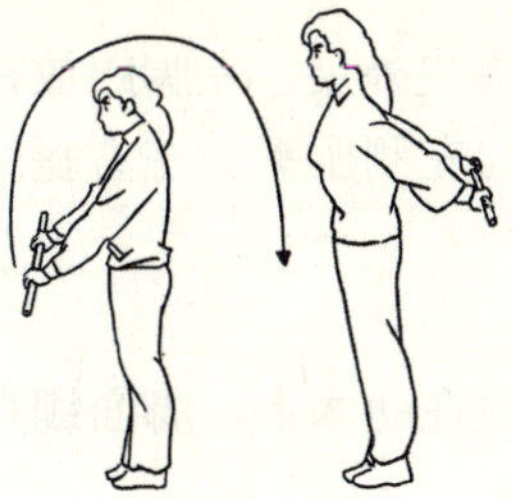

图 11-3 转肩

图 11-4 绕肩

双臂绕环有 3 种，3 种都要两脚开立，与肩同宽。

① 前后绕环，如图 11-5 所示，两臂垂于体侧，依次由下向前、向上、向后做绕环。数次后，再做反方向的绕环。

② 左右绕环，如图 11-6 所示，左右两臂同时向右、向上、向左、向下绕环。数次后，再做反方向绕环。

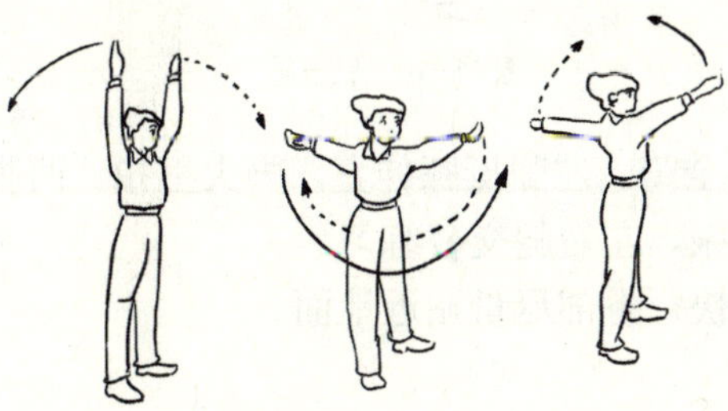

图 11-5 前后绕环

图 11-6 左右绕环

③ 交叉绕环，如图 11-7 所示，两臂直臂上举，左臂前绕环，同时右臂后绕环。数次后，再做反方向绕环。

要点：松肩、探臂，划立圆绕环。

（二）腿功

腿功主要是拉长腿部的肌肉和韧带，加大髋关节和膝关节的活动范围，发展腿部的柔韧性、灵活性、协调性和力量等素质。练习方法主要有压腿、搬腿、劈腿等。

1. 压腿

（1）正压腿。如图 11-8 所示，右腿直立支撑，将左脚跟放在与髋同高或稍高的肋木上，脚尖勾紧，两手扶按在膝关节上（或双手抱脚），立腰、收髋、挺膝，上体前屈，向前、向下做压振动作。左右腿交替练习。

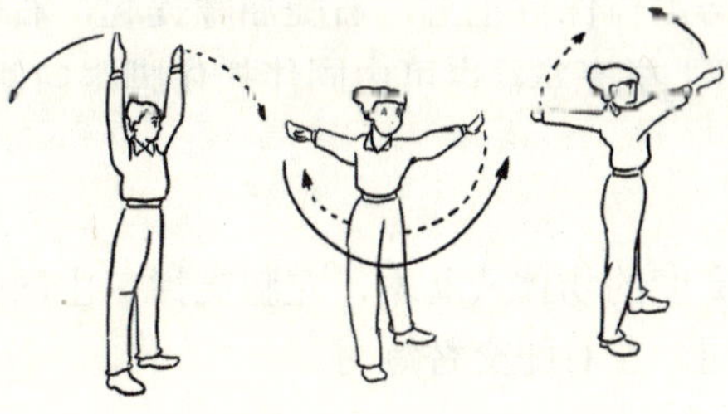

图 11-7 交叉绕环

图 11-8 正压腿

要点：逐渐加大振幅，先以前额、鼻尖触及脚尖，然后过渡到下颏触及脚尖，以提高腿的柔韧性。

（2）侧压腿。如图 11-9 所示，身体侧对肋木，右腿伸直支撑，脚尖外展。左脚跟放在肋木上，脚尖勾紧，右臂上举，左掌附于右胸前，立腰、展髋，上体向左侧压振。左右腿交替练习。

要点：逐步加大振幅，直到右手握左脚掌、上体侧卧在左腿上。

（3）后压腿。如图 11-10 所示，背对肋木，右腿支撑，左脚背放在肋木上，脚面绷直，上体后仰做压振动作。左右腿交替练习。

要点：挺胸、展髋、腰后屈。

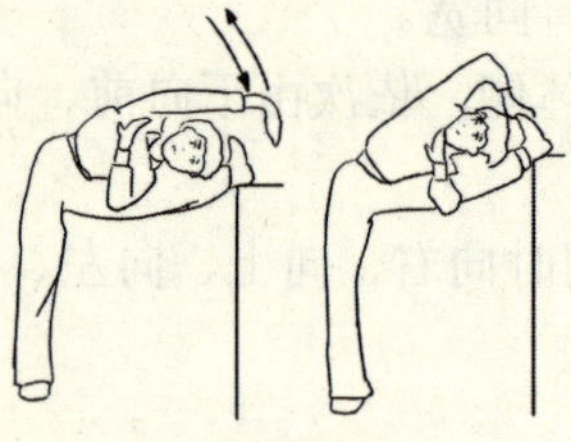

图 11–9　侧压腿

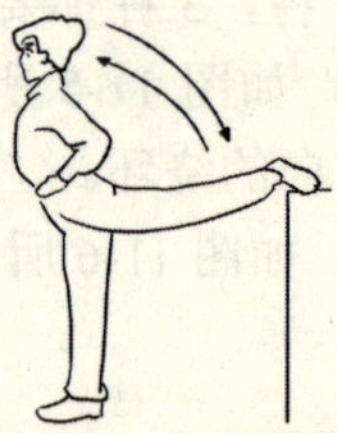

图 11–10　后压腿

（4）仆步压腿。如图 11-11 所示，右腿屈膝全蹲，左腿挺膝伸直，脚尖里扣。两脚全脚掌着地，两手分别抓握两脚外侧，成仆步向下压振。左右腿交替练习。

要点：挺胸、塌腰、沉髋，左右移动不宜过快，臀部尽量贴近地面。

2. 搬腿。

（1）正搬腿。如图 11-12 所示，右腿直立与上体保持正直，左腿屈膝提起，右手托握左脚外侧，左手抱膝。然后，左腿挺膝向前上方举起，脚尖勾紧。也可由同伴托住脚跟上搬。左右腿交替练习。

要点：挺胸、立腰、收髋；上搬高度应由低到高。

图 11–11　仆步压腿

图 11–12　正搬腿

（2）侧搬腿。如图 11-13 所示，左腿直立与上体保持正直，右腿屈膝提起，右手经小腿内侧托住脚跟，然后将右腿向右上方搬起，左臂上举亮掌。也可由同伴托住脚跟向侧上搬腿。左右腿交替练习。

要点：挺胸、立腰，髋关节放松。

（3）后搬腿。如图 11-14 所示，手扶一定高度的物体或肋木，左腿支撑，由同伴托起右腿从身后向上搬举，挺膝，脚尖绷直，上体后屈。左右腿交替练习。

要点：挺胸、塌腰、髋放正、腰后屈。

图 11-13 侧搬腿

图 11-14 后搬腿

3. 劈腿

（1）竖叉。如图 11-15 所示，两臂侧平举或扶地，两腿前后分开成一直线。左腿后侧着地，脚尖勾起，右腿内侧或前侧着地。

要点：挺胸、立腰、沉髋、挺膝。

（2）横叉。如图 11-16 所示，两臂侧平举或在体前扶地，两腿左右分开成一直线，两腿内侧着地。

要点：挺胸、立腰、展髋、挺膝。

图 11-15 竖叉

图 11-16 横叉

（三）腰功

俗语曰："练拳不练腰，终究艺不高"。腰是贯通上下肢体的枢纽，是表现身法技巧的关键。腰功主要发展脊椎和腰部各肌肉群的柔韧性和弹性，加大腰部的活动范围。练习方法主要有俯腰、甩腰、涮腰、下腰等。

1. 俯腰

（1）前俯腰。如图 11-17 所示，并步站立，两手手指交叉，直臂上举，掌心朝上。上体前俯，两掌心尽量贴地。也可两手分别抱住两脚跟腱部位，头贴近腿部，持续一定时间后再站立，如图 11-18 所示。

要点：两腿挺膝伸直，挺胸、塌腰、收髋，尽力向前折体。

（2）侧俯腰。如图 11-19 所示，基本同前俯腰，但两手手指交叉在脚外侧触地，向左或向右转体。

要点：两腿挺膝伸直，两脚不可移动，上体尽量下屈。

2. 甩腰

如图 11-20 所示，开步站立，两腿挺膝伸直，两臂上举。以腰、髋关节为轴，上体做前后屈的甩动动作，两臂也随之摆动。

要点：快速、紧凑而有弹性。

图 11-17　前俯腰 1　　　图 11-18　前俯腰 2　　　图 11-19　侧俯腰

3. 涮腰

如图 11-21 所示，两脚开立，略宽于肩，上体前俯，两臂向左前下方伸出。然后以髋关节为轴，向前、向右、向后、向左翻转绕环一周。左右交替练习。

要点：尽量增大绕环幅度。

4. 下腰

如图 11-22 所示，两脚开立，与肩同宽，两臂伸直上举。腰向后屈，抬头、挺胸、顶腰，两手撑地成桥形。

要点：挺膝、挺髋、挺胸、腰向上顶，桥弓要大；脚跟不可离地。

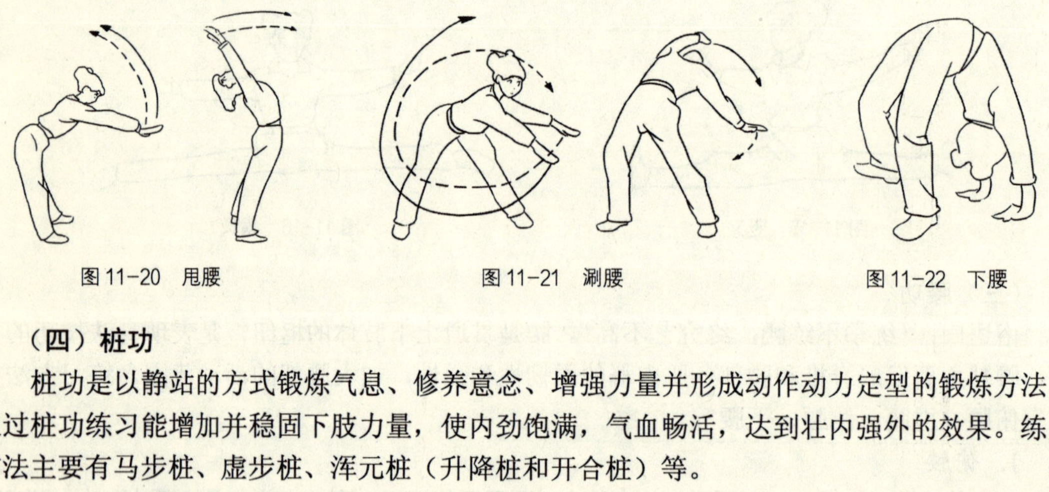

图 11-20　甩腰　　　图 11-21　涮腰　　　图 11-22　下腰

（四）桩功

桩功是以静站的方式锻炼气息、修养意念、增强力量并形成动作动力定型的锻炼方法。通过桩功练习能增加并稳固下肢力量，使内劲饱满，气血畅活，达到壮内强外的效果。练习方法主要有马步桩、虚步桩、浑元桩（升降桩和开合桩）等。

二、武术基本动作

武术运动讲究心、神、意、气和手、眼、身、步的配合与统一，利关节、强筋骨、壮体魄、理脏腑、通经脉、调精神，使身心得到全面发展。武术的基本动作是指武术各项目中基础的、简单的、典型的、不可缺少的动作，主要包括手型、手法、步型、步法、腿法、平衡、跳跃动作等。

（一）手型

1. 拳

四指并拢卷握，拇指紧扣食指和中指的第二指节。拳眼朝上为立拳（见图 11-23），拳心朝下为平拳。

要点：拳握紧，拳面平，直腕。

2. 掌

四指并拢伸直，拇指弯曲紧扣于虎口处。手腕伸直为直掌，掌指朝上为立掌（见图11-24）。要点：竖指并拢，掌心展开。

3. 勾

如图11-25所示，五指第一指节捏拢在一起，腕屈紧。

要点：五指指尖齐平，腕屈紧。

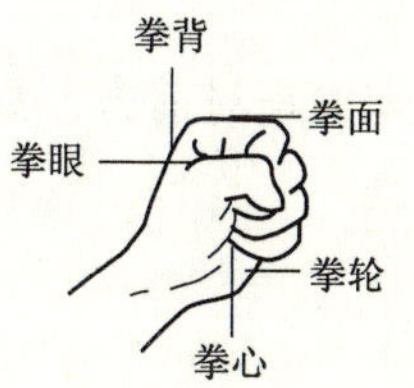

图11-23 拳

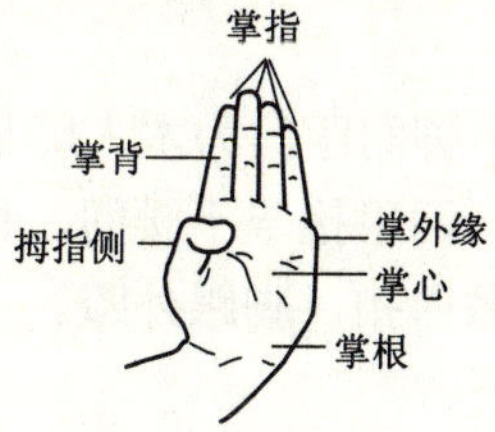

图11-24 掌

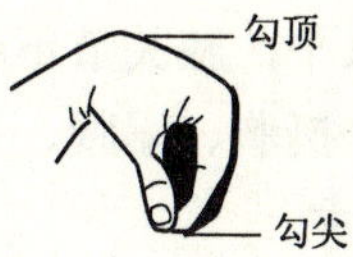

图11-25 勾

（二）手法

1. 冲拳

预备姿势：如图11-26（a）所示，开步站立，与肩同宽；两手握拳分别抱于腰侧，拳心向上，肘尖向后；目视前方。

动作说明：如图11-26（b）所示，右拳从腰间猛力向前冲出，肘关节过腰后，前臂内旋，力达拳面，臂伸直高与肩平；同时左肘向后牵拉；目视右拳。左右臂交替练习。

要点：挺胸、收腹、拧腰、顺肩，出拳应快速有力且有寸劲（即爆发力）。

2. 推掌

预备姿势和要点同冲拳。

动作说明：如图11-27所示，拳变掌，以掌根为力点立掌（翘掌、沉腕）推出，力达掌外沿。

3. 亮掌

预备姿势同冲拳。

动作说明：如图11-28所示，右拳变掌，由腰间经体侧向右、向上划弧至头部右上方，肘微屈，抖腕翻掌；同时头向左转，目视左方。

（a） （b）
图11-26 冲拳

图11-27 推掌

图11-28 亮掌

要点：挺胸、收腹、立腰，抖腕翻掌与转头要同时完成。

（三）步型

步型与步法的练习主要是增进腿部的速度和力量，提高两腿移动的灵活性和稳固性。

1. 弓步

如图 11-29 所示，前腿屈膝半蹲，大腿接近水平，脚尖微内扣，与膝垂直；后腿挺膝伸直，脚尖内扣斜向前（约 45°）；两脚全脚掌着地，间距约为本人脚长的 4～5 倍；上体正对前方，两手抱拳于腰间，平视前方。弓左腿为左弓步，弓右腿为右弓步。

要点：前腿弓，后腿绷；挺胸、塌腰、沉髋。

2. 马步

如图 11-30 所示，开步站立，两脚间距约为本人脚长 3 倍，脚尖正对前方；屈膝半蹲，大腿接近水平，膝关节不超过脚尖；两手抱拳于腰间，目视前方。

要点：挺胸、塌腰、直背，膝微内扣，脚跟外蹬。

3. 虚步

如图 11-31 所示，两脚前后开立，后腿屈膝半蹲，大腿接近水平，脚尖外展约 45°，全脚着地；前腿微屈，脚尖前伸虚点地面，脚面崩平并稍内扣；重心落于后退，目视前方。左脚在前为左虚步，右脚在前为右虚步。

要点：挺胸、塌腰、虚实分明。

图 11–29 弓步

图 11–30 马步

图 11–31 虚步

4. 仆步

如图 11-32 所示，两脚左右开立，间距约为本人脚长的 4 倍；一腿屈膝全蹲，大小腿紧靠，臀部接近小腿，脚和膝稍外展；另一腿挺直平仆接近地面，脚尖内扣；两脚全脚掌着地，两手抱拳于腰间，眼向仆出腿一方平视。仆左腿为左仆步，仆右腿为右仆步。

要点：挺胸、塌腰、沉髋。

5. 歇步

如图 11-33 所示，两腿交叉靠拢，屈膝全蹲，前脚全脚掌着地，脚尖外展；后脚脚跟离地，膝部贴近前腿外侧，臀部坐于后小腿接近脚跟处；两手抱拳于腰间，眼向前腿一方平视。左脚在前是左歇步，右脚在前为右歇步。

要点：挺胸、塌腰、两腿靠拢并贴紧。

6. 丁步

如图 11-34 所示，两腿并拢半蹲，一脚全脚掌着地支撑（重心落于此腿）；另一脚脚面绷直，脚尖内扣并虚点地面，靠于支撑脚脚弓处；两手抱拳于腰间，目视前方。左脚尖点地为左丁步，右脚尖点地为右丁步。

要点：挺胸、塌腰、虚实分明。

图 11-32 仆步

图 11-33 歇步

图 11-34 丁步

（四）步法

1. 击步

预备姿势：两脚前后开立，同肩宽，两手叉腰。

动作说明：如图 11-35 所示，上体略前倾，前脚蹬地前纵，后脚提起在空中向前碰击前脚跟；两脚依次落地，后脚先落，前脚后落；目视前方。

要点：腾空时，上体保持正直并侧对前方。

2. 弧形步

预备姿势同击步的预备姿势相同。

动作说明：如图 11-36 所示，两腿略屈半蹲，沿弧形路线迅速连续行步，脚跟先着地并迅速过渡到全脚掌，步幅略比肩宽，目视前方。向左跨为左弧形步（或左环绕步），向右跨步为右弧形步（右环绕步）。

图 11-35 击步

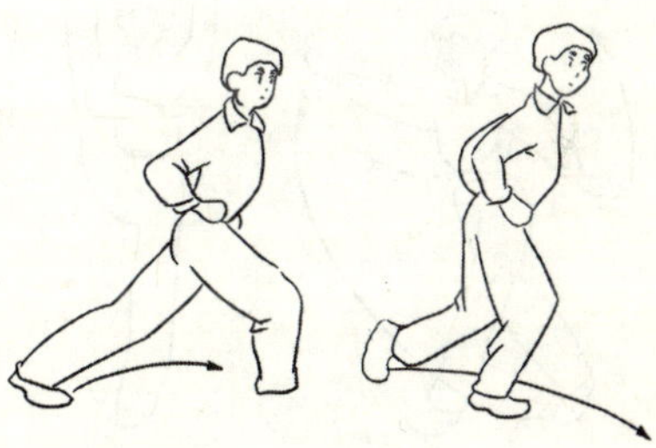
图 11-36 弧形步

要点：挺胸、塌腰；身体重心要平稳；注意转腰。

（五）腿法

1. 正踢腿

预备姿势：并步站立，臂侧平举，立掌，目视前方。

动作说明：如图 11-37 所示，左脚向前上半步，左腿伸直支撑，右腿挺膝，脚尖勾起向前额处快速踢起；上体正直，目视前方。左右腿交替练习。

要点：收腹、挺胸、立腰；踢腿过腰后加速；踢腿时脚尖勾起绷落或勾起勾落。

2. 斜踢腿

预备姿势和要点同正踢腿。

动作说明：如图 11-38 所示，一腿向异侧耳际踢起。

图 11-37　正踢腿

图 11-38　斜踢腿

3. 侧踢腿

预备姿势同正踢腿。

动作说明：如图 11-39 所示，右脚向前上半步，脚尖外展；左脚跟稍提起，身体略右转，左臂前伸，右臂后举。随即左腿挺膝，勾脚向左耳侧踢起；同时右臂上举亮掌，左臂屈肘立掌于右肩前。踢左腿为左侧踢，踢右腿为右侧踢。

要点：挺胸、立腰、开髋、侧身、猛收腹。

4. 外摆腿

预备姿势同正踢腿。

动作说明：如图 11-40 所示，右脚上步支撑，左脚脚尖勾紧向右侧上方踢起，经面前向左侧上方摆动，而后直腿下落，还原成预备姿势。左掌可在左侧上方迎击左脚脚面。左右腿交替练习。

图 11-39　侧踢腿

图 11-40　外摆腿

要点：挺胸、立腰、收腹、展髋，摆腿成扇形，幅度要大。

5. 合腿

预备姿势同正踢腿。

动作说明：如图 11-41 所示，左脚向左上方踢起，经面前向右侧上方直腿摆动。

要点：挺胸、立腰、合髋，腿成扇形里合，幅度要大。

6. 腿

预备姿势：并步站立，两手抱拳于腰间，目视前方。

动作说明：如图 11-42 所示，左腿支撑，右腿屈膝提起，右脚绷直，大腿与腰平，迅速挺膝，小腿猛力向前弹击，力达脚尖。大腿与小腿成一直线，高与腰平。左右腿交替练习。

要点：挺胸、直腰、收髋，脚面绷平，弹踢有力。

图 11-41 里合腿

图 11-42 弹腿

7. 扫腿

如图 11-43 所示，成左弓步，同时两掌从腰侧向前推出，掌指朝上。然后，左腿屈膝全蹲，脚尖内扣，成右仆步，同时上体右转并前俯，两掌在右腿内侧撑地，随上体向右后拧转的惯性力量，以左前掌为轴，右脚贴地向后扫转一周。

要点：转体、俯身、撑地，扫转要连贯协调，一气呵成。

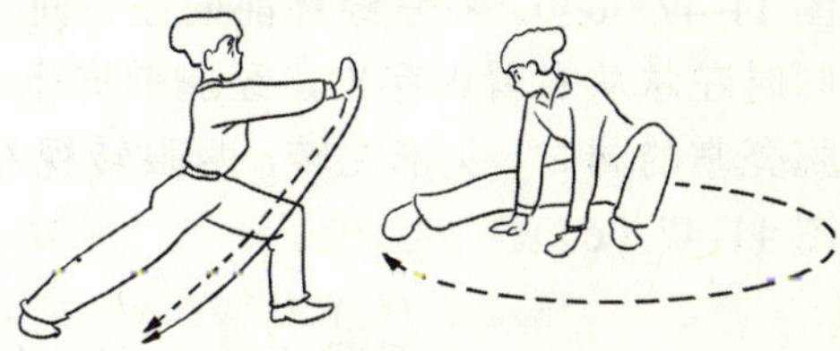

图 11-43 后扫腿

（六）平衡

平衡练习的主要作用是增加腰、髋的柔韧性和肌肉的控制力量。

1. 提膝平衡

如图 11-44 所示，右腿伸直支撑，左腿屈膝高提过腰，脚面绷直，垂扣于右腿前侧。右臂上举于头上亮掌，左手反臂后举成勾手。两眼向左平视。

图 11-44 提膝平衡

图 11-45 燕式平衡

要点：挺胸、立腰、收腹；平衡站稳，提膝近胸，脚内扣。

2. 燕式平衡

如图 11-45 所示，左腿支撑站稳，右腿屈膝提起，两掌在身前交叉，掌心向内。然后，两掌向两侧直臂分开平举，上体前俯，略高于水平，脚面绷平向后上蹬伸，至高于头顶水平部位。

要点：两腿伸直，挺胸、抬头、腰后屈。

（七）跳跃

跳跃是指蹬地跳起，身体腾空时完成各种手法、腿法等动作。它能增强腿部力量，并提高弹跳能力。

1. 腾空飞脚

预备姿势：并步站立，两臂垂于体侧，目视前方。

动作说明：上体稍后仰；右脚向前迈步，以脚跟着地，蹬地跃起；左腿随之向前、向上踢摆；同时，两臂向头上摆起，右掌背碰击左掌心；双眼平视前方（见图 11-46（a）、图 11-46（b））。身体向上腾起；右腿挺膝向前上方弹踢，脚面绷平过腰，右掌迎击右脚面；同时左腿屈膝收控于右腿侧，脚面绷直，脚尖向下，左掌直臂摆至头部左上方，变勾手，勾尖向下，略高于肩；上体微前倾，目视右脚（见图 11-46（c））。左右脚依次落地，以前脚掌先着地，然后过渡到全脚，随之屈膝加以缓冲。

2. 旋风脚

预备姿势：高虚步亮掌站立。

开步站立，两臂垂于体侧，目视前方。右臂向前上方弧形摆掌，掌心向斜上方；同时左臂屈肘，左掌收于左腰侧，掌心向下；上体微左转，目随右掌（见图 11-47（a）、图 11-47（b））。右掌经体前向左、向下、向右、向头上抖腕亮掌，掌心向上，掌指朝左；同时左掌从右臂内穿出，经胸前向上，向左摆至左侧，掌指朝上，高于肩平。在右臂抖腕亮掌的同时，头部左转，两眼转视左侧，左脚收于体前，脚尖虚点地面，成高虚步（见图 11-47（c））。

(a)　(b)　(c)

图 11-46　腾空飞脚

(a)　(b)　(c)

图 11-47　高虚步亮掌站立

动作说明：左脚左上步，同时左掌向前、向上摆起，右臂伸直向后、向下摆动（见图 11-48（a））。右脚随即上步，脚尖内扣，左臂随之向下摆动并屈肘收至右胸前。左臂向上、向前抡摆，上体向左旋转前俯（见图 11-48（b））。重心右移，右腿屈膝蹬地跳起，左腿提起向左上方摆动。上体向左上方翻转，同时两臂向下、向左上方抡摆。身体旋转一周（不少于 270°），右腿挺膝里合，左手在面前迎击右脚掌，左腿舒展外摆自然下垂，并在击响的刹那间离地（见图 11-48（c）、图 11-48（d））。当腾空动作较熟练后，左腿应逐步高摆，屈膝或直腿收控于身体左侧。

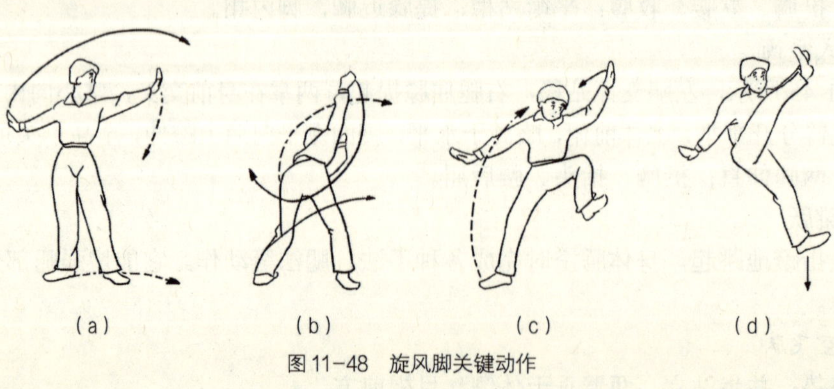
(a)　(b)　(c)　(d)

图 11-48　旋风脚关键动作

3. 腾空摆莲

预备姿势：高虚步挑掌站立。如图 11-49 所示，并步站立，右脚后撤一大步，同时右臂向前、向上挑掌，左臂后摆至体后。重心后移，左脚回收至身前虚点地面，成高虚步；同时右臂向上、向后、向下、向前环绕一周于身前挑掌，左臂向前、向上、向后绕环抡摆至身后，两臂与肩齐平，两掌掌指朝上；挺胸、直腰、顺肩，目视前方。

图 11-49　高虚步挑掌站立

动作说明：弧形步上跳。左脚向前进半步（见图 11-50（a）），右脚随之向前进一大步，脚尖外展，屈膝微蹲。同时右掌弧形回收至腰间，左臂由后经上摆至头前上方（见图 11-50（b））。右腿蹬伸上跳，左脚屈膝提起收扣于身前，身体腾空。同时右臂经左臂内侧向上弧形斜上举，左臂顺势摆向身后，头部左转，右肩前顺（见图 11-50（c））。右脚落地，左脚随之在身前落步，右脚再进一步，脚尖外展；身体右转，同时右臂顺势下落，左臂前摆（见图 11-50（d）、图 11-50（e））。

（a）　（b）　（c）　（d）　（e）

图 11-50　腾空摆莲关键动作 1

重心前移右腿，右脚蹬地跳起，同时左腿向右上方里合踢摆，两手上摆于头上击响，上体向右旋转，身体腾空（见图 11-51（a））。右腿上踢外摆呈扇形，两手先左后右依次拍击右脚面，左腿屈膝收控于右腿侧。上体微前倾，两眼随视两手（见图 11-51（b））。空中击响时，左腿充分伸直分开摆动控于体侧（见图 11-51（c））。

（a）　（b）　（c）

图 11-51　腾空摆莲关键动作 2

三、武术的训练方法

（一）技术训练法

1. 单式、组合动作训练

单式、组合动作是组成套路的要素，是套路技术的基础。单式动作分腿法、跳跃类、平衡类、跃扑滚翻类及由手型、手法、步型、步法等因素组成的各拳种的基本动作等。数个单式连接而成的动作谓组合动作。在基础训练阶段，多采用单式重复训练。在单个动作训练中，应注意两条原则，一是要精选动作，二是要严格训练。

（1）精选动作：是指要选择那些主要的、具有代表性的基本动作。比如在查拳的传统基础训练中，特别注重弹腿的训练，形意拳则十分重视五行拳。把弹腿和五行拳练好，就为掌握查拳和形意拳奠定了良好的基础。按照武术竞赛规则的要求和长拳动作的结构类型，其主要的基本动作及其主要顺序大体为：拳、掌、勾三种手型，冲、贯、劈、撩四种拳法，亮、推两种掌法，搂勾一种勾法，顶、格两种肘法；弓、马、虚、仆歇五种步型，行步、击步两种步法，正、侧、外、里四种直直摆性腿法，弹踢、侧踹两种屈伸性腿法，后扫一种扫转性腿法，竖、横两种劈叉，提膝、探海两种平衡，翻、转、含、展四种身法，飞脚、旋风脚、外摆莲、旋子、大跃步五种跳跃。这些动作的掌握不仅为学习类似的其他动作提供了条件，也为掌握套路技术奠定了基础。因此，儿童、少年的早期训练，应精选那些长拳类具有代表性的基本动作，区别主次，合理安排。

（2）严格训练：是指动作选好之后，应对其规格、要领进行综合分析，抓住特点和关键，在训练实践中严格要求，精益求精，反复训练。在训练中，应力求正确地、高质量地重复，减少和避免错误动作的再现。

在中、高级训练阶段，随着分段、整套训练的增加，单个运用的训练相应减少，但仍应根据个人的不同情况，坚持一定量的单式动作的训练，除基本功和难度动作多采用单个动作训练外，一般则选择个人的特长动作和薄弱环节，进行反复训练。

组合动作训练是进入套路分段、全套训练中的中介环节，对掌握动作之间的连接技能、体会节奏、劲力的完整性、深化武术的意识具有生要意义。组合动作训练一般在基础训练中安排较多，在中高级训练阶段，随着分段训练的增加，相对地增加，相对地减少。

2. 套路技术训练

武术套路运动的比赛和表演是通过整套演练进行的，因此必须进行套路技术的分段、整套和超套训练。通过套路技训练，提高套路的演练技巧，进一步发展套路演练所需要的专项素质和机能能力。

（1）单练套路的训练：一般可采用分段练习、整套练习和超套练习等形式来进行训练。

第一，分段练习。一种是按套路本身的分段顺序，一段一段地或者两段地进行训练；另一种是有选择地进行某一段落的训练。后者主要侧重于难度较大或是较薄弱的段落。

第二，整套练习。其关键是要处理好全套的节奏和体力的分配，使全套的演练表现出起伏转折、动静疾徐、刚柔虚实的特点。整套练习要注重动作的规格化和成功率。对完成得不好或者失败的动作，要再通过组合或分段练习来改进和提高。

第三，超套练习。就是一次练习一整套加上一至二段，或者练习一套半等。这主要是提高无氧代谢的能力，增强演练套路的专项耐力，培养意志品质。做超套练习时，要从实际出发，适当采用。在训练中要鼓励队员以顽强毅力坚持到底，但对动作的规格和整套的节奏不能放松要求。这种训练形式不宜多用，以防出现过度疲劳，影响动作的质量。对训练水平较低的队员，不宜过早地采用或者超套过多，以免在体力不及的情况下，破坏动作的正确定型。

（2）对练套路的训练：在对练套路练习中要着生培养“重打轻着”的控制能力，抓住攻防意识、进退闪躲的距离等环节。一般可采用的练习步骤和方法有以下几种。

第一，单人基本方法练习。根据徒手和器械方法的特点，抓住基本动作进行重点练习，如单练枪扎准、刀削头等动作（开始可假设一个目标）。

第二，先单练习，后对练。可以先做想象练习，后做配合练习。如果是器械对练，最好先用木制或竹制的器械进行练习，然后再用金属器械练习。

第三，先慢练习，后快练习。逐步加速，互相配合。

第四，先分段练习，后整套练。注意密切配合，以达到攻防合理，意识逼真，配合默契的对练效果。

（二）技术训练方法的运用

运动员训练水平的提高，在很大程度上取决于训练方法的运用。

1. 重复训练法

人体机能是通过能量物质消耗——恢复，尤其是超量恢复不断积累而提高。运动员通过一次又一次的重复练习，就能使有这种积累得到不断的增加，使条件反射得到建立与巩固，有效地发展运动素质，提高训练水平。

“拳打千遍，身法自然”，“拳打万遍，神理自现”。说明只有重复练习，才会熟中生巧。重复训练法用于技术训练时，一般要注意两种情况：一种是运用重复训练法掌握技术时，应严格要求运动员按技术规格一丝不苟地重复练习，而在数量和负荷强度上不提出过高的要求。为使运动员掌握某一个技术，或者巩固矫正后的正确动作，必须有一定的重复数量做保证，甚至可以重复到动作变形时为止。但是，如果运动员连续出现错误动作，就应停止使用，以防形成错误的动力定型。另一种情况是运用重复训练法提高、巩固技术时，除了在重复次数上要得到保证外，在练习的数量和负荷强度上，也应该逐步提高要求，使运动员在较困难的条件下能保持技术的正确性、熟练性，以便在未来的表演比赛中发挥水平，取得好成绩。

重复训练法用于身体训练时，在练习数量、负荷强度和重复次数上均应有较高的要求。例如，做快速的边续的踢腿，较长时间的桩功练习等。只有这样才能提高运动员大脑皮层调节运动器官的灵活性，提高肌肉收缩和放松的交替能力，增强机体忍受乳酸堆积和承担氧债的机能。

在确定练习数量、负荷强度、重复次数时，要根据对象的实际情况进行安排。对训练水平差的运动员应降低要求，并在练习之间安排较充分的休息时间，随着训练水平的不断提高，逐步增加练习次数、负荷的强度和重复次数。教练员还应根据训练的实际情况，对运动员的重复练习不断提出新的要求，使之常练常新，不断提高练习质量。

重复训练法还应采用一些教法措施，变换练习的形式来培养运动员的兴趣，调动他们的积极性。

2. 变换训练法

变换训练法是在改变练习的速度、时间、速率以及运动组合、环境条件等情况下进行训练的方法。变换训练法用于技术训练时，主要是改进、提高和巩固技术。这要根据运动员在掌握技术过程中存在的具体问题来确定变换的条件。例如，降低动作的速度、时间、速率等，让运动员细心体会肌肉的协调用力，掌握动作细节克服动作僵硬、毛糙的毛病；加快动作的速度并要求急定稳健，或者改变动作组合（如跳跃动作后接做平衡动作），从而提高平衡能力。变换练习器械，如用重器械进行练习，以提高操纵器械的能力，克服练习器械时劲力不足的毛病。变换练习条件和环境进行训练，如由室内的地毯上练习换为室外土地上练习，白天练习改为晚上练习，组织小型比赛或测验，外出表演或者与兄弟队合练等，借以培养运动员的适应能力和表演比赛的临场经验。

3. 间歇训练法

间歇训练法是指运动员在进行一定的练习之后，严格按照间歇时间进行休息，然后再进行练习的方法。由于这种方法是在运动员的机体未能恢复时就进行下一次练习，所以能有效地提高呼吸和心血管系统的机能。

要根据训练任务按排间歇训练的方案。间歇训练法由5个要素组成，即每次练习的数量、每次练习的负荷强度、重复次数（组）、间歇时间及休息方式。使用间歇训练法也应运用超量负荷的原理，具体做法有：提高每次练习的强度，增加练习的重复次数和调整间歇时间。

要根据不同的拳种特点安排练习的强度、密度。例如，进行运动量大的自选长拳类别的套路训练时（包括分段训练和全套训练），主要应提高每次练习的强度，间歇的时间可长些，而太极拳的套路主要应加在每次的练习数量，间歇时间可短些。间歇时间的长短，一般不能使运动员在休息时脉搏低于120次/分。

间歇时休息的方式以轻微的活动为好，如可以根据自己在练习中存在的问题，教练员的指点和要求，慢速体会动作的正确要领，纠正错误动作；或者调节放松劳累的部位等。这种轻微活动能使肌肉对血管起按摩作用，以加速血液回流，帮助排除代谢所产生的废物。

间歇训练法要求运动员机体在尚未完全恢复时就进行下一次练习，所以运动员的运动负荷较大。这样，教练员在规定间歇时间上必须做到科学、合理，符合运动员承受负荷的能力。要做到这一点，对运动员要进行深入了解，做好调查研究，同时要求运动员主动向教练员如实反应自己的身体情况，密切配合，共同搞好训练。

4. 综合训练法

上述各种训练法在运动训练中的结合使用，叫做综合训练法。综合训练法能灵活地调节训练负荷与休息，更圆满地达到练习内容的要求，从而有效地发展运动员的运动素质和提高运动技术水平，使训练取得好的效果。

综合训练法主要有以下两种方式。

一种方式是各个训练方法的组合运用，即根据训练的具体任务和各个方法特点，从对象和训练条件的实际出发进行科学地组合和运用。例如，竞赛期的赛前训练，由重复训练法与间歇训练法组合成综合训练法进行套路的分段练习和整套练习。可以是分段练习的重复次数较多于整套练习的重复次数。分段练习的间歇休息时间短于整套练习的间歇休息时间，使运动员在大强度训练之后得到休息，再迎接下一次的大强度练习，以提高动作的质量、速率和成功率。为了提高运动员的竞技状态和临场经验，也可由间歇训练法，采用与兄弟队合练或测验、外出表演或参加邀请赛等方法，教练员利用变换了的条件和环境，合理安排好间歇时间，指导运动员合理分配体力，充分发挥水平。

另一种方式是循环训练。循环训练是综合训练法的一种组织方式。它是根据训练的具体任务，有目的地把选用的动作或训练内容编成练习程序，使运动员按规定的顺序、练习数量、方法和要求，重复练习。例如，可以将基本功和基本动作练习，套路的分段和整套练习、素质练习等内容编成各种练习程序。同样，基本功和基本动作的训练又可以将腿功、腰功、跳跃动作、功架动作组合等编成程序；套路训练又可将拳、械和对练套路的分段和整套练习编成程序；素质训练又可以选用发展弹跳力、速度、腰背肌的力量等动作编成程序。这些练习程序可用流水作业的形式，也可用分组轮换的形式进行循环训练。

第三节　中华武术文化的传承

中华武术文化蕴含着丰富的内容。武术精神和武术竞赛规则是中华武术文化的重要内容。尤其是中华的武术精神是武术文化的精髓习练传统武术，身具尚武精神，可以使习武者具有一身浩然正气，具有侠烈英风、清逸大勇之气质，自能心思沌净，坚忍不拔，无私无畏。具有了中华武术的精神气质，就不用担心尚武会出事，制造出一批批莽夫。真正的武者，不屑于鸡虫之争，他用武术展现的是公义、公平、正义和大智大勇，而不是欺凌弱小、横行街市。初汉三杰之一的韩信，是一位文武兼修的武者，他身带佩剑，不是征服几个街头戏弄、侮辱他的痞棍，他挥剑所指，攻陷的是齐城七十二座，取下的是上将之首；津门张占魁，一个外地人，初涉天津，为寻求公平正义，却敢于单独对抗强势，几经生死，终使地方太平。具有了武术精神，便具有了刚正不阿的公义心，这是国民素质所必须，也是民族的振兴所必须。

一、中华武术精神

（一）中华武术精神的含义

武术因受中华传统儒道文化思想的影响，形成了中华特有的尚武精神，或曰武术精神。中华武术精神的最初形态表现为各门各派所提倡的武德。早在两千多年前，《左传•宣公十二年》就对武德做了规定。它提出“武德有七：禁暴、戢兵、保土、公定、安民和众、丰财”；武术界历来视不讲武德者为恶者，各门派均有“未曾习武先修德”和“短德者不可与之学，丧理者不可与之教”的格言。少林戒约中提出“习此术者，以强体魄为要诣”，倡导“济危扶贫，匡扶正义”和“不可逞强凌弱之拳”的德行，到了近代中央国术馆也曾把“爱国、修身、正义、助人”作为武德规范。在武术发展的历史长河中，武术和各门派都有自己的规范和崇尚的武德。但从中也可以看到，在中华民族文化和整个氛围中，它们受民族精神和传统文化的影响，也逐渐形成了一种世代相传的、被人推誉和各派所共有和认可的思想观念，这一思想观念就是蕴藏在武术文化深层的武术精神。

第一个层次为个人和武德修养，它要求所有习武者都要“尊师重道”，做到“孝悌仁义”，“技道并重、德艺双修”，“切戒逞血气之私，好勇斗很之举”。

第二个层次表现为集体的道德观念。它要求所有习武者和武术团体应“扶危济贫，除暴安良”，做到“公定”、“安民”、“匡扶正义”、“见义勇为”和“以武会友”。

第三个层次表现为爱国主义的精神。它要求所有习武者和武术团体必须“精忠报国”，练武的目的在于“强种御侮”和“爱国、修身、正义、助人”。

具体而言，前两个层次所依托的便是武术精神之魂“尚武崇德”。“尚武”能培养“自强不息”的精神，“崇德”能培养“厚德载物”的气度。武术传习中，强调武德教育，要求习武者具有手德、口德、公德。手德即较技时不以武力伤人，就是对待坏人也以擒拿点穴等法制服敌手为尚。口德即不以语言中伤他人。公德即遵守社会道德规范，不做扰乱社会治安的事。在武术技法中，还形成了“以柔克刚舍己从人”等顺其自然，保护自己（当然也包括保护同志）而不与人争强好胜的打法。这些崇尚道德的修养，能逐步使习武者养成与人友善、淳厚处世、宽容万物的气度，这正是“厚德载物”的德性的具体表现。而第三个层次便有关注到中华武术精神对民族精神的塑造问题上，展开来说有以下 3 点。

1. 武术精神对爱国主义精神的塑造

在中国武术史上，很多武技高超的人和普通习武者都以国家和人民的利益为首要目标，他们为保卫国家和民族的安危不谋私利而秉存大义，不畏强暴而从鲜血和生命捍卫民族的独立和国家的完整。近百年来，在帝国主义侵略和瓜分我国的关键时刻，许多武林豪杰纷纷挺身而出，为国家和民族的存亡甘洒热血。民主革命的先驱者孙中山先生把武术精神归纳为“以振起从来体育之技击术，为务于强种保国有莫大之关系推而言之”的尚武精神从反抗外国和外民族侵略的角度看，中华武术培养和塑造了中华民族的爱国主义精神，那么，如果从国内和本民族来看，它培养的就是中华民族刚强不屈，同不良势力进行斗争的勇敢精神，可见，中华武术为振兴民族精神，培养中华民族积极奋斗，不畏强暴和勇于牺牲的优良品质发挥了积极的作用

2. 中华武术对追求真理、强调独立人格精神的塑造

中华武术的学术渊源，可以一直追溯到原始时代的巫术舞蹈，并由此开始逐步涵摄、概括和积淀了从先秦诸子一直到宋明理学，以及近代以来中西文化交汇、冲突、融合的整个中华民族的心路历程，同时它又与兵家、杂技、戏曲、舞蹈相融汇，形成了一个庞大的技术系统。因而要认识和掌握武术，必须有执着的穷尽其理的探索精神和人的独立性格。中国武术的认识层次是通过 3 个方面展开的。第一，它所要认识的是人体内部的身心关系，哲学上称之为精神和物质关系通过对这个层次的认识，来解决武术中的动静开合和形神体用，以达到强身、健体、延年和祛病的目的。第二，要认识的是武术运动中人的社会关系。武术通过“体用”关系上升为技击领域，把人体内部的身心关系化为外部的敌我关系，哲学上称之为客体和主体的关系。通过对这一关系的认识，来掌握武术中的攻守进退、虚实刚柔，达到防身、御敌、制人和取胜的目的。第三，要认识的是人与宇宙之间的关系，哲学上称之为必然和自由的关系。通过对武术运动中人与宇宙之间关系的认识，探索人类这个运动中的主体，怎样在包括自然和社会在内的整个时空大环境中寻找自己的位置，并且利用这个环境来选择和解决自身各种力量的合理配置调控，以及自身各种潜能的发掘和发展，以达到修身养性，恬道怡情。中国武术受中国古代哲学影响而形成的这种从低级到高级，由个人及社会直至整个宇宙的认识和实践过程，使人的认识论和实践论达到了很高的境界。通过学习武术，无疑培养了穷尽真理的人们勇于探索和追求独立人格的精神。

3. 中国武术对中华民族兼容精神的塑造

中国武术的发生和发展是一个动态的过程，在这个过程中，它作为中国文化的一个有机组成部分和独特表现形式，一方面与中国的释家玄儒、政治伦理、兵农医艺等相互联系，互相作用，共同组成绚丽多姿的中国文化整体；另一方面则从一个侧面反映出整个中国文化的基本特征。中国武术源远流长，其中融汇了中国的哲学、医学、兵法、技艺、教育、美育等，表现出博大的兼容精神。综上所述，中国武术在中华民族精神和传统文化影响下形成的武术

精神，从一个侧面反映出中华民族的精神风貌，以及它对促进和塑造中华民族精神所发挥的不可估量的作用。中国武术同中国古代其他体育项目相比．之所以长久不衰流传至今，并不仅仅取决于它的体育、军事和娱乐价值，而更重要的是取决于它的精神和文化价值。中国武术的产生和发展，本来就与中华民族的生存环境，包括传统文化习惯等密切相关，所以它的发展必须根据自己所处的环境、传统文化的影响和民族心理素质等情况来决定它的方向。中国武术发展史已经证明了这一点，因此在当今中国武术走向世界之时，其发展不能脱离中国国情，一味地去迎合世界体育的需要，单纯发展武术的技击而放弃武术精神及其对民族精神的塑造，而应该深入研究，大力发掘和弘扬中华武术的精神，为重新唤起民族主体意识，激励民众、振兴武术、重铸武魂，增强中华民族的凝聚力做贡献。同时在新形势下，我们还必须用时代精神充实和改造武术精神，使之适应武术现代化的发展和走向世界的需要。

总之，武术精神要培养习武者助人为乐、积极进取、主持正义、不怕邪恶的奋斗精神：培养互相尊重、互相学习、取长补短的兼容精神；培养民族自豪感和责任心，敢于在国家和民族危难时刻挺身而出的爱国主义精神。

（二）弘扬武术精神的霍元甲

霍元甲（1869—1910）字俊卿，天津静海小南河村（今天津西郊）人，出身武术之家，排行第四，自幼体弱多病，其父不许他练武，也不让他跨入习武房，求艺术心切的霍元甲无奈只能偷看其父与诸兄练武，到了夜深人静，独自一人在枣园里依样练习，从不间断，后经其父与诸兄指点渐入艺境，经十余年披星戴月的磨炼，练就一身高超本领，却深藏不露，无人知晓。霍元甲自幼嫉恶如仇，富有正义感，为人谦虚，待人恭谨，说话诚恳，衣着俭朴，受人尊重。年轻时以挑担卖柴谋生，当地地痞恶棍经常寻事挑衅。一次霍元甲以武力教训，打败了几十个人，从此，霍元甲在整个天津城名声大增。以后，霍在天津先当码头装卸工，后到淮庆药栈帮工，与药栈掌拒农劲荪成为知友，逐步开阔了爱国修身的视野。

1901 年，俄国力士在天津自称“世界第一大力士”，并说“第二是英国人”，“第三是德国人”，霍元甲闻知后，愤然说“我国竟无一人吗？” 便挺身而出，前往较量。俄国力士被他的大无畏气概所慑，知非霍的对手，便老老实实登报更正后逃去，大长了中国人的志气。

1909 年冬，西洋大力士奥皮音在上海北四川路 52 号阿波罗影戏院表演健美时口出狂言，要与华人较量，并以轻蔑的口吻称华人为“东亚病夫”。引起了沪上以同盟会骨干陈其美及农劲荪、陈铁生、陈公哲等爱国人士的极大义愤，经商议邀请霍元甲到沪与奥皮音比试。1909 年 12 月下旬，霍元甲偕弟子刘振声抵沪与奥皮音比武。据当时《时报》刊登张园主人设擂比武广告说：“中国大力士霍元甲君为北省拳术之冠，去年在敝园演技三日无不称赞．” 奥皮音闻讯托辞要去外埠，故相约于次年春比高低。

1910 年 4 月，霍元甲偕其徒刘振声第二次抵沪，经数度商洽，订立生死条款，再一次约奥皮音在张园搭架擂台比武。但奥皮音害怕霍元甲的高强武艺，仍失约未到，不战而遁。自此，霍元甲威名大振，扬名沪上。同盟会成员陈其美运筹帷幄，顺势提出“希望十年内训练出千万名既有强健体魄，又有军事技能的青年以适应大规模革命运动和改良军事的需要。经商议，决定创办中国精武体操会（上海精武体育会前身），农劲荪任会长， 霍元甲主持武术技击训练并习军事。1910 年 6 月以霍元甲的名义在《时报》上刊登上述消息。我国第一个民间体育组织诞生了。霍元甲曾偕徒刘振声应邀与日本柔道师切磋技艺时不慎误伤了对方，无意中与日本人结下怨恨。正当霍元甲主持精武体操会精心培养骨干，以图大展伟业之机，却遭到日本人的陷害，误服了日本人的“慢性烂肺药”不幸英年早逝，霍元甲创办精武会仅仅三个月之后，便于1910年9月14日不幸逝世。霍元甲去世后先是安葬在上海公墓，1911年他的弟子扶柩归里，将他葬于小南河村。1991年天津人修建了这座陵园供人瞻仰。为精武事业献出了宝贵的生命。霍元甲是精武体育会的先驱和精神支柱。

霍元甲是清末的一位传奇式的武术大师，享名海内外。他出生在一个门户观念极强的年代里，但他能够屡屡冲破门派的束缚，兼容并蓄，以少有的开放性观念面对天下武林，真诚倡导“拳术天下公有”的思想。他满怀爱国激情，抱着为国雪耻，抵御外侮的强烈愿望，在天津、上海等地，以凛然正气和高超的武技，威震西洋大力士的锐气，令国人扬眉吐气，欢欣鼓舞。

二、武术竞赛规则

（一）武术竞赛性质的规定

武术套路竞赛一般分为个人赛、团体赛、个人及团体赛。另外，按年龄可分为成年赛、少年赛和儿童赛；按性别可分为男子赛和女子赛；按比赛成绩可分为甲级赛和乙级赛。竞赛性质由竞赛规程确定。

（二）武术套路竞赛项目的规定

1. 自选（或规定）项目

自选项目包括长拳、太极拳、南拳、剑术、刀术、枪术、棍术等。

2. 其他项目

（1）其他拳术：指除规则规定的自选拳术内容以外的拳术，共分为4类：形意、八卦、八极类；通臂、劈挂、翻子类；地躺、象形类；查、花、炮、红、华、少林类。

（2）其他器械：指除规则规定的自选器械内容以外的器械项目，共分为三类，即单器械、双器械、软器械。

3. 对练项目

对练项目包括徒手对练、器械对练、徒手与器械对练。

4. 集体项目

集体项目包括徒手、器械等。

（三）名次评定

1. 个人单项名次

得分最多者为该项第一名，次多者为第二名，依此类推。例如，在一次比赛中有预、决赛，则以预、决赛得分总和最多者为该项第一名，次多者为第二名，依此类推。如果个人单项（含对练）得分相等时，按下列顺序决定名次。

（1）套路中有创新难度动作者，名次列前。

（2）动作完成分与演练水平分的低无效分之和高者列前。

（3）动作完成分与演练水平分的高无效分之和低者列前。

（4）演练水平分中有效分的平均值高者列前，如仍相等，名次前列。

2. 个人全能名次

按各单项得分总和的多少进行评定，得分多者为全能第一名，次多者为第二名，依此类推。如果个人全能得分相等时，以比赛获单项第一名多者列前；如仍相等，则以获得第二名多者列前，依此类推；如获得所有名次均相等，则并列。

3. 集体项目名次

得分最多者为该项的第一名，次多者为第二名，依此类推。集体项目得分相等时，名次并列。

4. 团体名次

根据竞赛规程关于团体名次的确定办法进行评定。团体总分相等时，以全队获得单项第一名多者列前；如仍相等，则以获得第二名多者列前，依此类推；如获得单项名次均相等，则并列。

（四）比赛服饰的规定

（1）比赛时，运动员必须穿规定的比赛服装。

（2）运动员必须穿武术鞋或运动鞋。

（3）上场比赛时，不允许佩戴手表及耳环、项链、手镯等饰品。

（4）比赛服装上的广告标志或队标只允许印在左袖外侧一处。

（五）起势、收势、配乐与套路记时

（1）运动员应在同侧场内完成同方向的起势和收势。集体项目必须在场内完成起势和收势，方向、位置不限。

（2）运动员身体的任何部位开始动作时即为起势，开始计时。对练和集体项目在行进间开始动作者，须事先向裁判长申明。运动员完成整套动作后，须并步收势（计时结束），再转向裁判长行注目礼，然后退场。

（3）运动员听到上场比赛的点名和赛后示分时，应向裁判长行抱拳礼或持械礼。

思　考　题

1．如何理解中华武术精神？

2．如何理解武术的基本动作？

第十二章 游泳运动

现代游泳运动，包括多种多样的形式和内容。游泳对增强体质，提高健康水平，丰富人们的精神生活具有较大的作用。随着人类社会的进步，游泳运动也将得到更大的发展。

第一节 游泳运动的基本知识

游泳运动是一项有着悠久历史的运动，它最早的起源可以追溯到远古时期，游泳运动是一项深受男女老少欢迎的体育项目。了解游泳运动的概述与发展，游泳运动的意义、特征、分类等基本知识，有利于学习和鉴赏游泳运动。

一、游泳运动的含义及其特点

（一）游泳运动的含义和分类

1. *游泳运动的含义*

游泳（Swimming）在人类征服自然、改造自然的生产劳动中产生，在满足人们娱乐和竞争的需求中发展起来。它能有效地提高神经、呼吸和血液循环等系统的机能，促进新陈代谢，增大肺活量，改善体温调节能力和人体摄氧能力，促进身体匀称、协调和全面的发展。

2. *游泳运动的分类*

（1）实用游泳。

军事上、生产上、生活服务上使用价值较大的游泳方式称为实用游泳。如自由泳（爬泳）、蛙泳、侧泳、潜泳、踩水（立泳）、水上救护、武装泅渡、反蛙泳（仰泳）。

（2）竞技游泳。

竞技游泳是指有特定技术要求，按游泳竞赛规则规定进行竞赛的游泳项目。它可以分为在游泳池比赛和在公开水域比赛两大类，包括自由泳、蛙泳、仰泳、蝶泳（又称海豚泳）和由这 4 种游泳组成的个人混合游泳，以及接力游泳比赛。竞技游泳主要是以速度来决定名次的游泳。

（3）花样游泳。

花样游泳也称为“艺术游泳”，是集舞蹈、体操、游泳等项目于一体的竞技体育项目，对运动员的身材、泳装、头饰、动作及音乐、编排都有很高的要求。它分为单人、双人和集体的比赛项目。它通过运动员的肢体在水面上的运动配合音乐，展现出各种优美动作和各种造型的艺术性技巧，带给观众美好的享受，故有“水上芭蕾”美誉之称。

二、游泳运动的起源和发展

（一）游泳运动的起源及现代游泳运动的发展

1. 游泳运动的起源

人类的游泳活动源远流长。从地球出现最早的人类开始，人们就在布满江、河、湖、海的地球上生活。为了生存，人们逐渐学会了游泳，并使游泳活动得到发展。开始时，人们只是模仿水栖动物姿势与动作，在水中移动，久而久之，便积累了在水中行动的技能，学会了漂浮、游动和潜水，产生了各种游泳姿势。

我国古代的游泳可概括为3种形式，既涉——在浅水中行走，浮——在水中漂浮，没——在水下潜泳。以后，劳动人民在长期的实践中，创造和发展了不少的泅水方法和游泳技术，如狗爬式、寒鸭浮水、扎猛子（潜水）、大爬式、扁担浮（踩水）等，至今尚在民间流传。

2. 现代游泳运动的发展概述

现代游泳运动是人类社会高度发展的产物，是在 19 世纪末迅速发展起来的运动项目。1896年，在希腊雅典举行第1届现代奥林匹克运动会时，游泳被列为竞赛项目之一。当时只有100米、500米、1200米自由泳3个项目。1908年，在英国伦敦举办第4届奥运会时，成立了国际业余游泳联合会，审定了各项游泳世界纪录，并制定了国际游泳比赛规则。

1912年，第5届奥运会在瑞典斯德哥尔摩举行，女子游泳被列为比赛项目。第6届奥运会由于第一次世界大战的原因停办。第二次世界大战期间，中断了第12届、第13届奥运会。

近二十多年来，世界各国参加竞技游泳运动的人数不断增加，场地器材逐步现代化，游泳运动员的选材和训练也广泛地运用各种现代科学技术手段，因此，世界游泳运动技术水平迅速提高。

由于4年一度的奥运会游泳比赛已满足不了世界游泳运动发展的要求，1968年国际游泳联合会决定，从1971年开始，每两年举行一次世界游泳锦标赛。此外，还决定举办两年一度的世界杯游泳比赛。第1届世界杯游泳比赛于1979年9月初在日本东京举行。这样，每年都有一次大型的世界游泳比赛。

3. 我国游泳运动发展简况

我国现代游泳运动是19世纪末、20世纪初，由国外传入到我国后发展起来的。当时在沿海的一些城市开展，以后逐渐发展成为一项竞赛项目，并一度在亚洲获得过较好的成绩。但是由于旧中国政治、经济上的落后，游泳运动始终没有得到普及和广泛地开展，而且水平也非常低。

新中国成立后，党和人民政府十分关心游泳运动的发展，将游泳运动列为全国重点运动项目，投入大量经费修建和开辟了游泳池（馆）、天然游泳场，为普及游泳活动创造了良好的条件。

为了指导和适应群众性游泳活动的广泛开展，1957 年成立了“中国游泳协会”。随着群众性游泳运动的蓬勃开展，越来越多的青少年、儿童在业余体校、训练中心进行业余训练，普及与提高紧密地结合了起来，为国家输送了许多优秀运动员，使我国游泳运动的水平得到迅速提高。新中国成立仅几年，就刷新了旧中国全部的全国纪录。

1957—1960年间，我国著名游泳运动员戚烈云、穆祥雄、莫国雄3人，先后5次打破了男子100米蛙泳世界纪录。

20世纪60年代，我国有多名运动员的成绩列入世界前20名。70年代后期，王林、梁伟芬在男女蛙泳项目上达到了世界优秀运动员水平。80年代起，我国游泳项目有了明显的突破。1986年在韩国举行的第10届亚运会上，我国游泳运动员获10块金牌、8块银牌、7块铜牌，并创三项亚洲游泳最好成绩。1988 年在广州举行的第 3 届亚洲游泳锦标赛上我国游泳选手共获 24 块金牌，一人破一项世界纪录，7 人 8 次创六项亚洲最好成绩。在这次比赛中，我国女子选手杨文意刷新了 50 米自由泳世界纪录。

20 世纪 90 年代我国游泳选手成绩尤为突出。1992 年第 25 届奥运会游泳比赛，我国游泳健儿，特别是被称作“五朵金花”的庄泳、林莉、杨文意、钱红和王晓红，比赛成绩有重大突破，一举夺得 4 块金牌、5 块银牌。奖牌数和积分数均跃居世界泳坛四强之列。

1996 年第 26 届奥运会游泳比赛，我国女子选手乐靖宜、刘黎敏、林莉和瞿韵获得一金三银二铜的好成绩。

至 2012 年伦敦奥运会，中国游泳选手获得 5 金 2 银 3 铜的历史最好成绩。这成绩绝非一日之功，它源于综合国力的提升，源于中国体育优化发展结构的雄心壮志；源于中国游泳在发展道路上的大胆探索、积极实践；源于中国教练员、运动员十年如一日的卧薪尝胆。相信在未来，这一成绩还将不断被创新！

三、游泳运动的作用

（一）保障生命安全

地球上布满江河湖海，人类在生活中不可避免地要与水打交道。不论是主动下水游泳、玩耍或者进行水上生产作业，还是被动地失足落水或乘船发生意外，假如不会游泳，生命安全就会受到威胁。如果会游泳，自身的生命就会有保障，不但可以自救，还可以救助他人。因此，会游泳成为了保证生存的重要手段之一，学会游泳也相当于给了自己第二次生命。世界上不少国家将游泳列为青少年学生必修的运动项目，要求从小掌握游泳技能，这是非常必要的。

（二）强身健体

游泳时由于水的压力、阻力、浮力和较低的水温作用，使人体的各部分器官都得到锻炼。经常进行游泳锻炼不仅可以改善体温调节功能、心血管系统的功能、提高呼吸系统的技能、改善肌肉系统的能力，还可以使身体成分比例更加合理，从而塑造健美的体型。

（三）休闲娱乐

大众游泳活动，可以不拘形式与内容，不受年龄、性别限制，是一项“休闲体育”。在盛夏，人们可以到游泳池、水上游乐园或海滩进行游泳、游戏，纳凉消暑，不但能使肌肉得到放松，而且能使紧张的神经得以放松，心情舒畅，促进身心健康。

（四）为生产、国防服务

游泳在生产建设上有很高的实用价值，许多水上作业，如水利建设、防洪抢险、渔业、水产养殖等，都要掌握游泳技能才能克服水的障碍，更好地完成生产建设任务。

在国防建设上，游泳是军事训练的重要项目之一，练就过硬的游泳本领以提高水中作战能力，在战时能顺利地克服天然险阻，更好地保护自己和出其不意地打击敌人，保卫祖国。

（五）创造优异成绩，为国争光

游泳是国际体育比赛不可缺少的项目，在奥运会游泳比赛中设有 32 个项目，金牌之多，仅次于田径。在综合运动会中，素有“得田径游泳者得天下”之说。把游泳作为奥运会战略重点项目大力开展，加速提高运动技术水平，在比赛中取得优异成绩，为国争光，促进我国走向体育强国具有重要的意义。游泳也是进行国际文化交流、增进与各国人民的互相了解和友谊的有效手段。

四、熟悉水性

熟悉水性是学习各种游泳姿势的重要基础，初学者通过身体感官感知水的浮力、压力、阻力等特性，逐步适应水中环境，掌握水中行走、呼吸、漂浮、滑行等游泳的基本动作。

（一）水中行走

在齐腰或齐胸深的水中，初学者可以进行各种方向的走动和跳动练习，学习在水中保持身体协调，维持身体平衡。

水中走动时，身体稍微前倾，动作先小后大、先慢后快。熟练后，用前脚掌蹬池底，轻轻上跳，逐渐用力，做跳跃练习。

趣味练习方法。

（1）纵队赛跑。双手扶在前面同伴的肩上，分成几队比赛速度（见图 12-1）。

（2）结网捕鱼。一人当“渔夫”，其余人分散做“鱼”。若被“渔夫”拍到，则与其手拉手结网，直至全部捕获为止（见图 12-2）。

图 12-1　纵队赛跑

图 12-2　结网捕鱼

（二）水中呼吸

（1）各种姿势的游泳，都要求在水中憋气、呼气和在水上吸气。手扶固定物（池壁、水线、同伴等），用嘴深吸一口气，蹲入水中，尽量长时间憋气，然后用口、鼻均匀缓慢地呼气，直至将体内废气呼尽，再站立吸气。反复练习并形成韵律。

（2）趣味练习方法：两人对抗。两人一起蹲入水中，一人伸出几个手指，另一人跟着学。既练习了水中憋气和呼气，又练习了水中睁眼视物。

（三）水中漂浮

漂浮技术主要是让身体漂浮起来，体会水的浮力，初步掌握在水中控制身体和维持平衡的能力。

（1）扶物漂浮。扶物漂浮如图 12-3 所示，手扶固定物，吸气，把头没入水中，憋气，伸展身体，全身放松，自然地漂浮于水中。

（2）抱膝漂浮。抱膝漂浮（团身漂浮）如图 12-4 所示，站立水中，深吸气后下蹲憋气，低头，含胸收腹，两手抱膝，成低头团身抱膝姿势。轻轻蹬离池底，身体放松，自然地漂浮于水中。用口、鼻慢慢呼气，然后两臂前伸，手掌向下压水，抬头，同时两腿伸直下踩。

（3）展体漂浮。展体漂浮如图 12-5 所示，抱膝浮体于水中，两臂向前、两腿向后均伸直并拢，身体俯卧漂浮于水面。尔后，迅速收腹、收腿，手掌向下压水，抬头，两腿下踩触底站立。

（4）仰卧漂浮。仰卧漂浮如图 12-6 所示，水中站立，深吸气，上体慢慢后仰，呈仰卧漂浮状态。随后，双手从后向前用力拨水，收腹、收腿，上体前倾，两脚触底站立。

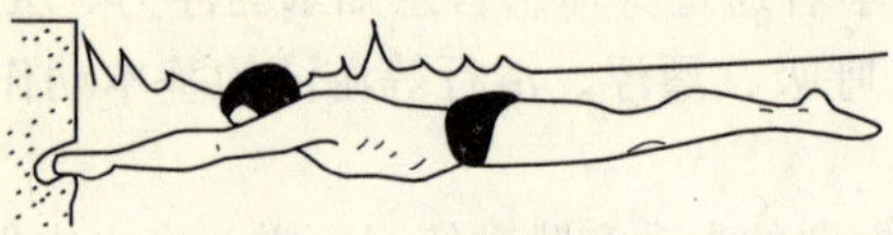

图 12-3　扶物漂浮

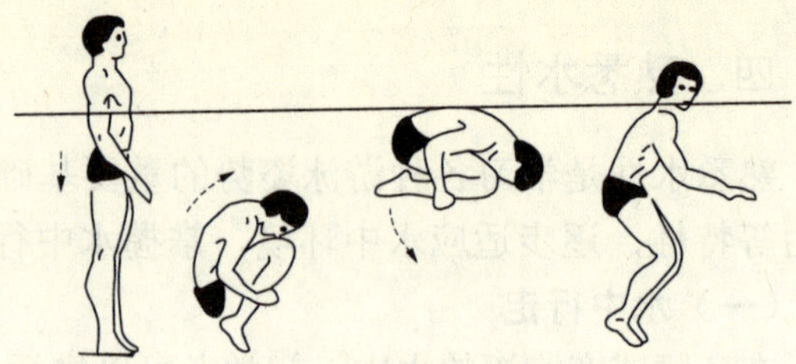

图 12-4　抱膝漂浮

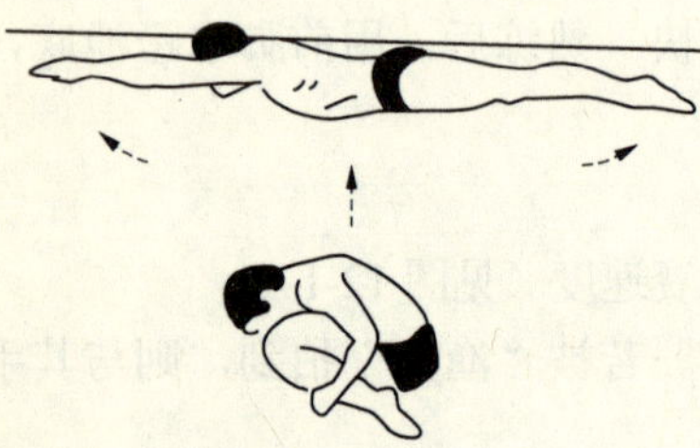

图 12-5　展体漂浮

图 12-6　仰卧漂浮

（四）水中滑行

练习水中滑行的目的在于进一步体会水的浮力，掌握在水中平浮和滑行的身体姿势，为各种游泳姿势奠基良好基础。

滑行时，身体放松成流线型，臂和腿自然伸直，尽量延长憋气时间和滑行距离。

（1）扶伴滑行。如图 12-7 所示，手臂扶住同伴，身体放松伸展，自然漂浮。同伴拉住练习者的手倒退行走，使其体会滑行。在此基础上，同伴可以放开双手，在旁保护，由练习者自己漂浮滑行。

（2）蹬壁滑行。如图 12-8 所示，背向池壁，一手扶池壁，同侧腿屈膝蹬壁；另一臂水平前伸，同侧腿以脚尖支撑站立。深吸气，低头，收腹提臀，上收支撑腿，两脚贴池壁。用力蹬离，两臂并向前伸，双腿自然并拢，全身充分伸展、放松，成流线型向前滑行。滑行结束时，收腿，下踩，站立。

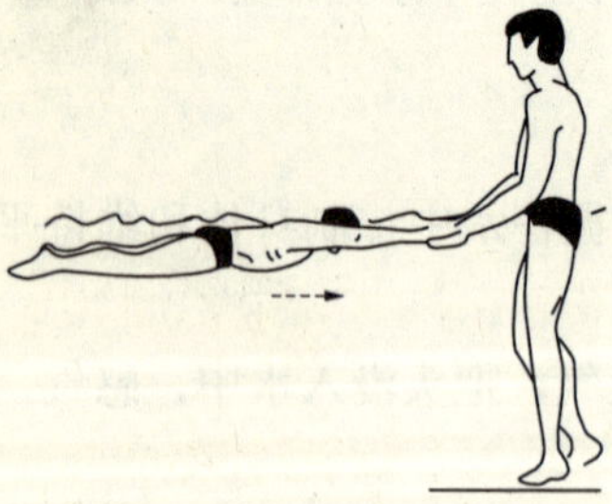

图 12-7　扶伴滑行

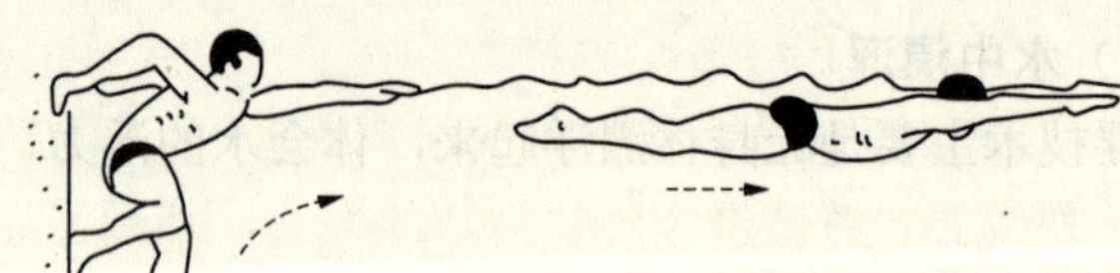

图 12-8　蹬壁滑行

（3）蹬底滑行。如图 12-9 所示，两脚前后开立，两臂前伸并拢贴近双耳，深吸气后身体前倾，两膝微屈，头和肩浸入水中，前脚掌用力蹬池底。两腿并拢，身体俯卧向前滑行。

（4）仰卧滑行。如图 12-10 所示，两手拉住槽沿，两脚贴于池壁或池底。松手，两脚用力蹬离，两腿并拢伸直，使身体向后仰卧滑行。

滑行后，两脚可以自然地进行上下打水动作，使身体向前游进。

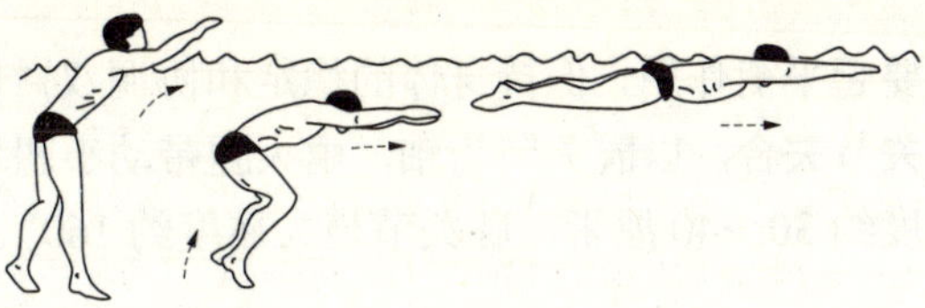

图 12-9 蹬底滑行

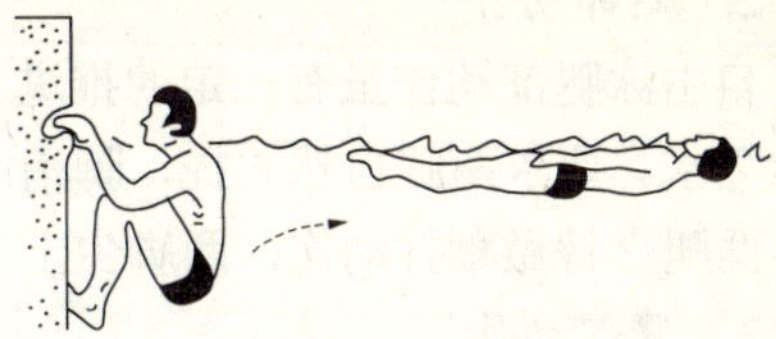

图 12-10 仰卧滑行

第二节 游泳运动技能及训练方法

一、蛙泳和自由泳

（一）蛙泳

蛙泳的动作是“划手腿不动，收手再收腿，先伸胳膊后蹬腿，并拢伸直漂一会儿。”即手的动作是先于腿的动作，一定要在收手后再收腿，伸手后再蹬腿。

动作结构与技术要点如下。

（1）在滑翔姿势，身体接近水平，头部约 80%沉于水中，脸微微向前，双臂伸展，掌心向着斜外侧。

（2）捉水动作在水下约 7～9 寸处开始，双手作侧面的划动，在这时开始呼气动作。

（3）双臂没有明显的屈曲，继续划向外侧，呼气继续增加。

（4）当头部开始微微向上，肘关节开始屈曲，上臂开始旋转。

（5）当双臂到达最大的宽度，肘屈约 110°，这时高肘姿势是明显的。

（6）头部继续上抬，当嘴部露出水面，最后呼气完成，双手开始向内，以完成最后的推进动作。

（7）当双臂准备向后，吸气开始，肘部不要拉到肋骨下，膝关节开始屈曲，回腿动作开始。

（8）嘴部闭上，吸气完成，双足被带向臀部，肘关节继续伸展，双臂继续向前移动。

（9）回腿动作继续进行。

（10）颈部屈曲，头部继续向下倾斜，双足背屈，双腿开始向后，推水动作，双臂回手动作。

（11）双足推向后并开始并拢，这时闭气，直至另一划臂动作开始。

（12）双臂完全伸展，双手稍低于肩膊水平，双腿蹬水接近完成。当完成蹬水，集中使身体成为一直线。保持该滑翔姿势短暂的时间，然后当感觉速度减慢，另一划臂循环开始。

（二）自由泳

游泳是全身运动，任何一个部位的活动都离不开全身的协调配合。从表面上看，自由泳依靠划水和打腿产生推进力，实际上，躯干的作用也不能忽视。首先，躯干应保持一定的紧张度，腰部如果松软，整个人就会像一摊泥一样。其次，身体的转动能够有效地发挥躯干部大肌肉群的力量，减少阻力，提高划水效果。

动作结构与技术要点如下。

1. 身体姿势

自由泳时身体俯卧在水面成流线型，背部和臀部的肌肉保持适当的紧张度，在游进中保持头部平稳，躯干围绕身体纵轴有节奏地自然转动 35°～45°。

2. 腿部动作

自由泳腿部动作虽有一定的推进力，但主要起平衡作用，保持身体的稳定和协调双臂做有力地划水。要求两腿自然并拢，脚稍内旋，踝关节关合，以髋关节为轴，由大腿带动小腿和脚掌，两腿交替做鞭打动作，两脚尖上下最大幅度约 30～40 厘米，膝关节最大屈度约 160°。

3. 臂部动作

自由泳时臂部动作是推动身体前进的主要动力。每一个周期都分为入水、抱水、划水、出水和空中移臂 5 不个不可分割的阶段。

（1）入水：完成空中移臂后，手在控制下自然放松入水。手的入水点一般在身体纵轴和肩关节的前后延长线之间。入水时手指自然伸直并拢，臂内旋使肘关节抬高处于最高点，手掌斜向外下方，使手指首先触水，然后是小臂，最后是大臂自然插入水中。

（2）抱水：臂入水后，在积极向下方插入的过程中，手掌从向斜外下方转向斜内后方并开始屈腕、屈肘，肘高于手，以便能迅速过渡到较好的划水位置。

（3）划水：划水是发挥最大推进作用的主要阶段，其动作过程可分为拉水和推水两个部分。紧接抱水阶段进入拉水，这时要保持抬肘，并使大臂内旋。同时继续屈肘，使手的动作迅速赶上身体的前进速度，能使水动作造成合理的动作方向和路线，同时，也使主要肌肉群在良好的工作条件下进入推水动作，拉水至肩的垂直平面后，即进入推水部分，这时肘的屈度约 100°。大臂保持内旋姿势，带动小臂，用力向后推水。同时，使肩部后移，以加长有效的划水路线。向后推水有一个从屈臂到伸臂的加速过程，手掌从内向上，从下向上的动作路线加速划至大腿旁。整个划水动作，手的轨迹始于肩前，继之到腹下，最后到大腿旁，呈 S 形。

（4）出水：划水结束时，掌心转向大腿，出水时小指向上，手臂放松，微屈肘。由上臂带动，肘部向外上方提拉带前臂和手出水面，掌心转向后上方。出水动作必须迅速而不停顿，同时应该柔和、放松。

（5）空中移臂：紧接出水不停顿地进入空中移臂，移臂时，肘高于手。

自由泳时两臂划水发生的交叉位置有前交叉、中交叉和后交叉 3 种类型。前交叉是指一臂入水时，另一臂已前摆至肩前方与平面成 30° 左右。前交叉有利于初学者掌握自由泳动作和呼吸。中交叉是指一臂入水时，另一臂处在向内划水阶段与水平面成 90°。后交叉是指一臂入水时，另一臂划至腹下，手与水平面成 150° 左右。

4. 臂、腿和呼吸和配合技术

自由泳时，一般是在两臂各划水一次的过程中进行一次呼吸，以向右边吸气为例：右手入水后，嘴和鼻开始慢慢呼气；右臂划水至肩下，开始向右侧转头和增大呼气量；右臂推水即将结束，则用力呼气；右臂出水时，张嘴吸气，至空中移臂的前半部为止，并开始转头还原，然后直至臂入水结束，有一个短暂的闭气过程，脸部转向前下；头部稳定时，右臂入水，再开始下一慢慢呼气的过程。

自由泳的呼吸与臂、腿配合，初学者一般者采 6：2：1 的方法，即呼吸一次、臂划两次、腿打 6 次，这种配合方法易保持平衡和协调。

二、仰泳和蝶泳

（一）仰泳

动作结构与技术要点如下。

（1）左手在肩膀正上方进入水中，尾指先入水，右手完成划水，并开始作回手动作。

(2) 左手在回手后半阶段所产生的动力造成肘及臂保持伸直沉入水中，并开始往上移动。右手露出水面的同时，腕关节屈曲。

(3) 当左手向下向外划时，肘关节屈曲，右腿开始作对角线的上打动作。

(4) 当左手经过肩膀，肘关节屈曲达到最大（90°）时，回手开始旋转，掌心指向外。

(5) 当手横过肩膀，划臂肘关节开始伸展，这时身体滚动达到最大（40°～50°）。

(6) 左臂完成划水，肘关节完全伸展，手掌向下，约在臀部下六寸的位置。

(7) 右手沉入水中，准备捉水。

(8) 右手捉水是利用肘关节的伸直，左腿向下踢水。

(9) 右手向后施力推水。左肩因身体的滚动而上提。

(10) 右臂开始作向下压水动作，左腿继续上踢。

(11) 右臂完成划水的同时，左手回手动作亦接近完成。

（二）蝶泳

动作结构与技术要点如下。

(1) 背泳开始，双手在肩宽位置入水，双足微屈，准备开始下打动作，头部稍微前倾。回手时双臂所产生的动量，使双手下沉，并加上肌肉力量，使手臂作斜线的外划。双腿下打动作开始。

(2) 踢腿完成，继续划水。腿下踢的反作用力造成臀部抬升至水面，头部开始上提。

(3) 双臂划向下向后，达到最大宽度，肘关节抬高。双腿完成第一次打水动作。

(4) 双手经过身体正下方，接近 90°。

(5) 当手经过肩膀下方，肘部开始接近身体，双腿开始打水，颈部开始屈曲，头部微沉于水中。

(6) 双臂提离水面，开始回手动作。双腿上捉，膝关节伸直，头部低下，使回手动作更为容易。

(7) 双手挥过肩膀，手掌向下方，肘关节完全伸展，双足开始微屈。

(8) 双手沉入水中，大腿同时作下打动作。膝关节屈曲加大。双足接近露出水面。

(9) 在划水的第一阶段，腿下打动作接近完成。泳员在前一循环闭气，在臂划开始的同时，作呼气动作。上臂的旋转造成高肘的位置。

第三节　游泳运动文化传承

游泳是现代奥林匹克运动会的金牌大户，正是其悠久的文化才使得其深受人们的喜爱。本节主要介绍我国游泳世界冠军孙杨成功的故事，以及一些游泳的卫生常识和游泳自救方法，让学生更好的了解游泳的文化。

一、“中国太阳”孙杨的成长之路

伦敦奥林匹克水上中心见证了泳池新王者的诞生，“中国太阳”照耀全场！站在领奖台前，孙杨在宣布冠军名字前几次挪动脚步试图迈上去，他等待得太久，中国男子游泳项目等待得太久了。

（一）我心飞扬之星途

伦敦奥林匹克水上中心的 17 500 名观众见证了孙杨夺冠的历史瞬间，其中就有孙杨的父母孙全洪和杨明。在孙杨最后时刻逆转韩国名将朴泰桓后，杨明激动地跳了起来，挥舞着双臂庆祝儿子夺冠，而孙全洪则淡定一些，他坐在椅子上露出浅浅的笑容。

事实上，这几年只要是孙杨的比赛，孙全洪夫妇都会出现在现场。在接受记者采访时，杨明表示，孙杨夺冠没有枉费自己多年的付出和团队的支持，她认为这枚金牌是“好事多磨”。

从亚运会冠军到世锦赛冠军，再到奥运会冠军，孙杨在两年内完成了三级跳。对于儿子的成长，杨明看在眼里，按她的话说，经过2011年上海游泳世锦赛的挫折之后，孙杨成熟多了，“上海世锦赛当时输给朴泰桓，大家都告诉他要对自己有信心，这枚金牌是对他信心的肯定。”

（二）启蒙榜样：吴鹏

自从2003年进入国家队朱志根教练组那天起，同组大师兄、中国游泳诸多男子纪录拥有者吴鹏就注定成为孙杨仰慕和学习的对象。

对孙杨来说，“鹏哥”就是一个标杆。作为后辈，孙杨完整地见证了吴鹏从失去父亲，拼命训练为中国男子游泳取得突破的全过程；也领教了鹏哥在逆境下的坚持，以及在美国独自训练的艰难，他的坚毅、男子汉气概、永不服输的精神，始终深刻地感染着孙杨。

2007年墨尔本游泳世锦赛是孙杨参加的第一次世界大赛。在运动员休息区，美国队和中国队的区域离得很近，天天都能看到超级巨星菲尔普斯。孙杨来来回回地往美国队那里溜达了无数次，后来经过大家的鼓励，总算如愿要到菲尔普斯的签名和合影。

让孙杨震撼的是，吴鹏敢于向菲尔普斯叫板，并且收获银牌，看着鹏哥和菲尔普斯站在200米蝶泳领奖台上，孙杨萌生了要当世界冠军的雄心壮志。

他时刻记得教练朱志根从一见面时就对自己说的话：“你就是未来的奥运冠军，我从现在起就要按照培养奥运冠军的方式来训练你，请你配合。”

（三）追赶目标：张琳

如果说吴鹏是孙杨启蒙时期的标杆，那么北京奥运会亚军、世界冠军，和孙杨相同项目的张琳，则是孙杨发展时期的追赶目标。

2008年，北京奥运会前的绍兴全国冠军赛，年少气盛的他觉得可以在400米自由泳上和名将张琳拼一把，结果被张琳甩下很远。站在领奖台上，挂着银牌的孙杨哭得一塌糊涂。

看到张琳斩获奥运银牌，而后又在2009年游泳世锦赛获得冠军，为中国男子实现世锦赛金牌零的突破时，孙杨受到更深的触动。

此后，孙杨开始复制张琳的成才之路——2009年底，他前往澳大利亚留学，在外教丹尼斯的指点下突飞猛进。当张琳处于竞技状态的低谷后，孙杨挺身而出：2010年广州亚运会上，孙杨以接近世界纪录的成绩赢得1500米自由泳金牌。2011年世锦赛，他飞得更高——在单项中赢得2金1银。

孙杨果真实现了中国男子游泳人的梦想——成为中国男子游泳第一人。缺席伦敦奥运会的张琳在北京的电视机前看了孙杨的比赛后说，“他的训练能力很强，已经超越了我的成就。我为孙杨高兴，为中国游泳界高兴！”

（四）冠军标杆：朴泰桓

孙杨小时候很爱哭，训练时经常会累得哭起来，但是再苦再累他也会完成教练的训练计划。2010年广州亚运会，孙杨比了3个单项，哭了3次。400米自由泳，他不敌韩国奥运冠军朴泰桓，出水后泣不成声；男子4×200米自由泳接力夺金后，他再次洒下热泪；等到1500米自由泳以明显优势捧得桂冠，他又一次涕泪横流。

爱哭的他，更多的是一种不服。随着比赛成绩的提高，他开始越来越接近对手，直至超越对手。

在2012年伦敦奥运会400米自由泳决赛中，孙杨一直跟着领先的朴泰桓，直到最后150米奋勇发力，超越了对手。孙杨又哭了，这次是为了自己的教练朱志根，为了他多年来的精心打造，感谢他带病指导自己。

让更多的世界比赛奏响中国国歌、升起五星红旗，那才是他的最高理想。

从孙杨的成长历程中我们不难发现一个人成功的路上，总是要在不同的时间段遇见不同的困惑和困难，在这个时候应该给自己树立不同的榜样与目标，榜样用来提升自己的实力，目标则是自己前进的动力。

二、游泳卫生

游泳卫生主要包括以下几个方面。

（一）重视热身

游泳池的水温通常要比人体低很多，如果突然下水，容易导致心慌、头晕、恶心、腹痛、四肢无力等不适感觉，有时还会引起抽筋和拉伤。所以，游泳前应进行充足的准备运动，提高神经系统的兴奋性，加强肌肉和韧带的柔韧性，增加呼吸器官和循环器官的效率，使人体器官由安静状态进入运动状态。

（二）自备泳具

自带衣物储存袋、泳衣、泳帽、泳巾、拖鞋及洗浴用品，尽量不使用共用的拖鞋、浴帽、毛巾、救生圈等物品，避免交叉感染。换衣服时，尽量不要让皮肤直接接触凳子，衣物要用干净的袋子装好，内衣最好裹在外衣里面。

（三）清水淋浴

游泳池是多人共用，且水中含有杀菌的化学药剂。游泳前后，都应用清水淋浴，不但有利于保持池水卫生，适应水中环境，而且可以冲走氯等对人体有害的物质。海水中亦含有多种细菌，游泳后应及时清洗头发和全身。

（四）注意水质

游泳池的水质应透明无色，无臭无味，清澈可见池底。在无人管理的天然水域里游泳，要特别注意卫生情况。如果水面有油垢或被污染，水域有吸血虫，海水中无拦鲨网，水底有淤泥、杂草、木桩、急流、波涡、暗礁等都不能游泳。

（五）排废入槽

游泳时，若有痰或鼻涕等，一定要尽快抬头游到池边，向水槽或痰沟内排净，否则易污染池水，传播疾病。

（六）严防疾病

游泳时，特别容易感染耳、鼻、眼疾病，所以最好佩戴专用耳塞、泳镜。患有心脏病、高血压、肺炎、严重皮肤病、中耳炎、癫痫病等，以及有开放性伤口的人群不宜游泳，若勉力而为，不仅容易加重病情，甚至会发生意外危及生命。

此外，体育锻炼中应注意的一般卫生问题，在游泳时同样需要重视。

三、水上救护

游泳救护主要包括自我救护和他人救护两种救护形式，其中他人救护又分为间接救护和直接救护。

（一）自我救护

自我救护是指水中遇到意外险情时而采取的自我保护和救助措施。

1. 抽筋

当过度疲劳，精神紧张，水太凉，动作不协调，局部多次重复一种姿势，准备动作不充分时，容易出现抽筋。具体表现为疼痛难受，肌肉坚硬，且一时不易缓解。

抽筋后，要保持镇静，主要采用牵引法自我解救，即通过关节的屈伸，拉长抽筋的肌肉，使收缩的肌肉松弛并伸展，还可以配合局部按摩而促使缓解。若在深水区，自己无法解脱困境时，应及时呼救。

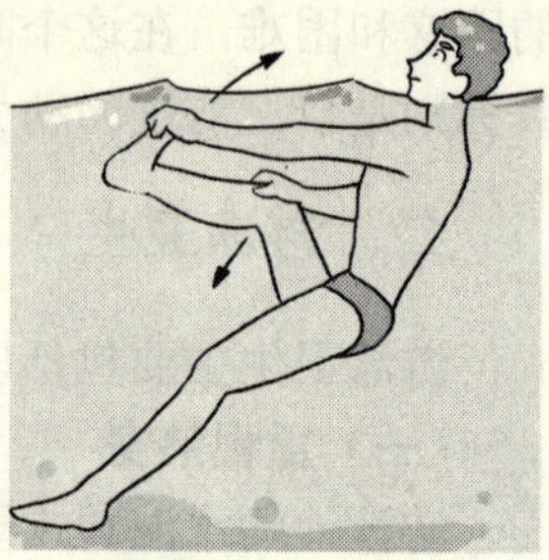

图 12-11 抽筋

如图 12-11 所示，腓肠肌（小腿肚）或脚趾抽筋，可先吸一口气仰浮水面，用抽筋腿异侧的手握住抽筋（腿）的脚趾，用力向身体方向拉，同时用另一手掌压在抽筋腿的膝盖上，帮助小腿伸直。

大腿抽筋，深吸气，仰浮于水面，抽筋腿屈膝，双手抱住小腿用力贴在大腿上，直至抽筋现象消失。

手指抽筋，将手握拳，随后用力张开，反复几次，直到抽筋消除为止。

胃部抽筋，吸气后仰浮水中，迅速弯曲两大腿，向胸部靠近，双手抱膝，随即向前伸直，保持身体平衡，动作要自然。

2. 被缠住或遇旋涡

在室外游泳时，若被长藤植物缠住，可采取仰卧姿势进行解脱，再从原路游出。若被旋涡吸住，可平卧水面，从旋涡外沿全速游出。

3. 头晕

初学游泳者，下水后心跳加快，可能出现头晕眼花的症状。此外，耳道进水、空腹游泳等也会导致头晕。出现头晕现象后，要保持镇静并坚持锻炼，逐渐熟悉水性，克服头晕。下水前适当补充能量，也可预防头晕。

4. 耳中进水

耳中进水后，在水中可用吸引法，将头偏向有水一侧，用手掌紧压有水的耳朵，憋气，快速提起手掌，反复几次即可。也可在岸上将头偏向有水一侧，手扯耳朵，原地单足跳跃几次。

5. 呛水

呛水是因为水从鼻腔或口腔吸入呼吸道所引起的。发生呛水时，要把头露出水面，把水从鼻和口里咳出，很快就能恢复正常呼吸。

重要提示

水中自救求生的基本原则：尽可能保持体力，以最少的体力消耗在水上维持最长的时间。利用身旁任何可以增加浮力的物体，保持身体漂浮在水上。

（二）他人救护

1. 间接救护

利用救生器材（救生圈、竹竿、木板、轮胎、泡沫块、绳子等），对较清醒的溺水者施行救助。将救生圈或其他漂浮物系上绳子，左脚踩住绳尾，右手持圈自后向前摆，由上而下的抛给溺水者。若距离较近，也可直接利用竹竿、木板等将其拖至岸边。

2. 直接救护

直接救护是徒手对溺水者（此时溺水者已经丧失了自我救护或接受间接救护的能力）施

救的一种方法。

入水前，救护人员应观察周围环境和水的流向，选择与溺水者最近的方位下水。静水中，救护人员可以直接游向溺水者；急流的江河中，救护人员应从溺水者斜前方入水施救。救护者在找到并有效控制溺水者后，要确保双方的口、鼻露出水面，以保持正常呼吸。将人救上岸后，要针对其症状，决定急救方式。轻度溺水者，可让其吐水，保暖、休息。对昏迷、呼吸微弱或窒息者要实施心脏按摩或人工呼吸，并叫救护车。

人工呼吸前，首先要设法张开溺水者口腔，清除其口鼻内可视的污物，取出活动假牙等。然后进行控水，解开溺水者衣带，救护者一腿跪，另一腿屈膝，将其腹部置于屈膝的大腿上，一手扶其头部，保持向下，另一手压其背部，把水排出。

如图 12-12 所示，实施人工呼吸时，使溺水者仰卧，救护者一手提高其下颌保持呼吸顺畅，另一手捏紧其鼻孔，深吸气后，口对口吹气 1.5～2 秒。为防止漏气，施救者应该将嘴完全罩住并贴近溺水者的嘴。待溺水者胸部扩张后，停止吹气并松开口鼻，可用手按压溺水者胸部，以助其呼气。如此反复进行，每分钟 14～20 次，速度由慢到快。

如果溺水者失去知觉，心跳极其微弱，甚至心跳停止或心跳与呼吸均停止时，应将胸外心脏按压（即 CPR 心跳复苏术）和人工呼吸配合进行。先在 3～4 秒内进行 2 次人工呼吸，然后进行 15 次连续的心脏按压，反复进行。

如图 12-13 所示，胸外心脏按压时，将溺水者仰卧，救护者位于其右侧，一只手的掌根置于其胸骨按压部位（胸骨从上向下的第 2～3 根处），手指不可触及肋骨，另一只手重叠在上，两臂伸直，上体前倾，借助身体重力，平稳有力地向下垂直加压，使其胸骨下端下陷 3～4 厘米，压迫心脏。随后两手松压，但掌根不得离位，使胸廓扩张，心脏随之舒张。下压时动作缓慢，松压时动作迅速，有节奏地连续进行，成人每分钟约 60～80 次，儿童每分钟约 80～100 次。

图 12-12 人工呼吸

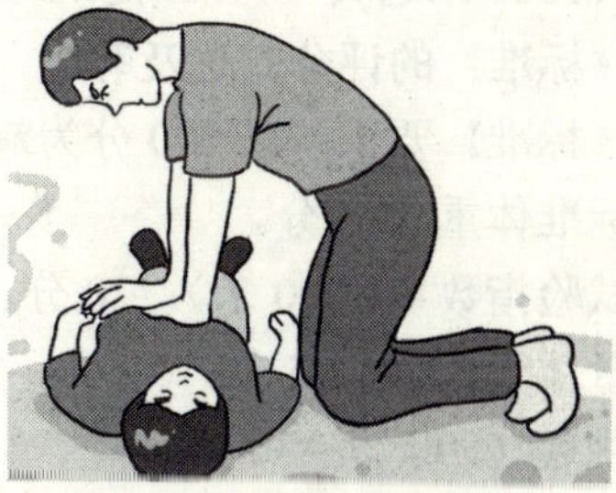

图 12-13 胸外心脏按压

思 考 题

1. 蛙泳的动作要领是什么？
2. 简述游泳卫生应注意哪些方面的问题。

附　录

《大学生体质健康标准》简介

一、《大学生体质健康标准》

《大学生体质健康标准》（以下简称《标准》）是由教育部、国家体育总局共同组织研制，于2002年7月正式颁布实施的。《标准》适用于普通高等学校的在校学生，《标准》测试是“促进学生体质健康发展、激励学生积极进行身体锻炼的教育手段，是学生体质健康的个体评价标准，也是学生毕业的基本条件之一”。

（一）《标准》的测试项目

根据《标准》要求，大学生需要进行的测试项目共计六项，分别是身高、体重、肺活量、台阶试验（1000米选其一）、立定跳远（50米跑）、握力。

（二）《标准》的评分方法及等级

根据《标准》要求，以100分为满分进行评价，各项评价分数的权重系数如下。

身高标准体重：15分。

台阶试验指数（1 000米）：20分。

肺活量体重指数：15分。

立定跳远（50米）：30分。

握力体重指数：20分。

《标准》评价得分与等级对应如下：

得　分	等　级
86分以上	优秀
76～85分	良好
60～75分	及格
59分及以下	不及格

（三）《标准》各项测评指标的意义

1. 身高标准体重

身高标准体重是指身高与体重两者的比例应在正常的范围。它通过身高与体重一定的比例关系，反映人体的围度、宽度和厚度以及人体的密度。身高标准体重是评价人体形态发育水平和营养及身体匀称度的重要指标，它可以间接地反映人体的身体成分。

2. 台阶试验指数

台阶试验指数是一种简易的评价心血管系统机能的定量负荷实验。该测试主要是通过观察定量负荷持续运动的时间、运动中心血管的反应负荷后心率恢复速度的关系（台阶指数）来评定心血管系统机能水平。台阶试验指数值越大，则反映心血管系统的机能水平越高；反之亦然。

3. 肺活量体重指数

肺活量可以反映肺的容积和肺的扩张能力，是评价人体呼吸系统机能的一个重要指标，常用于评价人体生长发育水平和体质状况。

肺活量的大小与体重、身高、胸围等因素有着密切的关系。因此，为了将学生身体发育的不同因素在肺脏机能的评价中得以体现，在《标准》测试中选用肺活量体重指数进行评价。

肺活量体重指数 = 肺活量（毫升）/体重（公斤）

4. 立定跳远

立定跳远主要是测量向前跳跃时下肢肌肉的爆发力。爆发力要求在最短时间内发挥最大的力量，其大小不仅取决于力量，而且取决于力量和速度的结合。腿部的爆发力以腿部的力量为基础。

5. 握力体重指数

握力评价的是受试者肌肉静力的最大力量状况，主要反映前臂和手部肌肉的力量，因其与其他肌群的力量有关，所以也是反映肌肉总体力量的一个指标。

握力指数反映的是肌肉的相对力量，即每公斤体重的握力。

握力体重指数 = 握力（公斤）/体重（公斤）×100

二、《标准》测试具体项目

1. 身高体重

测量方法：立正姿势站在测试器踏板上，上臂下垂，足跟并拢，足尖分开约成 60° 角，躯干自然挺直，头部保持正直。在测量身高的同时，体重数据也被仪器自然读出。记取成绩以厘米为单位，精确到小数点后一位。

2. 肺活量

测试方法：目前我们采用的是电子肺活量测试仪，使用干燥的塑料吹嘴。测试同学深呼一口气后，向吹嘴处慢慢呼出至不能再呼出为止。吹气完毕后，液晶屏上最终显示的数字即为肺活量毫升值。共测两次，每次间隔 15 秒，记录最大值作为测试结果。肺活量以毫升为单位，不保留小数。

3. 握力

测试方法：使用电子握力计，两脚自然分开成直立姿势，两臂自然下垂。一手持握力计全力紧握（此时电子握力计不能接触衣服和身体），电子握力计显示数字为测试数据。用有力手握两次，取最大值，以公斤为单位，测试时保留 1 位小数。

4. 立定跳远

测试方法：两脚自然分开站立，站在起跳线后，脚尖不得踩线。两脚原地同时起跳，不得有垫步或连跳动作。丈量起跳线后缘至最近着地点后缘的垂直距离。每位同学可试跳三次，取其中成绩最好一次，以厘米为单位，不计小数。

5. 台阶试验

测试方法：男同学用高 40 厘米的台阶，女同学用高 35 厘米的台阶。测试前，被测试同学可做轻度的准备活动，主要是活动下肢关节。上、下台阶的频率是 30 次/分，因而节拍器的节律为 120 次/分（每上、下一次是四动）。参加测试的同学根据提示，按节拍器的节律完成试验。基本动作要求：从预备姿势开始，①一只脚踏在台阶上；②踏台阶腿伸直成台上站立；③先踏台的脚先下；④还原成预备姿势。用 2 秒上、下一次的速度（按节拍器的节律来做）连续做 3 分钟。做完后，持测试卡进行脉搏数测量。

三、大学生体质测试评分标准表

附表一　　大学一年级～四年级男生身高标准体重（体重单位：公斤）

身高段（厘米）	营养不良	较低体重	正常体重	超　重	肥　胖
	50 分	60 分	100 分	60 分	50 分
144.0～144.9	<41.5	41.5～46.3	46.4～51.9	52.0～53.7	≥53.8
145.0～145.9	<41.8	41.8～46.7	46.8～52.6	52.7～54.5	≥54.6
146.0～146.9	<42.1	42.1～47.1	47.2～53.1	53.2～55.1	≥55.2
147.0～147.9	<42.4	42.4～47.5	47.6～53.7	53.8～55.7	≥55.8
148.0～148.9	<42.6	42.6～47.9	48.0～54.2	54.3～56.3	≥56.4
149.0～149.9	<42.9	42.9～48.3	48.4～54.8	54.9～56.6	≥56.7
150.0～150.9	<43.2	43.2～48.8	48.9～55.4	55.5～57.6	≥57.7
151.0～151.9	<43.5	43.5～49.2	49.3～56.0	56.1～58.2	≥58.3
152.0～152.9	<43.9	43.9～49.7	49.8～56.5	56.6～58.7	≥58.8
153.0～153.9	<44.2	44.2～50.1	50.2～57.0	57.1～59.3	≥59.4
154.0～154.9	<44.7	44.7～50.6	50.7～57.5	57.6～59.8	≥59.9
155.0～155.9	<45.2	45.2～51.1	51.2～58.0	58.1～60.7	≥60.8
156.0～156.9	<45.6	45.6～51.6	51.7～58.7	58.8～61.0	≥61.1
157.0～157.9	<46.1	46.1～52.1	52.2～59.2	59.3～61.5	≥61.6
158.0～158.9	<46.6	46.6～52.6	52.7～59.8	59.9～62.2	≥62.3
159.0～159.9	<46.9	46.9～53.1	53.2～60.3	60.4～62.7	≥62.8
160.0～160.9	<47.4	47.4～53.6	53.7～60.9	61.0～63.4	≥63.5
161.0～161.9	<48.1	48.1～54.3	54.4～61.6	61.7～64.1	≥64.2
162.0～162.9	<48.5	48.5～54.8	54.9～62.2	62.3～64.8	≥64.9
163.0～163.9	<49.0	49.0～55.3	55.4～62.8	62.9～65.3	≥65.4
164.0～164.9	<49.5	49.5～55.9	56.0～63.4	63.5～65.9	≥66.0
165.0～165.9	<49.9	49.9～56.4	56.5～64.1	64.2～66.6	≥66.7
166.0～166.9	<50.4	50.4～56.9	57.0～64.6	64.7～67.0	≥67.1
167.0～167.9	<50.8	50.8～57.3	57.4～65.0	65.1～67.5	≥67.6
168.0～168.9	<51.1	51.1～57.7	57.8～65.5	65.6～68.1	≥68.2

续表

身高段（厘米）	营养不良	较低体重	正常体重	超重	肥胖
	50分	60分	100分	60分	50分
169.0～169.9	<51.6	51.6～58.2	58.3～66.0	66.1～68.6	≥68.7
170.0～170.9	<52.1	52.1～58.7	58.8～66.5	66.6～69.1	≥69.2
171.0～171.9	<52.5	52.5～59.2	59.3～67.2	67.3～69.8	≥69.9
172.0～172.9	<53.0	53.0～59.8	59.9～67.8	67.9～70.4	≥70.5
173.0～173.9	<53.5	53.5～60.3	60.4～68.4	68.5～71.1	≥71.2
174.0～174.9	<53.8	53.8～61.0	61.1～69.3	69.4～72.0	≥72.1
175.0～175.9	<54.5	54.5～61.5	61.6～69.9	70.0～72.7	≥72.8
176.0～176.9	<55.3	55.3～62.2	62.3～70.9	71.0～73.8	≥73.9
177.0～177.9	<55.8	55.8～62.7	62.8～71.6	71.7～74.5	≥74.6
178.0～178.9	<56.2	56.2～63.3	63.4～72.3	72.4～75.3	≥75.4
179.0～179.9	<56.7	56.7～63.8	63.9～72.8	72.9～75.8	≥75.9
180.0～180.9	<57.1	57.1～64.3	64.4～73.5	73.6～76.5	≥76.6
181.0～181.9	<57.7	57.7～64.9	65.0～74.2	74.3～77.3	≥77.4
182.0～182.9	<58.2	58.2～65.6	65.7～74.9	75.0～77.8	≥77.9
183.0～183.9	<58.8	58.8～66.2	66.3～75.7	75.8～78.8	≥78.9
184.0～184.9	<59.3	59.3～66.8	66.9～76.3	76.4～79.4	≥79.5
185.0～185.9	<59.9	59.9～67.4	67.5～77.0	77.1～80.2	≥80.3
186.0～186.9	<60.4	60.4～68.1	68.2～77.8	77.9～81.1	≥81.2
187.0～187.9	<60.9	60.9～68.7	68.8～78.6	78.7～81.9	≥82.0
188.0～188.9	<61.4	61.4～69.2	69.3～79.3	79.4～82.6	≥82.7
189.0～189.9	<61.8	61.8～69.8	69.9～79.9	80.0～83.2	≥83.3
190.0～190.9	<62.4	62.4～70.4	70.5～80.5	80.6～83.6	≥83.7

注：身高低于表中所列出的最低身高段的下限值时，身高每低1厘米，实测体重需加上0.5公斤，实测身高需加上1厘米，再查表确定分值。身高高于表中所列出的最高身高段时，身高每高1厘米，其实测体重需减去0.9公斤，实测身高需减去1厘米，再查表确定分值。

附表二　　大学一年级～四年级女生身高标准体重（体重单位：公斤）

身高段（厘米）	营养不良	较低体重	正常体重	超重	肥胖
	50分	60分	100分	60分	50分
140.0～140.9	<36.5	36.5～42.4	42.5～50.6	50.7～53.3	≥53.4
141.0～141.9	<36.6	36.6～42.9	43.0～51.3	51.4～54.1	≥54.2
142.0～142.9	<36.8	36.8～43.2	43.3～51.9	52.0～54.7	≥54.8
143.0～143.9	<37.0	37.0～43.5	43.6～52.3	52.4～55.2	≥55.3
144.0～144.9	<37.2	37.2～43.7	43.8～52.7	52.8～55.6	≥55.7

续表

身高段（厘米）	营养不良	较低体重	正常体重	超　重	肥　胖
	50分	60分	100分	60分	50分
145.0～145.9	<37.5	37.5～44.0	44.1～53.1	53.2～56.1	≥56.2
146.0～146.9	<37.9	37.9～44.4	44.5～53.7	53.8～56.7	≥56.8
147.0～147.9	<38.5	38.5～45.0	45.1～54.3	54.4～57.3	≥57.4
148.0～148.9	<39.1	39.1～45.7	45.8～55.0	55.1～58.0	≥58.1
149.0～149.9	<39.5	39.5～46.2	46.3～55.6	55.7～58.7	≥58.8
150.0～150.9	<39.9	39.9～46.6	46.7～56.2	56.3～59.3	≥59.4
151.0～151.9	<40.3	40.3～47.1	47.2～56.7	56.8～59.8	≥59.9
152.0～152.9	<40.8	40.8～47.6	47.7～57.4	57.5～60.5	≥60.6
153.0～153.9	<41.4	41.4～48.2	48.3～57.9	58.0～61.1	≥61.2
154.0～154.9	<41.9	41.9～48.8	48.9～58.6	58.7～61.9	≥62.0
155.0～155.9	<42.3	42.3～49.1	49.2～59.1	59.2～62.4	≥62.5
156.0～156.9	<42.9	42.9～49.7	49.8～59.7	59.8～63.0	≥63.1
157.0～157.9	<43.5	43.5～50.3	50.4～60.4	60.5～63.6	≥63.7
158.0～158.9	<44.0	44.0～50.8	50.9～61.2	61.3～64.5	≥64.6
159.0～159.9	<44.5	44.5～51.4	51.5～61.7	61.8～65.1	≥65.2
160.0～160.9	<45.0	45.0～52.1	52.2～62.3	62.4～65.6	≥65.7
161.0～161.9	<45.4	45.4～52.5	52.6～62.8	62.9～66.2	≥66.3
162.0～162.9	<45.9	45.9～53.1	53.2～63.4	63.5～66.8	≥66.9
163.0～163.9	<46.4	46.4～53.6	53.7～63.9	64.0～67.3	≥67.4
164.0～164.9	<46.8	46.8～54.2	54.3～64.5	64.6～67.9	≥68.0
165.0～165.9	<47.4	47.4～54.8	54.9～65.0	65.1～68.3	≥68.4
166.0～166.9	<48.0	48.0～55.4	55.5～65.5	65.6～68.9	≥69.0
167.0～167.9	<48.5	48.5～56.0	56.1～66.2	66.3～69.5	≥69.6
168.0～168.9	<49.0	49.0～56.4	56.5～66.7	66.8～70.1	≥70.2
169.0～169.9	<49.4	49.4～56.8	56.9～67.3	67.4～70.7	≥70.8
170.0～170.9	<49.9	49.9～57.3	57.4～67.9	68.0～71.4	≥71.5
171.0～171.9	<50.2	50.2～57.8	57.9～68.5	68.6～72.1	≥72.2
172.0～172.9	<50.7	50.7～58.4	58.5～69.1	69.2～72.7	≥72.8
173.0～173.9	<51.0	51.0～58.8	58.9～69.6	69.7～73.1	≥73.2
174.0～174.9	<51.3	51.3～59.3	59.4～70.2	70.3～73.6	≥73.7
175.0～175.9	<51.9	51.9～59.9	60.0～70.8	70.9～74.4	≥74.5
176.0～176.9	<52.4	52.4～60.4	60.5～71.5	71.6～75.1	≥75.2
177.0～177.9	<52.8	52.8～61.0	61.1～72.1	72.2～75.7	≥75.8
178.0～178.9	<53.2	53.2～61.5	61.6～72.6	72.7～76.2	≥76.3

续表

身高段（厘米）	营养不良	较低体重	正常体重	超重	肥胖
	50分	60分	100分	60分	50分
179.0～179.9	<53.6	53.6～62.0	62.1～73.2	73.3～76.7	≥76.8
180.0～180.9	<54.1	54.1～62.5	62.6～73.7	73.8～77.0	≥77.1
181.0～181.9	<54.5	54.5～63.1	63.2～74.3	74.4～77.8	≥77.9
182.0～182.9	<55.1	55.1～63.8	63.9～75.0	75.1～79.4	≥79.5
183.0～183.9	<55.6	55.6～64.5	64.6～75.7	75.8～80.4	≥80.5
184.0～184.9	<56.1	56.1～65.3	65.4～76.6	76.7～81.2	≥81.3
185.0～185.9	<56.8	56.8～66.1	66.2～77.5	77.6～82.4	≥82.5
186.0～186.9	<57.3	57.3～66.9	67.0～78.6	78.7～83.3	≥83.4

注：读表方式同附表一。

附表三　　大学男生评分标准

等级	单项得分	肺活量体重指数	1000米（分秒）	台阶试验	50米跑（秒）	立定跳远（米）	掷实心球（米）	握力体重指数	引体向上（次）	坐位体前屈（厘米）	跳绳（次/1分钟）	篮球运球（秒）	足球运球（秒）	排球垫球（次）
优秀	100	84	3′27″	82	6.0	2.66	15.7	92	26	23.0	198	8.6	6.3	50
	98	83	3′28″	80	6.1	2.65	15.2	91	25	22.6	193	9.0	6.5	49
	96	82	3′31″	77	6.2	2.63	14.4	90	24	22.0	186	9.6	6.9	46
	94	81	3′33″	74	6.3	2.62	13.6	89	23	21.4	178	10.3	7.3	44
	92	80	3′35″	71	6.4	2.60	12.5	87	22	20.6	168	11.1	7.7	41
	90	78	3′39″	67	6.5	2.58	11.5	86	21	19.8	158	12.0	8.2	38
良好	87	77	3′42″	65	6.6	2.56	11.3	84	20	18.9	152	12.4	8.5	37
	84	75	3′45″	63	6.8	2.52	10.9	81	19	17.5	144	12.9	8.9	34
	81	73	3′49″	60	7.0	2.48	10.5	79	18	16.2	136	13.5	9.3	32
	78	71	3′53″	57	7.3	2.43	10.0	75	17	14.3	124	14.3	9.9	29
	75	68	3′58″	53	7.5	2.38	9.5	72	16	12.5	113	15.0	10.4	26
及格	72	66	4′05″	52	7.6	2.35	9.3	70	15	11.3	108	15.6	10.7	25
	69	64	4′12″	51	7.7	2.31	8.9	66	14	9.5	101	16.6	11.2	23
	66	61	4′19″	50	7.8	2.26	8.5	63	13	7.8	94	17.5	11.7	21
	63	58	4′26″	48	8.0	2.20	8.0	59	12	5.4	85	18.8	12.3	18
	60	55	4′33″	46	8.1	2.14	7.5	54	11	3.0	75	20.0	12.9	15
不及格	50	54	4′40″	45	8.2	2.12	7.3	53	9	2.4	71	20.6	13.3	14
	40	52	4′47″	44	8.3	2.09	7.0	51	8	1.4	64	21.6	13.8	12
	30	51	4′54″	43	8.5	2.06	6.7	49	7	0.5	58	22.5	14.3	10
	20	49	5′01″	42	8.6	2.03	6.2	47	6	-0.8	49	23.8	15.0	8
	10	47	5′08″	40	8.8	1.99	5.8	44	5	-2.0	40	25.0	15.7	5

附表四　　大学女生评分标准

等级	单项得分	肺活量体重指数	800 米（分秒）	台阶试验	50 米跑（秒）	立定跳远（米）	掷实心球（米）	握力体重指数	仰卧起坐（次/分钟）	坐位体前屈（厘米）	跳绳（次/1分钟）	篮球运球（秒）	足球运球（秒）	排球垫球（次）
优秀	100	70	3′24″	78	7.2	2.07	8.6	74	52	21.1	190	11.2	7.3	46
	98	69	3′27″	75	7.3	2.06	8.5	73	51	20.8	184	11.5	7.8	44
	96	68	3′29″	72	7.4	2.05	8.4	72	50	20.3	175	12.0	8.6	41
	94	67	3′32″	69	7.5	2.03	8.2	71	49	19.8	166	12.6	9.4	38
	92	65	3′35″	64	7.7	2.01	8.0	69	47	19.2	154	13.3	10.5	34
	90	64	3′38″	60	7.8	1.99	7.8	67	45	18.6	142	14.0	11.5	30
良好	87	63	3′42″	59	7.9	1.97	7.7	66	44	17.7	137	14.6	11.9	29
	84	61	3′46″	57	8.0	1.93	7.6	63	43	16.3	130	15.6	12.5	27
	81	59	3′50″	55	8.2	1.89	7.5	61	42	15.0	122	16.5	13.2	25
	78	57	3′54″	52	8.3	1.84	7.4	58	40	13.1	112	17.8	14.0	23
	75	54	3′58″	49	8.5	1.79	7.2	55	38	11.3	102	19.0	14.9	20
及格	72	53	4′03″	48	8.6	1.76	7.1	53	37	10.1	98	19.8	15.6	19
	69	51	4′08″	47	8.7	1.72	7.0	50	35	8.3	92	20.9	16.7	17
	66	49	4′13″	46	8.8	1.69	6.8	48	33	6.5	86	22.0	17.8	15
	63	46	4′18″	44	8.9	1.63	6.6	44	31	4.1	78	23.5	19.3	13
	60	43	4′23″	42	9.0	1.58	6.4	40	28	1.7	70	25.0	20.8	10
不及格	50	42	4′30″	41	9.1	1.56	6.2	39	27	1.5	66	25.8	21.2	9
	40	41	4′37″	40	9.3	1.53	6.0	38	26	1.3	59	26.9	21.9	8
	30	39	4′44″	39	9.5	1.50	5.7	36	25	1.0	53	28.0	22.5	7
	20	37	4′51″	38	9.8	1.46	5.4	34	23	0.6	44	29.5	23.4	6
	10	35	5′00″	36	10.0	1.42	5.0	32	21	0.2	35	31.0	24.3	4